Leben im alten Griechenland

Sophie Royer,
Catherine Salles und
François Trassard

Leben im alten Griechenland

Aus dem Französischen
von Isa Odenhardt-Donvez

THEISS

Französische Originalausgabe:
La vie des Grecs au temps de Périclès

Bibliografische Information Der Deutschen Bibliothek
Die Deutsche Bibliothek verzeichnet diese Publikation
in der Deutschen Nationalbibliografie;
detaillierte bibliografische Daten sind im Internet
über http://dnb.ddb.de abrufbar.

Die Herausgabe des Werks wurde durch die
Vereinsmitglieder der WBG ermöglicht.
Lektorat: Alexandra Stickel, Stuttgart
Fachlektorat: Jürgen Franssen, Heidelberg
Satz und Gestaltung: DOPPELPUNKT
Auch & Grätzbach GbR, Leonberg
Druck & Bindung: Graficas Estella, Spanien

ISBN 3-8062-1960-5

Besuchen Sie uns im Internet: www.theiss.de

Eine Kultur – so nah und doch so fern

Nach dem Untergang der kretischen und mykenischen Kultur im 12. Jh. v. Chr. brechen über Griechenland dunkle Jahrhunderte herein – erst im 8. Jh. v. Chr. erblüht eine neue Kultur. Diese „Renaissance" kennzeichnet den Beginn dessen, was die Historiker als das antike Griechenland bezeichnen: die Herausbildung der Stadtstaaten, die alphabetische Schreibweise, „wissenschaftliches Denken", die Olympischen Spiele sowie eine herrliche Kunst mit hohem ästhetischen Wert. Seit dem 6. Jh. v. Chr. gründen die Griechen im ganzen Mittelmeerraum Kolonien: auf Sizilien und in Süditalien, in Frankreich und in Spanien, aber auch am Bosporus und bis an die Küsten des Schwarzen Meeres. Obwohl jede Polis ihre Kulte und ihr Brauchtum bewahrt, nimmt das Gefühl, einer Gemeinschaft anzugehören, Form an, als die Perser zu Beginn des 5. Jh. v. Chr. versuchen, sich des Landes zu bemächtigen, und es den Poleis durch die berühmten Siege von Marathon und Salamis gelingt, dem gemeinsamen Feind Einhalt zu gebieten.
Diese Siege läuten die Ära des klassischen Griechenland ein. In dieser Epoche ist ein Mann von herausragender Bedeutung: der Athener Perikles. Unter seiner Herrschaft erlebt Athen seine politische, wirtschaftliche und künstlerische Blütezeit. Er lässt insbesondere den berühmten Parthenontempel errichten. Doch während sich in dieser Polis die Demokratie durchsetzt, versucht sie der griechischen Welt ihre Oberherrschaft aufzuzwingen. Sparta, ein weiterer bedeutender Stadtstaat, widersetzt sich den imperialistischen Ambitionen Athens, und von 431 bis 404 v. Chr. entflammt der Peloponnesische Krieg, von dem Thukydides berichtet.
Nach dem Trauma dieses furchtbaren „Bürgerkrieges" ist das 4. Jh. v. Chr. von den Lehren der Philosophen Sokrates, Platon und Aristoteles gekennzeichnet. Doch den Griechen gelingt es nicht, ihre Streitigkeiten beizulegen, und mehr denn je erschöpfen sich ihre Kräfte in endlosen Machtkämpfen. Trotz verschiedener Aufrufe zur Einheit, für die sich u. a. der athenische Redner Demosthenes einsetzt, können sich die Poleis den hegemonialen Bestrebungen Philipps II. von Makedonien nicht widersetzen. Die Niederlage von Chaironeia im Jahr 338 v. Chr. besiegelt das Ende der griechischen Unabhängigkeit. Als Alexander der Große zwei Jahre später an die Macht kommt, beginnt ein anderes Kapitel der Geschichte.

In all diesen Jahrhunderten haben die Griechen eine eigenständige Kultur geschaffen, deren Einfluss von den Römern übermittelt wurde und unsere westliche Welt entscheidend geprägt hat, von den demokratischen Ideen bis zur Kriegsführung, von der Wissenschaft bis zur Literatur, von der Kunst bis zur Philosophie. Doch die materiellen Überreste, die uns die Griechen hinterlassen haben, und vor allem die Texte, zeugen nicht nur von dem sog. „griechischen Wunder", sie ermöglichen es auch, „die Arbeit und den Alltag" von Generationen von Männern und Frauen zu beschreiben, wie sie geboren wurden und wie sie starben, sich mühten und vergnügten, wohnten und zur See fuhren, diskutierten und kämpften – kurz, wie sie lebten.

François Trassard

Inhalt

Familie und Sitten 8

Familienleben 10
Ehe 14
Mutterschaft 16
Kindheit 18
Liebe und Sexualität 22

Wohnung und Komfort 26

Wohnverhältnisse 28
Dekor und Mobiliar 32
Komfortables Wohnen 36
Städte 38

Kleidung und Körper 42

Die Tracht 44
Herstellung von Kleidung 48
Schönheitsempfinden 50
Körperpflege und Sport 54
Medizin 56

Nahrung und Tischsitten 60

Getreide 62
Obst und Gemüse 64
Fisch 66
Fleisch 68
Wein 70
Die Küche 72
Alltags- und Festessen 74

Gesellschaft und öffentliche Ordnung 76

Soziale Ordnung 78
Staatsformen 80
Demokratie 84
Steuerrecht 88
Rechtsprechung 90

Kultur und Freizeit 94

Redekunst 96
Schrift 98
Malerei und Skulptur 100
Das Theater 102
Musik, Gesang und Tanz 104
Spiele 106
Sportliche Aktivitäten 108
Die Olympischen Spiele 110

Religion und Volksglaube 112
Götter und Göttinnen 114
Religiöse Pflichten 116
Kultstätten 118
Zeremonien 120
Kultische Feste 124
Aberglaube und Zauberei 126
Rituale des Todes 128

Arbeit und Handel 130
Arbeiten 132
Die Zeit 134
Der Bauernstand 136
Das Handwerk 140
Bergwerke und Steinbrüche 142
Silber 144
Der Handel 146

Land und Reisen 148
Landschaften 150
Unberührte Natur 152
Zur See fahren 154
Auf dem Landweg 156
Die Kolonien 160
Die Welt 162

Armee und Krieg 164
Landstreitkräfte 166
Rekrutierung und Ausbildung 168
Die Ausrüstung des Hopliten 172
Auf dem Vormarsch 174
Die Schlacht 176
Die Marine 180
Sieg und Niederlage 182

Anhang
Karten 184
Chronologie 186
Bibliografie und Filmografie 189
Register 190
Abbildungsnachweis 192

Familie und Sitten

Ischomachos stellt seine Frau vor und erklärt ihr, warum sie nun verheiratet ist.

„Wie hätte sie schon alles verstehen können", meinte Ischomachos. „Sie war doch noch nicht 15 Jahre alt, als ich sie heiratete. Die Zeit vorher hatte man fürsorglich auf sie aufgepasst, dass sie möglichst wenig sah, hörte und fragte. Ich war schon damit zufrieden, dass sie bei ihrem Kommen bereits verstand, mit Wolle umzugehen und ein Gewand anzufertigen, und dass sie auch schon bei der Spinnarbeit der Dienerinnen zugesehen hat. [...] Sage mir, mein liebes Weib, hast du schon darüber nachgedacht, weswegen ich dich nahm, und warum dich die Eltern mir gaben? Denn dass jeder von uns beiden auch andere hätte finden können, um mit ihnen zu schlafen, ist, wie ich genau weiß, auch dir klar. Als ich nun über mich nachdachte, so wie auch deine Eltern über dich, mit wem man am besten ein gemeinsames Hauswesen und Kinder haben könnte, da wählte ich dich aus, und deine Eltern nahmen von den infrage kommenden Partnern, wie man sieht, mich."

Xenophon, *Oikonomikos*

Als Zeugnis der Verbundenheit versammeln sich hier alle Mitglieder der Familie um Meleagros, als er sich auf den Weg macht, den furchtbaren Eber von Kalydon zu erlegen. (Detail einer dem Dinos-Maler zugeschriebenen, attisch-rotfigurigen Vase, um 420 v. Chr.)

Familienleben

Im antiken Griechenland ist für die Menschen die Zugehörigkeit zur Familie von existenzieller Bedeutung. Die Rollenverteilung ist streng festgelegt und unterliegt einer unveränderbaren Ordnung.

Familiengemeinschaft

Die Familie ist der grundlegende Bestandteil der Polis, und für den freien Mann und Bürger ist es eine heilige Pflicht, zu heiraten und eheliche Kinder zu zeugen. Es ist jedoch nicht so sehr die Nachkommenschaft, die die Existenz einer Familie rechtfertigt, sondern die Pflicht, den häuslichen Kult zu pflegen. Jeder, der zu einem bestimmten Zeitpunkt, bei seiner Geburt, Adoption oder Heirat, in die Familie aufgenommen wird, muss durch besondere Riten in die Kulte der Gemeinschaft eingeführt werden. Fremde sind grundsätzlich davon ausgeschlossen. Darüber hinaus ist die Gründung einer Familie freien Männern und Frauen vorbehalten, Sklaven besitzen dieses Recht nicht. Unter *oikos* versteht man die Hausgemeinschaft, die Eltern, deren Kinder und Sklaven umfasst. Alle Familien, die von einem gemeinsamen Ahnen abstammen, bilden einen *genos* mit ihm eigenen Kulten. Schließlich gehört jede Familie zu einer Phratrie, die mehrere *genos* zusammenfasst.

Der Status der Frau

Der Vater ist das Familienoberhaupt und besitzt absolute Autorität über alle Mitglieder seines *oikos*. Er allein kann ein Kind als das seine anerkennen oder es aus seinem Haus verstoßen, über die Heirat seines unmündigen Sohnes oder seiner Tochter entscheiden und über das Vermögen der Familie und die Mitgift seiner Frau verfügen. Diese bleibt zeitlebens der Autorität ihres *kyrios*, sei dies ihr Vater, Ehemann oder ältester Sohn, unterstellt. Alle Frauen eines Hauses, junge und alte, freie und Sklavinnen, leben in einem eigenen Wohnbereich, dem *gynaikon*, und haben kaum Gelegenheit, sich in der Öffentlichkeit zu zeigen. Einziges Ziel der Erziehung eines Mädchens ist, sie zu lehren, wie man einen Haushalt perfekt führt, denn eine Frau wird danach beurteilt, wie gut sie sich um ihr Heim kümmert. Diese unscheinbare Rolle hindert sie jedoch nicht daran, innerhalb der Familie Verantwortung zu übernehmen, wobei es bei den griechischen Männern Gang und Gäbe ist, sich über ihre herrschsüchtigen Frauen zu beklagen.

Ein Besuch des Menandros

„Es ist schon seltsam, in das gemeinsame Mahl der Familie hineinzugeraten! Die Schale in der Hand, ergreift der Vater zuerst das Wort und wirft mit großen Worten um sich. Nach ihm ist die Mutter an der Reihe. Und dann beginnt die Tante draufloszureden, der alte Großvater brabbelt etwas in seinen Bart und die Großmutter flüstert ihrem Schwiegersohn zärtliche Worte ins Ohr."

Ein geschützter Hort

Alle Generationen leben unter einem Dach. Die kleinen Kinder werden im *gynaikon* erzogen und die alten Menschen werden respektvoll behandelt. Das Gesetz droht mit Strafe, wenn der Sohn seine betagten Eltern nicht unterhält und darauf achtet, dass sie standesgemäß bestattet werden. Einer Inschrift in Delphi ist zu entnehmen, dass ein Mann, wenn er seine betagten Eltern nicht mit Essen versorgt, mit Gefängnis bestraft wird. In Athen kann ein Mann, der seine Pflicht seinem Vater oder seiner Mutter gegenüber vernachlässigt, sogar mit Atimie bestraft werden, d. h. er verliert seine Bürgerrechte. Kranke und Geistesgestörte dürfen ebenfalls nicht verstoßen werden, sie müssen im Haus leben dürfen und mit Wohlwollen behandelt werden. Doch bleibt auch die griechische Familie nicht von Schicksalsschlägen verschont – die Kindersterblichkeit ist hoch und viele Frauen sterben im Kindbett –, weshalb man zuweilen auf seltsame Methoden zurückgreift, um zukünftigen Bürgern das Leben zu schenken. In Sparta z. B., wo die Erlangung des Bürgerrechtes äußerst strengen Regeln unterliegt und deshalb ein permanenter Mangel an Bürgern herrscht, ist es erlaubt, dass ein älterer Ehemann seine Gattin einem jungen Herrn aus guter Familie „ausleiht". Das Kind, das aus dieser Beziehung hervorgeht, wird als das Kind des Ehemannes angesehen. Wenn in Sparta zu viele Männer im Krieg umgekommen sind und die Geburtenrate zu sinken droht, ist es den Frauen erlaubt, Kinder von verschiedenen Männern zu bekommen.

Die Familie ist eine der Grundlagen der griechischen Gesellschaft. Der Frau bleibt zwar die Teilnahme am öffentlichen Leben verwehrt, doch sie ist die Wächterin des Feuers und wird von ihrem Mann und ihren Kindern geachtet. Die Verstorbene ist hier auf einem Stuhl sitzend und von ihrer Tochter und ihrem Ehemann umgeben dargestellt, der ihr zum Zeichen der Zuneigung die Hand hält. (Grabstele aus Marmor, Attika, Mitte 4. Jh. v. Chr.)

Seine Nachkommenschaft sichern

Um die Familie zu erhalten und das Vermögen und den häuslichen Kult an seine Erben weiterzugeben, stehen dem Mann zahlreiche Mittel zur Verfügung. Ist seine Frau unfruchtbar, kann er sie verstoßen und eine zweite Ehe eingehen – in der Hoffnung, dass aus dieser Ehe Kinder hervorgehen werden. Kinderlose Ehepaare entscheiden sich häufig für die Adoption. Dabei genügt es, älter als 18 Jahre zu sein und keine legitimen Kinder zu haben. Bei dem meist in der Verwandtschaft auserkorenen Adoptierten kann es sich um ein Kind oder einen Erwachsenen handeln. Die Adoption wird entweder in einer schriftlichen Urkunde oder in einem Testament festgehalten. Der Adoptierte bricht alle religiösen Bindungen mit seinen leiblichen Eltern ab und wird in den Kult seiner neuen Familie eingeführt. Er wird von seinem Vater den Mitgliedern seiner Phratrie vorgestellt und in dessen Demos eingeschrieben. Kinderlosigkeit kann sich also als problematisch erweisen, doch auch eine zu zahlreiche Nachkommenschaft kann Probleme mit sich bringen. In armen Familien befürchtet man, zu viele Mäuler stopfen zu müssen, während in den reicheren Familien eher die Gefahr besteht, dass das Vermögen unter mehreren Erben aufgeteilt und somit zerstückelt wird. Daher sieht man sich gezwungen, die Geburten zu kontrollieren.

Ehelosigkeit und Untreue vermeiden

Die griechische Gesellschaft geht streng um mit allem, was nicht ihren Normen entspricht. Ehelosigkeit ist zwar nicht verboten, wird jedoch äußerst kritisch betrachtet; in manchen Fällen wird sie sogar als Vergehen gegen die Ahnen und die Gesellschaft angesehen. So plant Platon in seiner idealen Republik, jedem Mann, der älter als 35 Jahre und unverheiratet ist, ein jährliches Bußgeld aufzuerlegen. In Sparta werden die Ledigen öffentlich gedemütigt: Sie müssen z. B. unter anzüglichen Bemerkungen im tiefsten Winter und splitternackt um einen Platz herumlaufen! Eine weitere Gefahr für die Familie ist die Untreue der Frau, denn durch sie können Bastarde in den *oikos* eingeführt werden. Die Untreue ist einer der am häufigsten vorgebrachten Gründe der Verstoßung. In Athen erlaubt es das Gesetz dem gehörnten Gatten, den in flagranti erwischten Schuldigen zu töten – ein solcher Fall ist von einem gewissen Euphiletos bekannt. Der Mann kann sich zwar mühelos seiner Gattin entledigen, doch für die Ehefrau ist es sehr viel schwieriger, sich von ihrem Gemahl zu trennen: Sie muss dem Archon ihren Scheidungsantrag höchstpersönlich vorlegen. Hipparete, die Gattin des Alkibiades, verlässt, von allen nur erdenklichen Ausschweifungen ihres Mannes aufgebracht, das Haus, um bei ihrem Vater Zuflucht zu suchen. Alkibiades aber passt den Augenblick ab, als seine Frau das Elternhaus verlässt, um dem Archon ihren Scheidungsantrag zu übergeben. Er schleift sie über die Agora zu seinem Haus und sperrt sie ein. Kurze Zeit später stirbt sie, ohne einen zweiten Versuch unternommen zu haben, ihr Anliegen vorzubringen.

Das einzige Kind, ein Mädchen

Wenn ein Vater bei seinem Tod nur eine Tochter hinterlässt, dann kann diese weder dessen Erbe antreten, noch ist sie vom väterlichen Erbe zu trennen und wird daher als *epikleros* bezeichnet. Ist sie bereits verheiratet und Mutter, dann werden ihre Kinder die Erben ihres Großvaters. Ist sie noch unverheiratet, dann muss sie ihren nächsten Verwandten zum Mann nehmen. Das Kind, das aus dieser Verbindung hervorgeht, ist Erbe des großväterlichen Vermögens. Allerdings ist es äußerst selten, dass der Verwandte das Mädchen, die *epikleros*, tatsächlich heiratet. Meistens begnügt er sich damit, sie mit einer Aussteuer auszustatten und einen Gemahl für sie zu finden.

Abtreibung und Kindesaussetzung

Im Idealfall haben die Eltern einen Sohn und eine Tochter. Wenn sie kein weiteres Kind mehr wünschen, dann greifen die griechischen Frauen auf ihnen wohlbekannte Verhütungsmittel zurück. Die Pflanzen und Mittelchen, die sie zu sich nehmen, um eine Schwangerschaft zu vermeiden, erweisen sich bisweilen jedoch als wirkungslos. In solch einem Fall kann die Frau das Kind mit Einwilligung des Vaters auch abtreiben. Nach dem Eingriff muss sich die Frau allerdings den gleichen Reinigungsriten unterziehen, wie nach einer Geburt. Misslingt auch die Abtreibung, dann ist die letzte Lösung für die Eltern des unerwünschten Kindes, das Neugeborene auszusetzen: Es wird in der Nähe eines Tempels oder an einer Straßenecke niedergelegt und in einen Korb oder ein Tongefäß gebettet, um es vor streunenden Hunden zu schützen. Im günstigsten Fall wird das Neugeborene von einem kinderlosen Ehepaar aufgenommen, doch auch manche Sklavenhändler nehmen diese Kinder zu sich und erneuern so ihren „Bestand". Wenn das Kleinkind einem von ihnen in die Hände fällt, dann läuft es Gefahr, als Sklave aufzuwachsen. Allzu oft stirbt das ausgesetzte Kleine jedoch kurz darauf. Manchmal geben die Eltern ihm Bänder oder Amulette mit, in der Hoffnung, es später wiederzuerkennen. Meistens sind Mädchen von diesem Schicksal betroffen. Ein griechischer Autor schreibt hierzu: „Ein Sohn wird immer aufgezogen, selbst wenn man arm ist; eine Tochter wird ausgesetzt, selbst wenn man reich ist."

Ihre Abgeschiedenheit treibt Mädchen und Frauen dazu, sich ein paralleles, dem der orientalischen Gesellschaften ähnliches weibliches Universum zu schaffen. (Korinthische Votivtafel, um 540 v. Chr.)

Der Mann ist der Herr, der befiehlt, und die Frau ist oft seine Dienerin. (Attisch-rotfigurige Vase, Pelike, Italien, um 480 v. Chr.)

Waisenkinder

Wenn ein Vater bei seinem Tod minderjährige Kinder hinterlässt, dann kümmert sich der Staat um deren Schicksal, sofern sie Freie und Kinder eines Bürgers sind. Meistens hat der Vater testamentarisch festgelegt, wer ihn als Vormund bei seiner Familie vertreten soll. Im Allgemeinen wählt er den nächsten männlichen Verwandten: Bruder, Onkel, Vetter oder Großvater. In Athen ist es die Aufgabe des Archon Eponymos, die Waisen zu beschützen. Entweder bestätigt er die vom verstorbenen Vater testamentarisch festgelegte Wahl, oder er wählt – sollten sich mehrere Kandidaten die Vormundschaft streitig machen – einen unter ihnen aus. Platon empfiehlt, fünf Vormunde zu ernennen: zwei väterlicherseits, zwei mütterlicherseits und einen Freund der Familie. Der Vormund hat sich um das Wohl der Waisen zu kümmern und darauf zu achten, dass sie eine ordentliche Erziehung genießen. Er verwaltet das Vermögen seiner Mündel und vertritt sie in Rechtsangelegenheiten. Außerdem hat er die Witwe des Verstorbenen bei sich aufzunehmen. Bei Volljährigkeit seiner Mündel muss er ihnen über seine Vormundschaft Rechenschaft ablegen. Zahlreiche Prozesse zeugen von den Anschuldigungen, die die Mündel gegen ihren ehemaligen Vormund vorbringen.

Ehe

Die Zeremonie der Eheschließung drückt bei den Griechen nicht die Liebe aus, die die Brautleute füreinander empfinden, sie zelebriert vielmehr den Umzug der Braut vom Elternhaus in das Haus ihres Ehemannes.

Eine für beide Familien vorteilhafte Verbindung

Die Eheschließung ist eine gewichtige Angelegenheit. Sie beruht keineswegs auf der gegenseitigen Anziehung zweier Menschen, sondern ist ein von den Oberhäuptern zweier Familien abgeschlossener Vertrag. Endogamie, d. h. die Eheschließung innerhalb derselben sozialen Gruppe, ist die Regel. Blutsverwandtschaft zwischen den Ehepartnern stellt kein Hindernis dar. Eine Nichte kann ihren Onkel heiraten und ein Bruder seine Halbschwester, unter der Bedingung, dass sie den gleichen Vater, jedoch nicht die gleiche Mutter haben. Die einzige Verpflichtung eines Bürgers besteht darin, die Tochter eines Bürgers zur Frau zu nehmen. Es ist vollkommen ausgeschlossen, hierbei die Meinung des Mädchens in irgendeiner Weise zu berücksichtigen. Wenn ein Mädchen den *gynaikon* verlässt, ist es höchstens 14 Jahre alt. Ein Junge kann ab 18 Jahren heiraten. Doch der junge Grieche hat es nur selten eilig, eine Familie zu gründen, und denkt im Allgemeinen erst mit 30 Jahren daran, sich eine Ehefrau zu suchen. Um eine gute Gattin zu finden, kann er sich an eine Heiratsvermittlerin wenden, deren Wahl sich Aristophanes zufolge jedoch nicht immer als klug herausstellt: „Verdammte Kupplerin, die mich beschwatzt, dass ich zum Weibe deine Mutter nahm! Das schönste Leben hätt' ich auf dem Lande: Hübsch durcheinander, recht im Speck und Dreck, behaglich unter Honig, Woll und Trestern! Da nahm ich, Bauer, aus dem Hause Megakles Megakles' Nichte, städtisch, üppig, stolz und flott, [...]." Sind sich die Eltern einig, dann muss der Vater seiner Tochter einen Teil seines Vermögens überschreiben, um die seinem Sohn zustehende Erbschaft auszugleichen. Je nach Besitzstand der Familie besteht die Mitgift aus Silbermünzen, Kleidung, Schmuck und Mobiliar. Beide Familien verpflichten sich dann gegenseitig durch die *engye*, eine Art Verlobungsfest, in dessen Verlauf der Brautvater folgenden rituellen Satz spricht: „Ich gebe dir meine Tochter bereits jetzt, junger Mann, damit du mit ihr rechtmäßige Kinder bekommen kannst, und ich gebe dir mit ihr den Betrag von [x] Talenten."

Als Mitgift werden zahlreiche Geschenke gebracht, im klassischen Athen gehören dazu Hochzeitsvasen wie die, die der zukünftigen Ehefrau hier übergeben wird. (Attisch-rotfigurige Vase, Lebes Gamikoa, Hochzeitsgefäß, Mitte 5. Jh. v. Chr.)

Eine rituelle Zeremonie

Auf die *engye* folgt die Hochzeit, deren Rituale den zweifachen Wandel markieren, den das Mädchen erfahren wird: den Wandel der Umgebung, denn sie zieht vom Haus ihres Vaters in das ihres Ehemannes, und den Wandel vom Kind zur Frau, denn sie verliert ihre Jungfräulichkeit. In den Tagen vor der Hochzeit opfert sie Artemis und Athena ihr Spielzeug, eine Haarsträhne und ihren Gürtel – Symbole ihrer Unschuld und ihrer Kindheit. Am Vortag ihrer Hochzeit badet sie in einer heiligen Quelle und am Morgen des Festtages wird sie von ihren Schwestern, Cousinen und einer älteren Frau, der *nympheutria*, in einen *chiton* und einen bestickten Mantel gehüllt. Sie trägt eine Krone mit Metallstrahlen und einen roten Schleier – Rot ist die Farbe der Fruchtbarkeit. Nachdem sie den Göttern des väterlichen Herdes ein Opfer dargebracht haben, finden sich die beiden Familien bei Gesang und Musik zu einem Festmahl zusammen. Die Braut kostet von traditionellem Gebäck, insbesondere von einem Sesamkuchen, dessen Körner eine große Nachkommenschaft verheißen. Ein Kind, der *pais amphithales*, bietet den Gästen Brot an und spricht dabei die rituellen Worte: „Ich entging dem Bösen und fand Besseres." Bei Einbruch der Nacht verlässt die frisch vermählte Braut endgültig das Haus ihres Vaters: Noch immer hinter ihrem Schleier verborgen, nimmt sie mit ihrem Gemahl und dem *paranymphos*, dem Brautführer, auf einem Wagen Platz. Im Schein der Fackeln, umgeben von jungen Leuten, die die Passanten mit getrockneten Früchten bewerfen, die Fruchtbarkeit symbolisieren, ziehen die Jungvermählten in das Haus des Bräutigams, gefolgt von den Dienstmädchen mit der Mitgift.

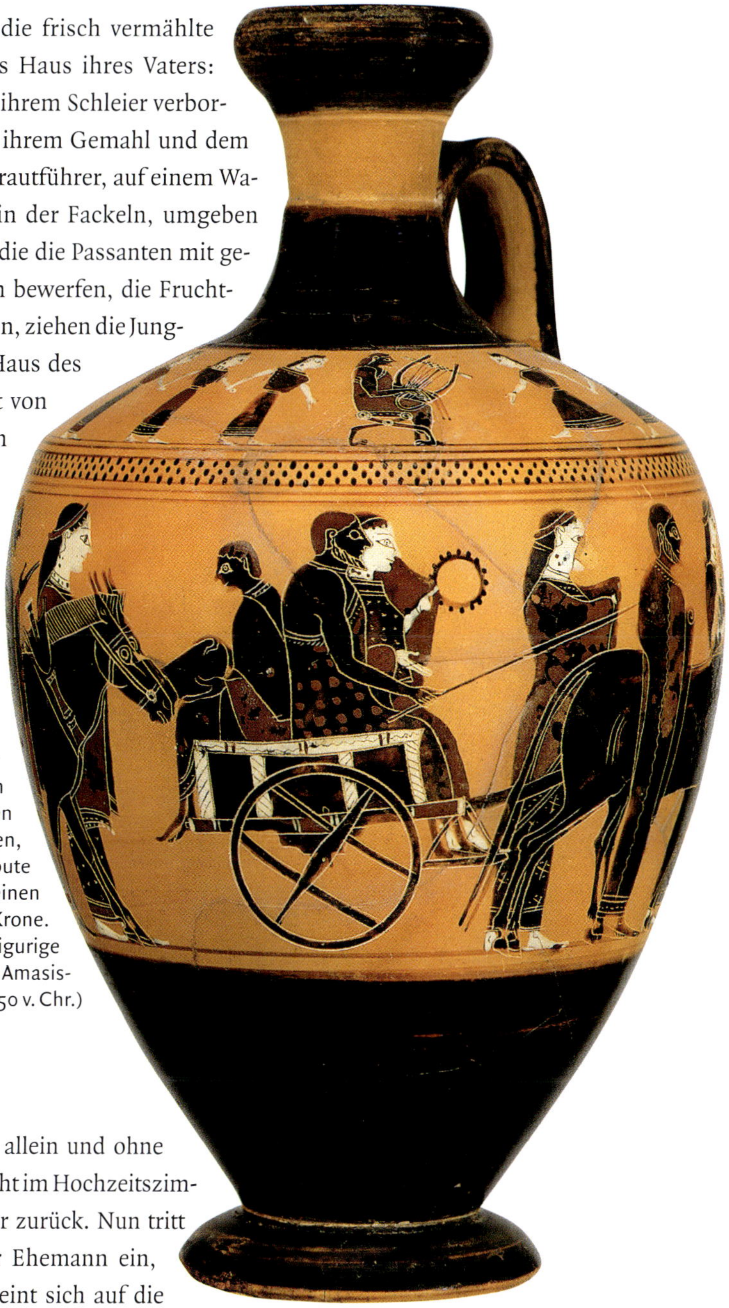

Nach der Trauung verlässt die Jungvermählte das Haus ihrer Eltern. Während ihr Ehemann die beiden Esel führt, die seinen kleinen Karren ziehen, trägt sie stolz die Attribute ihres neuen Status', einen Schleier und eine Krone. (Attisch-schwarzfigurige Lekythos des Amasis-Malers, um 550 v. Chr.)

Die Hochzeitsnacht

An der Tür ihres neuen Zuhauses wird die junge Ehefrau von ihren Schwiegereltern mit einem Granatapfel, einer Quitte oder einem Apfel – Symbole der Sanftmut und der Wollust – empfangen. Durch eine Zeremonie vor dem Herdfeuer wird sie endgültig in ihrer neuen Familie aufgenommen. Dann wird sie zum Brautbett geführt, wo sie ihr Gatte bereits erwartet, während ein Chor junger Mädchen ein *epithalamion*, oder „Brautkammerlied", singt. Am Morgen nach der Hochzeitsnacht wecken Jungen und Mädchen das Paar wieder mit Gesängen. Die frisch gebackene Ehefrau nimmt ein Bad und opfert den Gottheiten die Gegenstände, die bei der Hochzeit gedient hatten. Anschließend empfängt sie ihre Verwandten, die ihr Geschenke darbringen. In Sparta verläuft die Hochzeitsnacht anders: Die *nympheutria* schneidet die Haare der Jungvermählten kurz, streift ihr ein Männergewand über und lässt sie allein und ohne Licht im Hochzeitszimmer zurück. Nun tritt der Ehemann ein, vereint sich auf die Schnelle im Dunkeln mit seiner Ehefrau und verlässt anschließend wieder den Raum. Die restliche Nacht verbringt er mit seinen Kameraden. Diese etwas seltsam anmutende Gepflogenheit kann jahrelang beibehalten werden, und zwar nicht, um das Schamgefühl des Mädchens zu schonen, sondern um zu verhindern, dass der junge Mann seiner Frau zu schnell überdrüssig wird und seine sinnliche Begierde abflaut. Laut Plutarch kann ein Mann mit seiner Frau mehrere Kinder haben, ohne sie jemals bei Tageslicht gesehen zu haben!

Mutterschaft

In der Geborgenheit des gynaikons *wird alles getan, damit die zukünftige Mutter ein gesundes Kind zur Welt bringt, denn dieses sichert den Fortbestand der Familie. Fünf Tage nach der Geburt bekommt das Kind einen bildhaften Namen.*

Mutter werden ist im klassischen Griechenland sehr bedeutend. Erst jetzt nimmt die Frau ihre gesellschaftliche Stellung voll und ganz ein. Doch das Stillen wird, wenn man die Mittel besitzt, einer Amme anvertraut. (Terrakotta-Statuette aus Tanagra, Boiotien, spätes 4. Jh. v. Chr.)

Die Schwangerschaft

Die Mutterschaft ist für die Frau eine zugleich bürgerliche und religiöse Pflicht – sie wurde geheiratet, um Kinder zu gebären. In den Augen der Griechen spielt allein der Mann eine Rolle bei der Empfängnis, die Frau dient lediglich als Nährboden für seinen Samen. An der Schwangerschaft nimmt der Mann kaum Anteil; es sind die Frauen des *gynaikons*, Verwandte oder Dienerinnen, die der zukünftigen Mutter Fürsorge und die nötigen Ratschläge zukommen lassen. Sie ersparen ihr schwere Arbeit und überwachen ihre Ernährung, indem sie ihr Nahrungsmittel verbieten, die im Ruf stehen, unheilvoll zu sein. So glauben sie, dass dem Kind, wenn die Mutter während der Schwangerschaft zu viel salzige Nahrungsmittel zu sich nimmt, die Fingernägel fehlen werden, und wenn sie Wein trinkt, dann wird sie keine Kraft für die Niederkunft haben. Bezüglich der Früherkennung des Geschlechtes vertritt jede der Frauen ihre eigene Theorie: Bewegt sich der Embryo z. B. schon ab dem 40. Tag und bewahrt die Schwangere ihren schönen Teint, dann wird es ein Junge; bewegt er sich dagegen erst nach 90 Tagen, dann wird es ein Mädchen. Doch dem Ungeborenen und der werdenden Mutter drohen zahlreiche Gefahren: Fehlgeburt, Totgeburt und Tod der Mutter bei der Geburt sind nicht außergewöhnlich, denn die Schwangeren sind oft kaum mehr als 15 Jahre alt.

Die Niederkunft

Sobald die Wehen einsetzen, werden die Mauern des Hauses mit Pech bestrichen, um böse Geister fern zu halten, und alle Helferinnen richten gemeinsam ein Gebet an die Göttin Althaia, die Beschützerin der Geburten. Eine der älteren Frauen oder eine Hebamme leitet mithilfe der Dienerinnen die Geburt. Die Gebärende bringt ihr Kind auf dem Boden oder auf einem Stuhl sitzend zur Welt. Die Hebamme kniet vor ihr und hilft dem Kind, indem sie ihre Hände um dessen Kopf legt. Sie reibt den Bauch der Frau mit Öl ein, um die Schmerzen zu lindern, und hilft ihr, ihre Atmung zu kontrollieren, um die Entbindung zu erleichtern. Gleich nach der Geburt legt die Geburtshelferin das Neugeborene auf den Boden und entscheidet, ob es sich lohnt, es großzuziehen: Wenn es strampelt, zu schreien beginnt und sein Körper gut ausgebildet ist, dann nimmt sie es auf und trennt die Nabelschnur mit einer Scherbe oder einem Stück Schilfrohr durch. Bei einer Frühgeburt hat das Kind kaum eine Überlebenschance, denn wenn die Hebamme seinen körperlichen Zustand auch nur als minderwertig befindet, lässt sie es sterben. Wird es von ihr aber als lebensfähig erachtet, dann baden es die Dienerinnen in reinem oder mit Lake versetztem Wein, um ihm Kraft zu geben, und wickeln es fest ein. Die junge Mutter kann sich nun ausruhen, und wenn sie ihr Kind nicht stillen möchte, wird ihre Brust eingebunden, um das Einschießen der Milch zu verhindern.

Dank dieses Schnabelschälchens kann man das Kleinkind ernähren. Dies ist tatsächlich der Vorläufer unserer Schnabeltasse.

Die Aufnahme in die Familie

Die Sorge, die man dem Neugeborenen angedeihen lässt, garantiert ihm noch nicht, dass es auch tatsächlich in die Familie aufgenommen wird. In der Tat entscheidet sein Vater oder der Staat über sein Schicksal. In Sparta z. B. trägt der Vater sein Kind vor den Altenrat: Ist es robust und entspricht es den Normen, dann befehlen die Mitglieder des Rates, es aufzuziehen. Ist es aber schwach oder missgestaltet, dann wird es in eine Schlucht des Taygetos-Gebirges geworfen. In Athen bestimmt hingegen allein der Vater, ob er das Neugeborene als das Seine anerkennt. Am fünften oder siebten Tag nach der Geburt feiert man im Haus das Fest der Amphidromien, mit dem die offizielle Aufnahme des Kindes in die Familie begangen wird. Die junge Mutter und alle Frauen, die der Geburt beigewohnt haben, werden mit Wasser gereinigt, dann läuft die Amme mit dem Säugling im Arm um den Hausaltar. Um die Nachbarschaft von dem Ereignis in Kenntnis zu setzen, hängt man einen Olivenzweig über die Haustür, wenn es ein Junge ist, und einen Wollfaden, wenn es ein Mädchen ist. Fünf Tage später findet sich die Familie erneut zusammen, diesmal um dem neuen Familienmitglied einen Namen zu geben. Bei dieser Gelegenheit bekommt das Kind kleine Geschenke, Glücksbringer und Amulette, die es vor dem bösen Blick schützen sollen. Die junge Mutter wird nun als vollkommen gereinigt angesehen und nimmt ihre häuslichen Aufgaben wieder auf.

Für die Sicherheit der Kleinen haben die Griechen ein fest stehendes Hochstühlchen erfunden mit Öffnungen für die Beinchen. Auf dem breiten Sockel steht der Stuhl sicher, so kann das Kleine strampeln so viel es will. (Detail einer attischen Schale mit rotfigurigem Tondo auf weißgrundiger Innenseite, die dem Sotades-Maler zugeschrieben wird, um 460/450 v. Chr.)

Die Namensgebung

In diesem Bereich herrscht große Freiheit. Der älteste Sohn trägt gewöhnlich den Namen seines Großvaters und das Mädchen den seiner Großmutter. Doch man wählt auch gern Namen, deren Bedeutung eine große Zukunft verheißen: Kallias oder der „Schöne“, Demosthenes oder die „Macht des Volkes“, Perikles, d. h. „Auf den Ruhm, der weit bekannt ist“, Nikias, der „Sieger“ oder Polykrates, der „Allmächtige“. Manche Namen gehen auf eine Gottheit zurück: so z. B. Apollodoros auf Apollo, Demetrios auf Demeter. Die Namen der Mädchen beschwören Grazie oder Schönheit: Da gibt es Phano, die „Strahlende“, Chrysis, die „Goldene“, Melissa, die „Biene“. Zuweilen sind sich der Vater und die Mutter bei der Wahl des Namens jedoch nicht einig. So hätte der Bauer Strepsiades, eine Figur eines Theaterstückes von Aristophanes, seinen Sohn gern nach dessen Großvater benannt, Philonides, d. h. der „Sparsame“, doch seine elegante Gattin zieht „Philippides“ vor, einen Namen, der an die großen Familien Athens erinnert, und „Der die Pferde liebt“ bedeutet. Auf jeden Fall wird aber die Angabe „Sohn des“ oder „Tochter des“ an den Namen des neuen Familienmitgliedes angehängt.

Kindheit

Die kleinen Mädchen werden ebenso wie die kleinen Jungen von einer Amme großgezogen, doch nur die Jungen besuchen später die Schule. Ihre Erziehung, bei der sich geistige und körperliche Übungen ergänzen, soll aus ihnen verantwortungsvolle Bürger und mutige Kämpfer machen.

„Das Neugeborene ist wie weiches Wachs …“

Gleich nach der Geburt wird das Kind einer Amme anvertraut, die in dessen ersten drei Lebensjahren die wichtigste Person ist. Tatsächlich stillen nur Frauen aus bescheidenen Verhältnissen ihre Kinder selbst. In den meisten Familien nimmt man die Dienste einer Sklavin in Anspruch, die aufgrund ihrer Gesundheit und ihrer Erfahrung mit Kindern ausgesucht wird. Die Athenerinnen stellen gern Frauen aus Sparta ein, da diese im Ruf stehen, die Kinder daran zu gewöhnen, niemals Angst zu haben: So kommt auch die Amme des Alkibiades, Amykla, aus Sparta. Als Zeichen ihrer Funktion hat die Amme den Kopf mit einem Tuch bedeckt. Sie stillt das Kind nicht nur ein oder zwei Jahre, sondern trägt zudem die Verantwortung dafür, dass es zu einem kräftigen Kind mit einem makellosen Körper heranwächst. Laut Platon soll „sie (die Mutter) das Neugeborene wie Wachs formen […], solange es noch zart ist“. Der Säugling wird also eng in Stoffbahnen gewickelt, damit sein Körper gerade wächst, und täglich massiert, um seine Gliedmaßen und Organe harmonisch zu gestalten. Das Kleinkind wird daran gehindert, zu früh zu laufen, denn es könnte O-Beine bekommen, weswegen auch geraten wird, die Kleinen bis zum Alter von drei Jahren zu tragen. Wenn die Amme entschieden hat, das Kleine abzustillen, gewöhnt sie es daran, feste Nahrung zu sich zu nehmen, indem sie es mit vorgekautem Brot füttert. Wenn das Kind Zähne bekommt, reibt sie sein Zahnfleisch mit Fett ein und gibt ihm ein großes Stück Speck zu kauen. Außerdem erzählt die Amme dem Kind wunderbare Geschichten und erzieht es zu Gehorsam, indem sie ihm mit furchtbar unheimlichen Geschöpfen droht, wie der Lamia, mit dem Oberkörper einer Frau und Eselsbeinen, die Kinder raubt, um sie zu verschlingen!

Die Rolle des Vaters

Manche Erzeuger erweisen sich als besorgte Väter, so z. B. Strepsiades, dessen kokette und frivole Frau sich nicht um ihren Sohn kümmert: „Hab ich dich nicht erzogen und immer gleich erraten, was du lallend sagen wolltest? Und schriest du: ‚Bäh!‘, da lief ich gleich und brachte dir zu trinken. Und sagtest du: ‚Pappap!‘, da rannt ich fort, den Brei zu holen. Kaum hattest du: ‚A-a!‘ gesagt, da nahm ich dich und setzte dich vor die Tür und hielt dich […].“

Aristophanes, *Die Wolken*, 5. Szene

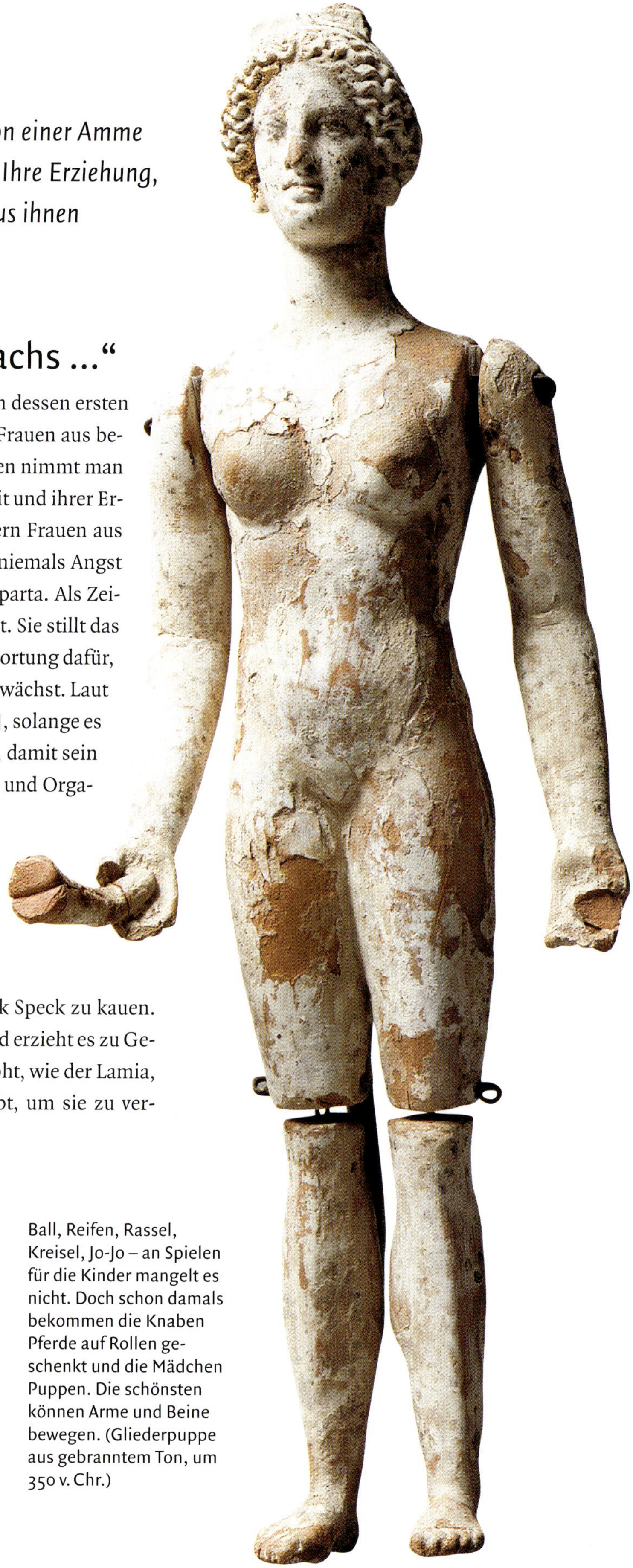

Ball, Reifen, Rassel, Kreisel, Jo-Jo – an Spielen für die Kinder mangelt es nicht. Doch schon damals bekommen die Knaben Pferde auf Rollen geschenkt und die Mädchen Puppen. Die schönsten können Arme und Beine bewegen. (Gliederpuppe aus gebranntem Ton, um 350 v. Chr.)

Hausarbeit für die Mädchen, Schule für die Jungen

Bis zum Alter von sieben Jahren werden Jungen und Mädchen gemeinsam im *gynaikon* erzogen. Dann müssen die Jungen die vertraute Welt der Frauen verlassen, um in die Welt der Männer einzutreten. Die Mädchen bleiben dagegen bis zu ihrer Hochzeit im *gynaikon*. Sie lernen vor allem Spinnen, Weben und die üblichen häuslichen Arbeiten zu verrichten. Die wenigsten können Lesen und Schreiben. Die Jungen hingegen besuchen eine Schule. Obwohl es keine ausgesprochene Schulpflicht gibt, fühlen sich die Eltern moralisch verpflichtet, ihrem Sohn zumindest eine elementare Schulbildung zu ermöglichen, denn in der griechischen Gesellschaft wird ein Mann, der „nicht lesen und nicht schwimmen kann" zutiefst verachtet. An die Stelle der Amme tritt nun der *paidagogos*, „Der die Knaben führt", dessen Aufgabe ist es, sich fortwährend in der Nähe seines Schützlings aufzuhalten: Er bringt ihn zur Schule und in die Palästra, er trägt seine Bücher und Schreibtafeln. Nach dem Unterricht hört er den Jungen die Hausaufgaben ab, achtet darauf, dass er sich gut benimmt und besitzt durchaus das Recht, ihn nötigenfalls zu züchtigen. Der *paidagogos* wird meistens unter den älteren Sklaven ausgewählt, die ansonsten keine Arbeit mehr im Haus verrichten können und auch nicht besonders kultiviert sein müssen. Von dieser Tatsache zeugt die Bemerkung des Sokrates gegenüber seinem Lieblingsschüler Alkibiades: „Dir aber, o Alkibiades, hat Perikles zum *paidagogos* bestellt den vor Alter unbrauchbarsten unter seinen Sklaven, den Thraker Zophyros."

Auf zahlreichen Vasen wie diesem Choenkännchen werden spielende Kinder dargestellt. – Ein Ausdruck der Liebe der Griechen für ihre Nachkommenschaft. (Rotfigurige Vase aus Athen, um 420/410 v. Chr.)

In der Schule

Mit der Disziplin wird in der Schule nicht gespaßt. Bereits bei Sonnenaufgang machen sich die Kinder auf den Weg. Aristophanes beschreibt sie liebevoll: „Da kamen im Schwarm sie die Straßen daher, nach der Singschul', all in der Ordnung, aus jeder Gemeinde, nur spärlich bedeckt, und wenn es auch Roggenmehl schneite!" Zudem gibt es nur an religiösen Feiertagen schulfrei. Der Lehrer, der von den Eltern bezahlt wird, genießt in der griechischen Gesellschaft im Allgemeinen kein großes Ansehen; oft ist er durch einen Schicksalsschlag gezwungen worden, diesen Beruf auszuüben. Aus diesem Grund verspottet Demosthenes seinen Gegner Aischines, dessen Vater Gehilfe eines Schulmeisters war, aufs Schärfste, indem er ihm vorwirft, dass er den Rang eines Sklaven und nicht den eines freien Bürgers habe. Das Schulzimmer ist nur mit wenigen Möbeln ausgestattet: ein Sessel mit Rückenlehne für den Lehrer, Schemel für die Schüler. Tische gibt es nicht, die Kinder schreiben mit einem Griffel auf mit Wachs beschichteten Holztafeln, die sie auf ihren Knien halten. Normalerweise bleibt der *paidagogos* hinter seinem Schützling sitzen. Undiszipliniertheit und fehlende Aufmerksamkeit werden streng bestraft: Der Lehrer zögert nicht, schlechte Schüler auszupeitschen.

Schreiben und Lesen lernen

In der Schule erwirbt das Kind Grundkenntnisse im Lesen, Schreiben und Rechnen. Stundenlang sagen die Knaben im Chor Buchstaben- und Zahlenreihen auf. Dann lässt der Lehrer sie immer wieder die vollständige Liste der Silben: „ba, be, bi, bo, bu – ga, ge, gi, go, gu" wiederholen und geht zum Studium der ein-, zwei-, drei-, vier- und schließlich fünfsilbigen Wörter über. Dafür sucht er nicht etwa geläufige Wörter aus, sondern greift eher auf Begriffe mit ungewöhnlichen Lautkombinationen zurück. Dieser Unterricht berücksichtigt die Erfahrungswelt des Kindes nicht im Geringsten, vielmehr basiert er auf dem Schwierigsten, was die griechische Sprache zu bieten hat. Man ist nämlich davon überzeugt, dass das Kind, wenn es diese Schwierigkeiten einmal meistert, problemlos auch die einfacheren Sachen behält. Wenn der Schüler es versteht, die Buchstaben und die Silben zusammenzusetzen, dann studiert er kurze Auszüge Homers oder anderer Klassiker. Nachdem der Lehrer den Text vorgelesen hat, lesen die Kinder die Passage laut nach und lernen sie auswendig. Auf seiner Tafel, die ihm als Schulheft dient, schreibt der Schüler mit seinem Griffel Buchstaben und später kurze Sätze nach dem Modell, das sein Lehrer vorgibt.

Briefe, Musik und Gymnastik

Mit zwölf Jahren verlässt der Junge die Grundschule, um beim Grammatiker die *grammatik*, die „Kunst zu lesen und zu schreiben" zu erlernen. Parallel dazu erhält der Jugendliche eine musikalische und sportliche Ausbildung. Die intellektuelle Erziehung basiert auf Auszügen bedeutender griechischer Texte, sowohl Lyrik als auch Epik. Der Lehrer liest den Text vor und jeder Schüler muss ihn, vor ihm stehend, aufsagen, bis er ihn perfekt auswendig kennt. Diese Auszüge dienen sowohl dazu, die Sprache und die Grammatik zu studieren, wie auch den Schülern mythologische, geschichtliche und geografische Grundkenntnisse zu vermitteln. Der Musikunterricht ist in dieser höheren Bildungsstufe ebenso wichtig wie die Schulung des Intellekts, daher wird ihm viel Zeit gewidmet. Ein Zitherspieler gibt den Kindern Gesangsunterricht und lehrt sie Flöte, Leier oder ein anderes Instrument zu spielen. Mit 14 Jahren verbringt der Jugendliche viel Zeit in der Palästra. Hier wird er vom *paidotribes* und dessen Assistenten im Ringen, Laufen, Springen, Diskus- und Speerwerfen unterwiesen. Zum Klang der Flöte vollbringen die Schüler auch dem Tanz ähnliche, rhythmische Bewegungen, die ihr Gefühl für harmonische Bewegungen schulen sollen. Nun sind die Jugendlichen bereit, sich der Vorbereitung für die Ephebie zu unterziehen, die es ihnen ermöglicht, das Bürgerrecht zu erlangen.

Alle Kinder, die in die Schule gehen, erlernen das Schreiben auf einer mit Wachs überzogenen Holztafel, aber auch ein Instrument zu spielen, wie Oboe, Kithara etc. (Detail einer attisch-rotfigurigen, von Douris signierten Schale, um 480/470 v. Chr.)

Eine spartanische Erziehung

Im Großen und Ganzen mag die Erziehung der jungen Griechen ausgeglichen und harmonisch anmuten, doch in Sparta nimmt sie eine besondere Form an. Hier werden die Kinder im Alter von sieben Jahren von ihren Eltern getrennt und vom Staat erzogen. Von nun an leben sie in einer Gemeinschaft, in „Scharen", die wiederum in kleinere Gruppen aufgeteilt, der Autorität eines älteren Jungen unterstehen. Zwar genießen die Spartaner auch eine intellektuelle und musikalische Erziehung, doch der Sport nimmt eine deutliche Vorrangstellung ein. Es geht nämlich vor allem darum, sie zu Kriegern zu erziehen. Ein speziell für dieses Ressort verantwortlicher Beamter, der *paidonomos*, organisiert und überwacht die paramilitärische Erziehung. Neben körperlicher Ertüchtigung werden den Knaben unglaubliche Enthaltsamkeit, Willensstärke, Opferbereitschaft und Mut abverlangt. Der kleine Spartaner, dessen Kopf geschoren ist, muss sich an ein hartes Leben gewöhnen. So trägt er selbst bei klirrender Kälte nur einen leichten Umhang und läuft das ganze Jahr über barfuß. Er wäscht sich selten, schläft auf einer selbst gefertigten Schilfmatte und muss Hunger ertragen. Man veranlasst die Kinder sogar zum Stehlen. Wer sich erwischen lässt, wird hart bestraft – nicht etwa weil er gestohlen hat, sondern wegen seiner Ungeschicklichkeit. Eine Anekdote erzählt, wie ein kleiner Spartaner, der einen jungen Fuchs gestohlen hatte und diesen unter seinem Mantel verbarg, es vorzog, sich lieber von dem Tier den Bauch aufreißen zu lassen und den Schmerz bis zum Tod zu ertragen, als entdeckt zu werden. Die spartanischen Kinder sind gewohnt, Schmerzen zu ertragen: Einmal im Jahr werden die Jungen vor dem Altar der Artemis Orthia öffentlich ausgepeitscht. Sieger ist, wer die Schmerzen klaglos erträgt!

Spartanisches Mädchen (Bronzefigurine, um 550/530 v. Chr.)

Die kleinen Spartanerinnen

Wie ihre Brüder werden auch die Mädchen körperlich getrimmt. Sie sollen zu starken Frauen erzogen werden, fähig Krieger zu gebären. Nur mit einem kurzen Gewand bekleidet, nehmen sie an sportlichen Wettkämpfen – Wettlaufen, Speerwerfen und Springen – teil und erscheinen sogar nackt bei Prozessionen. Sie werden aufgefordert, spöttische Bemerkungen zu machen, wenn den Jungen ein Fehler unterläuft. Diese Umgangsformen schockieren die anderen griechischen Völker, die ihre Mädchen und Frauen vor den Männern verborgen halten. Doch die Blöße der jungen Spartanerinnen ist nicht etwa dazu gedacht, zu Ausschweifungen einzuladen, sondern die Mädchen anzuspornen, es den Jungen gleichzutun. Die Frauen Spartas sind übrigens sehr stolz auf ihre soziale Stellung. Einer Fremden, die sich mit folgenden Worten an sie wendet: „Ihr, Lakedaimonierinnen, ihr seid die Einzigen, die den Männern befehlen", antwortet die Spartanerin Gorgo voller Stolz: „Wir sind die Einzigen, die Männer zur Welt bringen!"

Liebe und Sexualität

Was die Liebe und die Sexualität angeht, unterscheiden die Griechen streng zwischen der Beziehung, die sie mit einer Frau unterhalten und der starken Anziehung, die Knaben auf sie ausüben. Die Homosexualität zwischen Erwachsenen wird indessen verdammt.

Zwei Arten der Liebe

Von der bedeutenden Stellung, die Liebe und sexuelle Beziehungen bei den Griechen einnehmen, zeugen Texte und figürliche Darstellungen, die ohne jegliche Scham alle Facetten der sexuellen Lust und Kombinationen des Liebesaktes zeigen: Vereinigung eines Mannes und einer Frau von vorn oder hinten, von oben oder unten, erotische Szenen zu dritt oder zu mehreren, zwischen Männern oder mit Frauen, päderastische Annäherungen mit Küssen und Zärtlichkeiten, Masturbation, Fellatio, Benutzung eines *olisbos*, eines künstlichen, ledernen Phallus, etc. Die oft sehr anschaulich formulierten Texte der Theaterstücke schockieren die Zuschauer, darunter auch Frauen, nicht mehr als die Darstellungen der Vasenmalereien. Doch in einer berühmten Passage seines *Gastmahles* stellt Platon den Eros Pandemon, oder die irdische Liebe, dem Eros Uranion, der himmlischen Liebe, gegenüber. So unterscheidet er zwischen der Liebe, die nur dem Körper des Partners (Frau oder Knabe) gilt, und der Liebe, die sowohl dessen Seele wie auch dessen Körper gilt. Für Platon, wie auch für viele seiner Zeitgenossen, ermöglicht es die reine, himmlische Liebe, die fleischliche Anziehung zu überwinden; was den auf Fortpflanzung ausgerichteten Akt mit der Ehefrau ebenso ausschließt, wie die Befriedigung der fleischlichen Lust mit männlichen oder weiblichen Prostituierten.

Obwohl die homosexuelle Liebe im antiken Griechenland häufig vorkommt, gibt es auch in den heterosexuellen Beziehungen sehr wohl Gefühle. Ein Beispiel sind Perikles und die von Sokrates geschätzte Aspasia, die Perikles zu seiner Lebensgefährtin macht. (Grabstele des Ktesileos und der Theano aus Attika, Marmor, um 400 v. Chr.)

Liebe „auf griechisch"

In Griechenland wird die Beziehung zwischen einem Erwachsenen und einem Knaben als normales Stadium in der Entwicklung des Jugendlichen angesehen. In Sparta wird der Knabe sogar einem Liebhaber anvertraut, der ihn zu einem tapferen Krieger auszubilden hat. Die „Heilige Schar" von Theben in Boiotien besteht aus Liebespaaren, die Seite an Seite kämpfen. Für die weniger militärisch orientierten Athener besitzt die Beziehung zwischen einem erwachsenen Erasten und einem jugendlichen Eromenen einen erzieherischen Wert und soll dessen moralische Eigenschaften stärken. Doch manche Eltern befürchten, dass ihr Sohn die Lust eines wenig ehrenhaften Erasten heraufbeschwören könnte. Um ihrem Knaben schlechte Erfahrungen zu ersparen, lassen sie ihn fortwährend von seinem *paidagogos* begleiten, der über seinen Umgang wacht. In der Palästra wird den Knaben empfohlen, ihre Geschlechtsteile so gut es geht zu verbergen, und wenn sie sich erheben, darauf zu achten, die Spuren des Abdrucks ihrer Männlichkeit aus dem Sand zu beseitigen. Denn in der Palästra, in der Nacktheit eine Pflicht ist, macht der Erwachsene seinen zukünftigen Eromenen ausfindig. Um ihn zu verführen, überreicht er ihm Geschenke mit erotischer Symbolik, z. B. einen Apfel, einen Hahn oder einen Hasen. Nimmt der Knabe die Gabe an, dann wird er der *paidaka*, der „Liebling" des Erwachsenen. Das Pärchen kann sich in aller Öffentlichkeit zeigen, ohne dass sich jemand daran stören würde. Eine Figur des Aristophanes erklärt: „Ich möchte in eine Stadt gehen, in der der Vater eines hübschen Jünglings mich ansprechen und beleidigt zu mir sagen würde: ‚Du bist gut! Du triffst meinen Sohn, der ganz sauber aus dem Gymnasion kommt und du küsst ihn nicht! Du sagst kein Wort zu ihm und ziehst ihn nicht an dich heran, du betastest ihm nicht die Hoden, du, ein Freund der Familie!'"

Die griechische Päderastie ist eine kontrollierte Gepflogenheit. Es handelt sich immer um eine vorübergehende, auf Erziehung ausgerichtete, nicht unbedingt körperliche Beziehung. (Attisch-rotfigurige, dem Briseis-Maler zugewiesene Schale, um 480 v. Chr.)

Frauen unter sich

Die Griechen interessieren sich kaum für die weibliche Homosexualität, die in der Literatur und der Kunst absolut tabu ist. Kaum ein paar Anspielungen, ein paar zweideutige Malereien scheinen auf erotische Beziehungen zwischen Frauen anzuspielen, die die Abgeschiedenheit des *gynaikons* begünstigt haben dürfte. Doch die Dichterin Sappho, die im 6. Jh. v. Chr. auf Lesbos eine Art Pensionat für junge Mädchen gegründet hat, drückt die glühende Leidenschaft, die in ihr für eines der ihr anvertrauten jungen Mädchen entbrannt war, wie folgt aus: „Ganz gebrochen ist die Zunge, fein ist augenblicks unter die Haut ein Feuer mir gelaufen, und mit den Augen seh' ich nichts, es dröhnen die Ohren, herab rinnt kalter Schweiß an mir, ein Zittern hält ganz gepackt mich, fahler noch als Dürrgras bin ich – vom Tot sein wenig nur entfernt, komm' ich mir selbst vor."

Die Grenzen der Moral

Obwohl die Griechen die Päderastie als normal ansehen, darf diese doch nicht mit der Homosexualität in unserem Sinne verglichen werden. Die päderastische Beziehung ist auf einen bestimmten Lebensabschnitt begrenzt: Die Paare bestehen normalerweise aus einem Mann von ungefähr 40 Jahren und einem Knaben zwischen 13 und 17 Jahren. Sobald die ersten Körperhaare wachsen, ändert sich der Ton: „Auf deinem Bein, Nikandros, beginnen die Haare zu wachsen […], pass auf, dass es mit deinem Schenkel nicht plötzlich ebenso ergeht; dann müsstest du erfahren, wie selten die Liebhaber werden!" Nun zeigt sich der junge Mann vor seinen ehemaligen Liebhabern nicht mehr nackt – es sei denn, er möchte weiterhin als *paidaka* angesehen werden, dann muss er sich allerdings enthaaren. Die Homosexualität unter Erwachsenen wird zwar nicht verurteilt, doch die ihr frönen, werden missachtet, besonders derjenige, der beim Liebesakt eine passive Rolle spielt. Die „Weitärsche" und die Transvestiten, die sich prostituieren, werden sogar gesetzlich verfolgt und ihre Bürgerrechte werden eingeschränkt.

Die Nebenfrau

„Die Hetären haben wir für die Lust, die Konkubinen für die tägliche Pflege unserer Körper, die Ehefrauen aber, damit sie uns rechtmäßige Kinder gebären und treue Wächterinnen unseres Hauses seien." Diese Worte veranschaulichen die Rollenverteilung der griechischen Frauen. Es ist fast ausgeschlossen, echte Gefühle für seine Frau zu empfinden. Plutarch macht sich zum Sprecher dieser Rollenverteilung, wenn er schreibt: „Die echte Liebe hat keinen Platz im *gynaikon*, und ich bestehe darauf, dass es keine Liebe ist, die ihr für Frauen und junge Mädchen empfindet. [...] Denn die Sehnsucht nach den Frauen, selbst wenn sie erfüllt wird, ermöglicht es lediglich, die körperliche Lust zu stillen." Dem Mann steht es frei, in seinem *gynaikon* eine *pallake*, eine Konkubine, aufzunehmen. Sie ist eine Fremde, eine Frau aus armen Verhältnissen, und wird, ohne eine Mitgift eingebracht zu haben, zur Nebenfrau. Die Kinder aus dieser Verbindung genießen die gleiche Erziehung wie die legitimen Kinder eines Ehepaars.

Frauen – Prostituierte, Tänzerinnen, Sklavinnen, fremde Ehefrauen – sind Gegenstand des Verlangens, vor allem, wenn die Trunkenheit kühn macht ... (Detail einer attisch-rotfigurigen Vase, Skyphos, frühes 5. Jh. v. Chr.)

Auf den Strich gehen

„Die Frauen an den Straßenecken sprechen die an, die von einem Essen kommen und sagen zu ihnen: ‚Komm zu mir, da ist eine süße Kleine!' Und eine andere ruft aus dem ersten Stock: ‚Komm lieber zu mir, ich habe die Schönste und die mit der hellsten Haut!' Und ich, von Kopf bis Fuß mit Bleiweiß eingerieben, warte nichts tuend in meinem gelben *chiton*, summe ein Liedchen und wiege meine Hüften, um den Passanten zu verführen."

Von Aristophanes

Eine Ausnahme, die Kurtisanen

Einen besonderen Platz nehmen die Hetären ein. Dank ihrer Schönheit und ihrer guten Erziehung werden sie von Politikern unterhalten, mit denen sie sich auch in der Öffentlichkeit zeigen, selbst bei Anlässen, die eigentlich den Männern vorbehalten sind. Die berühmteste von ihnen, Aspasia von Milet, wird von ihrem „Beschützer" Perikles so sehr verehrt, dass dieser sogar seine rechtmäßige Frau verstößt und für den außerehelichen Sohn das Bürgerrecht erwirkt. Theodote, die Maitresse des Alkibiades, Phryne, Freundin und Modell Praxitels, Laïs, die Sizilianerin, die Muse des Malers Apellos, und Thaïs, die Alexander den Großen verführte, stehen Aspasia in ihrem Ruhm nicht nach – doch sie alle sind Ausnahmen. Diese Frauen genießen eine ungewöhnlich große Freiheit, die den anderen Griechinnen versagt bleibt. Sie sind angesehen, üben großen Einfluss auf ihre Liebhaber aus und führen dank ihres immensen Vermögens ein glänzendes Dasein in der vornehmen Gesellschaft.

Der Sexualität steht man in Griechenland ohne falsche Scham gegenüber und sie wird häufig dargestellt, wie diese Schale mit erotischem Liebesakt zeigt. (Attischrotfigurige, dem Triptolemos-Maler zugeschriebene Schale, frühes 5. Jh. v. Chr.)

Die Freudenhäuser

Die Griechen schreiben dem berühmten Reformator Solon die Organisation der Prostitution zu. Um die Keuschheit der Bürgerfrauen zu schützen, lässt dieser Athener in verschiedenen Vierteln der Stadt, insbesondere im populären Kerameikos, Freudenhäuser einrichten, in denen junge Sklavinnen den Kunden für wenig Geld zu Diensten stehen. Diese „Bordelle" werden staatlich kontrolliert und ihre Geschäftsführer, Männer oder Frauen, müssen dem Fiskus eine jährliche Steuer, das *pornikon telos*, entrichten. Die Zöglinge dieser Bordelle, Jungen oder Mädchen, sind größtenteils Sklaven. Sie stehen, nur dürftig bekleidet oder vollkommen nackt, vor dem kleinen Raum, in dem sie ihre Kunden empfangen. Jedermann kann ihre Dienste gegen ein bescheidenes Entgelt – zwei Obolen oder eine Drachme – in Anspruch nehmen. Die Anwerbung der Kunden übernehmen Sklavenkinder, die in die belebten Straßen oder in den Hafen von Piräus ausgesandt werden. Manche Prostituierten erfinden auch originelle Mittel, um die Kundschaft anzuziehen: Sie tragen z. B. Sandalen, deren mit Nägeln beschlagene Sohlen in den Boden die Aufforderung „Folge mir" oder erotische Bilder eindrücken. Bei manchen Wirten kann man gegebenenfalls auch mehrere junge Frauen anfordern, die das abendliche Bankett entsprechend dem Wunsch der Gäste mit Tanz und anderen Annehmlichkeiten verschönern.

Die Erziehung einer Kurtisane

Manche Kupplerinnen erstreben für ihre Schützlinge eine bessere Zukunft als die einer Prostituierten in einem Freudenhaus. Dies ist der Fall bei Neaira. Auf einem Sklavenmarkt von der Kupplerin Nikarete gekauft, wird Neaira mit dem ihr zugedachten Beruf vertraut gemacht und bereits mit sechs Jahren den Kunden vorgeschlagen. Doch Nikarete wacht auch darüber, dass die Kleine zu einem hübschen und wohlerzogenen Mädchen heranwächst. Sie führt sie in die Geheimnisse des Metiers ein: Sohlen an den Sandalen lassen sie größer erscheinen und ein falscher Busen verleiht ihr sinnliche Formen. Das Mädchen versteht es auch, mit Bleiweiß, Rouge und Schwarz für die Augenbrauen umzugehen. Neaira lernt Singen, Tanzen, Flöte spielen und sich bei Tisch zu benehmen. Dank dieser ausgezeichneten Erziehung gehört sie schon bald zur besten Gesellschaft Korinths. Ein reicher Athener verliebt sich in sie und heiratet sie. Ende der Geschichte. – Natürlich ist nicht allen Kurtisanen das Glück dieser Neaira beschert. Das Alter beendet früher oder später die Karriere dieser hübschen Mädchen und sie verlieren nach und nach ihre reiche Kundschaft. Die klügsten unter ihnen werden ihrerseits Kupplerinnen und nutzen nun ihre Erfahrung für die Erziehung der Mädchen, die sie kaufen.

Wohnung und Komfort

Während einer Gerichtsverhandlung erklärt ein Bewohner Athens, nachdem er den Liebhaber seiner Frau ermordet hat, wie die Aufteilung seines Hauses den Ehebruch begünstigt hatte:

„Zunächst, ihr Richter,
will ich Folgendes vorausschicken,
denn auch diese Einzelheiten müssen erwähnt werden:
Mein Häuschen hat zwei Geschosse,
deren Anordnung für die Frauengemächer oben und
die unten liegende Männerwohnung dieselbe ist.
Als uns das Kind geboren wurde, nährte es die Mutter selbst.
Damit sie nicht jedes Mal,
wenn das Kind gebadet werden musste, Gefahr liefe,
beim Hinabsteigen auf der Treppe zu stürzen,
zog ich nach oben, die Frauen nach unten.
Und so war es schon zur Gewohnheit geworden,
dass meine Frau hinunterging, um bei dem
Kind zu schlafen, um ihm, wenn nötig,
die Brust zu geben und es zu beruhigen,
damit es nicht schreie.
Und ich war so einfältig zu glauben,
meine Frau sei die vernünftigste der ganzen Stadt.“

Lysias, *Über den Mord an Eratosthenes*

Vor der Ankunft der Jungvermählten bereitet eine Dienerin das Zimmer vor. (Attisch-schwarzfigurige Lekythos des Malers Amasis, um 550/540 v. Chr.)

Wohnverhältnisse

Die meisten Griechen leben in bescheidenen Wohnverhältnissen, egal ob sie in den Städten oder auf dem Land wohnen. Nur die Reichsten lassen sich seit dem 4. Jh. v. Chr. Häuser bauen, die die öffentlichen Gebäude an Pracht übertreffen.

Türen und Dächer

Die schweren Eingangstüren der Häuser sind mit Schlössern, d. h. Querstangen und Riegeln, gesichert. Seltsamerweise öffnen sich diese Türen nach außen. Dem Geschichtsschreiber Plutarch nach zu urteilen, ist es vorzuziehen, vor dem Austreten anzuklopfen, um zu vermeiden, dass jemand die Tür an den Kopf bekommt, der gerade zufällig vor der Eingangstür steht! Bei den Reichen wacht ein Portier über das Kommen und Gehen. Von den Türen abgesehen, verfügen die Häuser nur über wenige Öffnungen nach außen. Die Fassaden im Erdgeschoss besitzen überhaupt keine Fenster zur Straße; nur im ersten Stock gibt es rechteckige Öffnungen, die mit Holzläden verschlossen werden können, um sich sowohl vor Unwetter als auch vor Eindringlingen zu schützen. Da man in Zentralgriechenland mit Regen rechnen muss, sind die Häuser mit Satteldächern und Ziegeln, die auf Holzlatten befestigt werden, versehen. Auf den sonnenreichen Inseln überwiegen dagegen Terrassendächer.

Eine Unterkunft „aus Stroh und Schlamm“

Die Stadtbevölkerung wohnt überwiegend in kleinen Häusern. Die bescheidensten sind aus Stroh und Lehm gebaut, doch gibt es auch fachwerkähnliche Holzkonstruktionen, die mit getrockneten Lehmziegeln ausgemauert sind. In der Regel sind diese Häuser direkt aneinander gebaut. Ihre dünnen Mauern schützen nur wenig vor Dieben, die lediglich ein Loch zu brechen brauchen, um ihrem üblen Geschäft nachzugehen, weshalb sie in Athen als „Mauerdurchbrecher“ bezeichnet werden. Die dünnen Mauern können sich jedoch auch als äußerst vorteilhaft erweisen: 431 v. Chr. beispielsweise sammelten sich nachts die von den Thebanern angegriffenen Bewohner Plataäs „[...], indem sie die gemeinsamen Zwischenwände ihrer Häuser durchgruben, damit in den Gassen ihre Bewegungen nicht gesehen würden. [...]“ Die Häuser in den ärmeren Vierteln besitzen meistens nur zwei oder drei winzige, ebenerdige Räume. Der Raum, der auf die Straße führt, dient gegebenenfalls als Werkstatt oder Laden. In solider gebauten Häusern findet man ein Obergeschoss mit einem Balkon über der Straße, zu dem eine Außentreppe aus Holz führt. Aus Platzmangel richten sich Menschen zuweilen sogar eine Unterkunft unter der Erde ein. In einem Vorort Athens hat man z. B. eine unterirdische Behausung mit drei Räumen und einer Abstellkammer entdeckt. Den ärmsten Städtern geht es allerdings noch schlechter, sie müssen sich mit einem Bretterverschlag an der Stadtmauer begnügen.

Zu vermieten!

In den griechischen Stadtstaaten haben nur die freien Bürger ein Anrecht auf Grundbesitz. Alle anderen sind gezwungen, eine Wohnung zu mieten, ganz gleich ob es sich um ein Mansardenzimmerchen handelt oder um ein ganzes Haus. Reiche Bürger scheinen diese Situation auszunutzen, denn im 4. Jh. v. Chr. entstehen in den Städten mehrstöckige Mietskasernen mit kleinen Zwei- oder Drei-Zimmer-Wohnungen mit Zugang über eine Außentreppe. Die Vermietung eines Hauses ist meistens vertraglich für fünf bis zehn Jahre geregelt. Um einen säumigen Mieter hinauszuwerfen, zögert der Eigentümer nicht, harte Maßnahmen zu ergreifen: Er lässt die Tür aushängen, das Dach abdecken oder den Zugang zum Brunnen versperren. Diejenigen, die ihre Miete dennoch nicht bezahlen können, müssen sich zu den zahlreichen Obdachlosen gesellen. In den großen Städten wie Athen schlafen sie im Sommer in den Heiligtümern, im Winter flüchten sie vor der Kälte in die öffentlichen Bäder, wo sie sich um die Feuerstelle versammeln. Nur selten wohnen Menschen freiwillig unter freiem Himmel, wie der berühmte Philosoph Diogenes.

Rekonstruktionsversuch des Viertels beim Silentor in Thasos. Man erkennt deutlich – vor allem in den Häusern der Reichen – eine Art Kamin. (Spätes 4. Jh. v. Chr.)

Das „Haus des Hermes“ auf der Insel Delos. Dieses Haus, dessen Name auf den Kopf einer Hermesstatue zurückgeht, den man hier gefunden hat, zählt mit seinem zweistöckigen Peristyl zu den vornehmen Häusern dieser Kykladeninsel.

Die offensichtliche Bescheidenheit der Reichen

Die Wohnsitze der vermögenden Griechen unterscheiden sich zwar erheblich von den Hütten des einfachen Volkes, doch auch im 5. Jh. v. Chr. ist der Luxus, den diese ausstrahlen, noch sehr verhalten. Privater Luxus steht in den demokratischen Stadtstaaten in keinem guten Ruf, und es gilt als schicklich, äußerliche Zeichen des Reichtums zu vermeiden. Mitte des 4. Jh. v. Chr. verhält es sich zum großen Bedauern Demosthenes' ganz anders, denn er sagt über die großen Männer vergangener Zeiten: „[...] im Privatleben dagegen waren sie maßvoll und dem Geiste der Staatsverfassung treu, dass wer von euch etwa weiß, wie die Wohnungen des Aristeides und des Miltiades und anderer berühmter Männer jener Zeit beschaffen sind, wohl sieht, dass sie in nichts glänzender waren als die der Nachbarn.“ Dennoch heben sich die Häuser der Reichen durch die Qualität der Baumaterialien hervor. Meistens sind sie auf Grundmauern aus Stein errichtet, die den Sockel des Gebäudes bilden. Der obere Mauerteil besteht aus getrockneten Lehmziegeln oder aus Stein. Nach außen hin können die Mauern einheitlich gekalkt sein. Diese Gebäude besitzen mindestens ein Stockwerk mit Zugang über eine Innentreppe. Seit dem 4. Jh. v. Chr. ist das herrschaftliche Haus jedoch vor allem an seiner Größe zu erkennen. In Olynth, im Norden Griechenlands, erstrecken sich manche Häuser über eine Grundfläche von 300 m². Doch von einem Wohnsitz solchen Ausmaßes können die meisten Griechen nur träumen, denn er kostet zwischen 1000 und 5000 Drachmen; eine beachtliche Summe zu einer Zeit, in der das mittlere Haushaltsbudget einer Familie auf 200 Drachmen jährlich geschätzt wird!

Treten Sie ein!

Während sich weniger bemittelte Griechen mit zwei oder drei engen Zimmern begnügen müssen, verfügt die wohlhabendere Bevölkerung bereits ab dem 4. Jh. v. Chr. über eine durchaus ansehnliche Wohnfläche. Nachdem man die Eingangstür von der Straße her durchschritten hat, gelangt man in einen kleinen Vorraum, der auf einen Innenhof, das eigentliche Herz des Hauses, führt. Hier steht der Hausaltar, hier wird das Essen zubereitet, gebetet und gearbeitet. Die Größe der Innenhöfe variiert zwar entsprechend dem Vermögen des Eigentümers, doch die *pastas* genannte Säulengalerie im Norden ist allen griechischen Häusern gemein. Man achtet darauf, dass dieser breite Portikus immer gen Süden ausgerichtet ist: „In den nach Süden gelegenen Häusern scheint im Winter die Sonne in die Hallen hinein, im Sommer lässt sie uns im Schatten, indem sie über uns und unsere Dächer hinweggeht." Verfügt man über die nötigen Mittel, dann umgibt man den Hof auf zwei, drei oder sogar allen vier Seiten mit Galerien oder Kolonnaden! Von hier aus gelangt man in die Wohnräume des Hauses, die dem Geschmack und den Mitteln des Eigentümers entsprechend gestaltet und rund um den Hof herum angeordnet sind. Feste Regeln gibt es diesbezüglich nicht, doch die Räume sind fast immer relativ klein und meistens rechteckig. Größere Anwesen zeichnen sich dadurch aus, dass das Erdgeschoss des Nordflügels im Prinzip das gemeinsame Speisezimmer der Familie, den *oikos*, und einen Empfangssaal, den *andron*, beherbergt. Mit seinem Vorzimmer bildet der *andron* einen gesonderten, abgeschiedenen und ausschließlich den Männern vorbehaltenen Bereich. Auf den anderen Seiten des Innenhofes sind die Wirtschaftsräume, Anrichtezimmer, Küche und Speisekammer, manchmal auch ein Bad oder eine Werkstatt untergebracht. Keller sind dagegen äußerst selten.

Auf den größeren Landgütern war der Hof oft von Nebengebäuden umgeben. Es gab insbesondere eine Presse, um den Wein zu keltern, den man dann meistens in Krügen draußen stehen ließ. Pressen der Reben. (Attisch-rotfigurige Vase, 5. Jh. v. Chr.)

Bauernhaus in Orraon (Epirus, Griechenland). Dank der gut erhaltenen Mauern kann man sich eine genaue Vorstellung von der Aufteilung dieses Hauses machen. Der Raum hinter den drei Pfeilern diente als Stall. Über diesem Raum wohnten die Sklaven. Rechts, der *andron*, der Empfangssaal. Über ein Vestibül erreichte man den Hauptraum, in dem sich die Familie versammelte. Im ersten Stock gab es zwei Schlafzimmer.

Zimmer mit Aussicht

Wenn es einen ersten Stock gibt, dann erreicht man diesen vom Hof über eine Holztreppe oder notfalls über eine Leiter. Normalerweise befindet er sich über dem Nordflügel und führt innen auf eine Galerie oberhalb des Portikus, die mit einer Balustrade oder Holzsäulen geschmückt ist. Hier liegen die Schlafzimmer der Familie und der *gynaikon*, die Frauengemächer, die nicht vollkommen von der Außenwelt abgeschieden sind, denn die Fenster bieten den Vorteil, dass die Bewohnerinnen das Treiben auf der Straße weitgehend unbemerkt beobachten können. Doch die Diskretion muss auf jeden Fall gewahrt werden. Eine städtische Regelung der Insel Thasos aus dem 5. Jh. v. Chr. verbietet den Frauen, sich aus dem Fenster zu lehnen, da dies als äußerst unschicklich angesehen wird! Vom ersten Stock aus gelangt man auch auf eine Dachterrasse über dem West- oder Ostflügel des Hauses. In den heißen Sommermonaten ist es nicht ungewöhnlich, dass sich die Familie hier zur Nachtruhe niederlegt, um die angenehme Frische zu genießen.

Große landwirtschaftliche Betriebe

Auf den größten Bauernhöfen gelangt man vom Wohnhaus über einen Portikus mit einfachen Holz- oder Steinsäulen auf den Hof. Das Gebäude weist nur selten ein Obergeschoss auf, doch der Hausherr und seine Familie bewohnen mindestens vier gut ausgestattete Räume. Um den Hof herum liegen die Wirtschaftsgebäude, wie der Raum mit einer Ölpresse und das Weinlager auf der einen und die Stallungen für das Vieh auf der anderen Seite. Die Sklaven sind in einem besonderen Gebäudetrakt untergebracht und haben ihre eigene Küche sowie einen Schlafsaal. Auf dem weitläufigen Hof findet man einen Brunnen oder eine Zisterne und Hühnerställe. Der gesamte Gebäudekomplex ist nach außen hin geschlossen und ähnelt eher einer Festung als einem Bauernhof, denn die Tore sind mächtig und nur wenige winzige Öffnungen durchbrechen die Mauern. Oft kann man die Umgebung sogar von einem rechteckigen steinernen Turm aus beobachten und im Notfall wird der Hof von hier aus auch verteidigt. In ruhigen Zeiten dient er jedoch eher als Kornspeicher. Ganz in der Nähe ergänzen eine Tenne, ein Misthaufen und mehrere Schuppen das Bild. Viele Großgrundbesitzer vertrauen ihr Gehöft einem Gutsverwalter an, leben aber selbst in der Stadt. Dennoch fühlen sie sich ihrem Grundbesitz verbunden, denn auf ihm beruht ja der Reichtum ihrer Familie. So berichtet Thukydides, dass die reichen Athener sich während des Peloponnesischen Krieges bitter beschwerten, „weil sie ihre schönen Landgüter mit ihren Gebäuden und teuren Einrichtungen verloren hatten“.

Wohnen auf dem Lande

Auf dem Land findet man eine beachtliche Vielfalt unterschiedlichster Wohnstätten: einfache, aus Feldsteinen errichtete Schutzhütten der Schäfer, Hütten, in denen die Landarbeiter während der Feldarbeiten gegen Ende des Frühlings hausen, in der Nähe einer Wasserstelle in Weilern gruppierte Bauernhöfe und natürlich die großen landwirtschaftlichen Betriebe der reichen Großgrundbesitzer. In den meisten Fällen ist das Haus des Kleinbauern ein viereckiger Lehmbau ohne Fenster, dessen leicht abfallendes Satteldach mit Stroh gedeckt ist. Im Inneren bewohnt die Familie einen einzigen großen Raum, an den eine Werkstatt, ein Vorratsraum und ein Stall anschließen. Der Stall steht mit dem Wohnraum in Verbindung, damit die Familie im Winter von der Wärme, die die Tiere abgeben, profitieren kann. Die Vorräte werden in einem Speicher unter dem Dach gelagert. In größeren Bauernhöfen gibt es, wie bei den Häusern in den Städten, einen von einem oder zwei Gebäudeflügeln flankierten Innenhof. Schließlich trifft man auch auf ausgedehnte Gebäudekomplexe, die den reichen Bürgern gehören.

Nur wenige Bauernhäuser waren mit einer Küche ausgestattet. Die Mahlzeiten wurden draußen zubereitet, wovon dieser Ofen in der Säulenhalle im Hof eines Gehöftes in Delos zeugt.

Dekor und Mobiliar

Im 5. Jh. v. Chr. scheinen die Häuser der reichen griechischen Bürger ihren Besitzern zu gefallen. Sagt Perikles nicht: „Wir haben unsere Wohnungen geschmackvoll eingerichtet, sodass sich unser tägliches Leben in einer angenehmen Umgebung abspielt, die schlechte Laune vertreibt."

Als Zeichen seines Wohlstandes ließ sich ein Grieche von einem Sklaven begleiten, der den Klappstuhl trug, damit sein Herr sich dort setzen konnte, wo er sich mit seinen Freunden zu unterhalten wünschte. (Detail aus dem Relief einer Statuenbasis aus Athen, um 510 v. Chr.)

Schlichtes Dekor

Die Innenausstattung der Häuser ist recht einfach: allenfalls sind die Fußböden gepflastert und die Mauern verputzt. Die Griechen, die wie Alkibiades die Wände ihres Hauses von einem Künstler mit Fresken schmücken lassen, sind Ausnahmen. Erst im 4. Jh. v. Chr. tauchen in den Privathäusern raffiniertere Dekore in Form von Mosaiken und Stuckreliefs auf, die bis dahin den Tempeln vorbehalten waren. Diese Stuckreliefs, die die prunkvolle Architektur öffentlicher Bauwerke nachahmen, werden aus einer Mischung von Kalk oder Gips und Marmorstaub aufgetragen und anschließend bemalt. Sie stellen Mauern aus behauenen Steinen, Girlanden, Zöpfe oder Mäander, Marmor- oder Alabasterplatten dar. Doch trotz dieser Schmuckelemente bleibt der griechische Wohnstil an sich sehr schlicht. Laut Aristophanes, dem Verfasser zahlreicher Theaterstücke, sind sogar in Athen „die meisten Häuser sehr mittelmäßig, nur wenige sind annehmbar". Hier muss auch erwähnt werden, dass die Wände in den bescheideneren Häusern kahl sind und die Böden aus gestampfter Erde bestehen. Zuweilen macht man sich nicht einmal die Mühe, die natürliche Neigung des Untergrundes, auf dem das Haus errichtet wird, zu nivellieren, so dass von einer Ecke zur anderen unter Umständen ein Gefälle von bis zu 50 cm besteht!

Zwei *thronoi* bzw. Sessel mit Lehne, ein Tisch mit Blumendekor und einer mit Füßen in Form von Löwenpranken. Diese Tische waren meist niedrig, damit die Gäste im Liegen speisen konnten. (Miniatur-Grabbeigaben aus Terrakotta, Mysien, Kleinasien, 2./1. Jh. v. Chr.)

Ein Ambiente schaffen

Das relativ schmucklose Innere des Hauses wird durch zahlreiche Einrichtungsgegenstände aufgewogen. In den Wohnsitzen der wohlhabenden Griechen bedecken Teppiche Böden und Wände, und die Fenster und Türen werden mit Stoffen zugehängt. All diese farbigen Stoffe und Teppiche sollen in den Räumen nicht nur eine gemütliche Atmosphäre schaffen, sondern dienen auch der Isolierung. Seit dem 4. Jh. v. Chr. entdecken die reichen Griechen eine weitere Möglichkeit, ihrer Vornehmheit und ihrem Raffinement Ausdruck zu verleihen – vorausgesetzt, sie verfügen über die nötigen Mittel. Zu dieser Zeit kommt nämlich die Mode auf, auf kleinen Tischchen oder Dreifüßen prächtige, von berühmten Künstlern bemalte Vasen und Schalen oder fein ziseliertes Metallgeschirr zur Schau zu stellen. Zudem verbreiten in den Räumen *thymiateria* oder Räuchergefäße Wohlgerüche, hauptsächlich wenn Gäste zum Essen eingeladen sind.

Im *andron* des Hauses der Tritonen auf Delos entdecktes Mosaik eines weiblichen Tritonen. Dieses Mosaik im archaisierenden Stil des 4. Jh. zierte die Wand des *androns*, dem Bereich des Hauses, der den Männern vorbehalten war und in dem der Hausherr seine Gäste empfing. (Ende 2. Jh. v. Chr.)

Das Mosaik

Lange Zeit nur den öffentlichen Gebäuden vorbehalten, hält das Kieselmosaik seit dem 5. Jh. v. Chr. Einzug in die privaten herrschaftlichen Häuser, wo sie zu dieser Zeit gleichermaßen Böden und Wände zieren. Diese Mosaike setzen sich aus kleinen weißen und schwarzen Kieselsteinen zusammen, wobei im folgenden Jahrhundert auch farbige Steinchen hinzukommen. Sie zieren zumeist den Innenhof und die Wohnräume, besonders den *andron*, den Bankettsaal. Das Motiv, hell auf dunklem Grund, stellt fast immer geometrische Muster dar, denen manchmal Szenen aus der Mythologie, der Natur oder dem täglichen Leben hinzugefügt werden. Das Motiv und die Linienführung sind mehr oder weniger kunstvoll ausgeführt, doch die runde Form der unbearbeiteten Kieselsteine, die den Charakter der unregelmäßigen Linien betont und in den Fugen den Mörtel erkennen lässt, verleiht dem Ganzen einen sehr ästhetischen pointillistischen Effekt.

Sitzgelegenheiten

Zum Essen oder Plaudern sitzen die einfachen Leute auf Matten oder Decken auf dem Boden. In stattlichen Häusern stehen hingegen alle möglichen Sitzgelegenheiten zur Verfügung. Die Frauen nehmen mit Vorliebe auf einem *klismos* Platz, einem eleganten Lehnstuhl mit fein geschwungenen Füßen, dessen gerundete Rückenlehne sich dem Rücken anpasst. Der *thronos*, ein Sitz mit hoher, gerader Lehne, ist mächtigen und reichen Männern vorbehalten. Schließlich gibt es für jedermann zwei Formen von Schemeln. Der erste ähnelt mit seinen vier geraden Füßen und seiner flachen und harten Sitzfläche einem kleinen Tisch und ist genau genommen nicht sonderlich bequem. Der zweite, der sog. *diphros okladias* ist zusammenklappbar. Er besteht aus einer Sitzfläche aus festem Stoff oder Leder und seine gekreuzten Füße weisen häufig die Form von Löwenpranken auf. Dieser Klappstuhl ist leicht zu transportieren und scheint sich großer Beliebtheit erfreut zu haben. Man trifft ihn im Speisezimmer der Familie ebenso an wie am Fußende des Bettes oder unter dem Portikus im Hof. Und wenn ein vornehmer Grieche sich außer Haus begibt, um mit ein paar Freunden zu plaudern, dann lässt er sich von einem Sklaven begleiten, der ihm zeremoniös seinen persönlichen Klappstuhl hinterherträgt.

Bequem schlafen

Die Möbel in den griechischen Häusern sind im Allgemeinen recht schlicht und ohne große Zierde. Mehr als ihre luxuriöse Gestaltung zeugt ihre Anzahl vom Wohlstand ihres Besitzers. Im 5. Jh. v. Chr. ist das Bett zweifellos das wichtigste Möbelstück. Seine unkomplizierte Struktur besteht meistens aus einem auf vier geraden, relativ hohen Füßen ruhenden Holzrahmen mit Ledergurten. Einfache Leute bauen ihr Bett selbst, doch man kann sich auch an einen Handwerker wenden, besonders wenn man sich ein kunstvoll gestaltetes Modell leisten möchte. Es gibt Betten mit Elfenbein- oder Metallintarsien oder sogar solche, die aus massiver Bronze gearbeitet sind. Als Matratze dient in den meisten Fällen eine einfache Binsen- oder Schilfmatte. Für die jungen Spartaner, die dafür bekannt sind, eine strenge Erziehung zu genießen, kommt eine andere Möglichkeit überhaupt nicht infrage. Die reichen Griechen außerhalb Spartas lassen sich jedoch mit Vorliebe auf äußerst bequemen Matratzen nieder, die mit einer filzigen Pflanze, der schneeweißen Strandfilzblume, „*Otanthus maritimus*“ oder „*Diotis maritima*“, gefüllt sind. Die Kissen, auf die die Damen und Herren Kopf und Füße betten, sind mit der gleichen Füllung versehen. Zum Zudecken benutzen sie nur Decken, Bettlaken sind unbekannt – ihr Hemd behalten sie übrigens auch nachts an, und wenn es zu heiß ist, begeben sie sich zur Nachtruhe auf die Dachterrasse.

Junger Mann, der auf seinem Rücken ein Beistelltischchen und eine Kline transportiert. Man stellte diese Betten so auf, dass die Gäste sich miteinander unterhalten konnten, wobei es als eine Ehre galt, in der Nähe des Hausherrn zu liegen. (Attisch-rotfigurige Pelike des Pan-Malers, 2. Viertel 5. Jh. v. Chr.)

Die Griechen, die keinen Schrank kannten – er wurde erst von den Römern erfunden –, räumten ihr Hab und Gut in große Truhen. Diese hatten einen flachen Deckel mit Holzscharnier und standen meistens auf kleinen, prankenförmigen Füßen. (Votivtafel aus Terrakotta aus dem Heiligtum der Persephone in Lokri, Italien, um 460 v. Chr.)

Betten und Tische für das Gastmahl

Der *andron*, in dem die vornehmen Männer ihre Gäste zu Banketten empfangen, ist der prunkvollste Raum des Hauses. Das Mobiliar besteht hier im Wesentlichen aus Bankettbetten, den Klinen, die an den Wänden des Raumes aufgereiht sind. Auf jedem dieser hohen Diwane können zwei oder drei Personen bequem Platz nehmen. Da sie jedoch hoch sind, besteigt man sie mithilfe eines Fußschemels. Wenn die Bankettbetten nicht mit Kopfstützen versehen sind, dann legen die Gäste ihr Haupt auf bequeme Kissen und Kissenrollen. Auf kleinen runden, quadratischen oder rechteckigen Tischchen stehen Nahrung und Getränke bereit. Die wertvollsten dieser drei- oder vierbeinigen Tische können aus Bronze oder Marmor gearbeitet sein, doch die meisten sind aus Holz. Nach der Mahlzeit werden sie unter die Klinen geschoben, um Platz zu schaffen. Die Bankettsäle sind durchschnittlich mit sieben Bankettbetten ausgestattet; der reiche Alkibiades nennt sogar ein „Gastmahlensemble“ mit vier Tischen und zwölf Bankettbetten sein Eigen, was in den Augen seiner Zeitgenossen jedoch als übertriebener Luxus angesehen wird.

Wohin mit seinen Sachen?

In den griechischen Häusern sucht man vergebens nach Möbeln wie Schränken und Anrichten, lediglich ein paar Regale sind an den Wänden aufgestellt. Der Hausrat wird in kleinen und großen Kastenmöbeln aufbewahrt. Das gängigste Modell ist rechteckig, aus Holz gearbeitet und mit einem flachen Deckel versehen. Diese Truhen sind häufig bunt bemalt, z. B. mit einem Fries aus Palmblättern auf blauem Grund; bei den Wohlhabendsten sind sie sogar mit kostbarem Edelholz furniert oder mit Elfenbein- oder Schildpattintarsien verziert. Kleidung und Decken werden in großen Truhen verstaut, während Schmuck, Geld und Wertgegenstände in besonderen Kästchen aufbewahrt werden, die als Safe dienen und, vor neugierigen Blicken geschützt, im Schlafgemach der Eheleute sorgfältig verwahrt werden.

Komfortables Wohnen

Während sich der Heizungsbedarf im milden Klima Griechenlands in Grenzen hält, bringt die Versorgung der Bevölkerung mit Wasser sehr viel größere Probleme mit sich; von der Müllbeseitigung ganz zu schweigen.

Wie schützt man sich vor Kälte?

Um ihre Wohnungen im Winter zu heizen, vertrauen die Griechen an erster Stelle auf die Sonne. Ihre Wärme wird in den vor Durchzug geschützten Innenhöfen gespeichert und verbreitet auch in den umliegenden Räumen noch eine angenehme Temperatur. Doch sollte es wirklich einmal kalt oder feucht werden, kann man auf ein wärmendes Feuer nicht verzichten. Allerdings ist nur der *oikos*, das Speisezimmer, mit einer Feuerstelle ausgestattet. In den anderen Räumen werden bei Bedarf lediglich mit Holzkohle gefüllte Becken aufgestellt. Diese Glut bietet einen doppelten Vorteil, denn sie strahlt zwar viel Wärme aus, bildet jedoch kaum Rauch. Diese Eigenschaft ist nicht unbedeutend, denn nur in den stattlichsten Häusern ist ein Rauchabzug aus Keramik integriert, der bis zum Dach reicht. Der überwiegende Teil der Griechen begnügt sich damit, mit einer langen Stange einen Dachziegel anzuheben oder einen durchlochten Ziegel einzubauen. Allerdings scheint diese Öffnung nicht nur der Belüftung gedient zu haben: nötigenfalls ermöglicht sie auch einem zahlungsunfähigen Schuldner, sich vor den Augen seiner Gläubiger aus dem Staub zu machen. In einem Stück des Aristophanes verkündet einer der Darsteller triumphierend: „Ich bin der Rauch, der aufsteigt …“

Frau vor einem Louterion, einem Waschbecken in den öffentlichen Badehäusern, das gerne von Frauen benutzt wird. Es war ein Treffpunkt, an dem die Frauen sich in Ruhe unterhalten konnten. (Gebrannter Ton, um 470/460 v. Chr.)

Die Freuden des Bades

Die meisten Griechen wuschen sich im Hof ihres Hauses. Ein Badezimmer, das zu jener Zeit als Luxus gilt, wird normalerweise neben der Küche eingerichtet, damit es durch die Wärme des Herdfeuers gleich mitbeheizt wird. Die Ausstattung des Badezimmers ist einfach: ein Tisch, Regale für die Toilettengegenstände, eine Schale mit Wasser, um sich das Gesicht zu benetzen. Die Vornehmsten leisten sich sogar eine Sitzbadewanne aus Keramik. Der überwiegende Teil der Bevölkerung begibt sich aber in die öffentlichen Bäder, wo man sich für wenig Geld waschen, reichlich heißes Wasser genießen und dabei noch mit Freunden plaudern kann. Nur die Spartaner rühmen sich, sich ausschließlich mit kaltem Wasser zu waschen. In Sparta ist es zudem Sitte, dass sich die jungen Männer den ganzen Winter über im Fluss Eurotas baden, um sich abzuhärten. Im Sommer nehmen alle Griechen gern ein Bad im Fluss.

Die Beleuchtung

Die im 5. Jh. aufkommenden Öllampen sind entweder aus gebranntem Ton oder aus Metall. Sie können die verschiedensten Formen aufweisen und besitzen meistens zwei Öffnungen: eine, durch die man das Öl einfüllt und die andere für den Docht.

Das Tageslicht ist die Hauptlichtquelle und mit Einbruch der Nacht zieht in den Häusern tiefe Dunkelheit ein. Als Beleuchtung kennt man nur Öllampen, dabei handelt es sich um Schalen aus gebranntem Ton oder Bronze, in denen ein oder manchmal mehrere Dochte brennen. Die Anzahl der Lampen zeugt selbstverständlich vom Wohlstand des Hausherrn, der sich ausreichend Öl leisten kann. Sie sind in den Räumen in kleinen Wandnischen oder auf Dreifüßen verteilt. Im Winter verbreiten zudem die glühenden Kohlebecken etwas Licht. Draußen, wenn man in die finstere Nacht hinaus muss, zündet man Fackeln an.

Bevor sie ihre Übungen machten, rieben sich die Athleten den Körper mit Öl und Sand oder Staub ein. Nach der körperlichen Anstrengung entfernten sie diese Schicht mit einem Strigilis und wuschen sich gemeinsam an einem Brunnen. (Attisch-rotfigurige, dem Onesimos zugewiesene Schale, um 500 v. Chr.)

Die Versorgung mit Wasser

Da die Griechen in ihren Häusern nicht über fließendes Wasser verfügen, bilden sie Reserven, indem sie das Regenwasser in großen Krügen in den Ecken des Hofes oder in Zisternen sammeln. Doch wer es sich leisten kann, lässt sich im Hof einen Brunnen mauern. Auf dem Land ist dies übrigens die Regel. Die Brunnen sind prinzipiell rund und der Brunnenrand ist normalerweise aus Stein gemauert. Manchmal muss das Wasser aus großer Tiefe heraufbefördert werden. Auf Attika wird daher geraten, bis in 18 m Tiefe zu graben, bevor man die Hoffnung aufgibt, auf das kostbare Nass zu stoßen. Das Wasser wird gewöhnlich mit einem Schlauch oder einem Eimer aus Keramik, Holz oder Metall geschöpft, den man an einem Seil, gegebenenfalls an einem Flaschenzug hinablässt. Wenn man keinen eigenen Brunnen besitzt, dann muss man sein Wasser wohl oder übel an den öffentlichen Brunnen holen. Sehr weit muss man hierfür jedoch nicht gehen, denn sie sind sehr zahlreich vorhanden, da die griechischen Städte keine Kosten scheuen, um den Bedürfnissen ihrer Bewohner gerecht zu werden.

Wohin mit dem Abfall?

Es gibt keine Latrinen, um seine Notdurft zu verrichten. Zu Hause ist die Benutzung des Nachttopfes, des *amis*, weit verbreitet, den jedermann ohne Gewissensbisse in der Straße entleert. Abfälle und Abwässer folgen dem gleichen Weg, weshalb der Gestank in den Straßen – vor allem in den Handwerkervierteln – oftmals kaum auszuhalten ist. Seit dem 5. Jh. v. Chr. versucht man die hygienischen Verhältnisse durch Verordnungen zu verbessern. Laut diesen ist es strengstens untersagt, die Straße zu überfluten und Unrat anzuhäufen. Verstöße werden dementsprechend bestraft: „Man darf vom Balkon kein Wasser in diese Straße schütten. Im Falle einer Zuwiderhandlung muss man eine halbe *hekte* pro Tag bezahlen." Seit dem 4. Jh. v. Chr. legen mehrere Städte, so z. B. Thasos, Kanalisationsnetze an, die zweifellos eine beträchtliche Verbesserung der Lage mit sich bringen. In Athen gründet man sogar eine Körperschaft der Müllleute, die *koprologoï*, die sich aus Sklaven zusammensetzt und deren Aufgabe es ist, den Unrat – und die in den Straßen eingesammelten Leichen – außerhalb der Stadtmauern abzuladen.

Städte

Der Stadtstaat bzw. die Polis bezeichnet die Gesamtheit eines Gebietes, d. h. das Umland (chora) und die Stadt (asty), die um eine Akropolis und eine Agora herum gebaut und von einer Umfassungsmauer umgeben ist. Jenseits dieser Mauer erstrecken sich die Vororte. Die Stadtmauer und öffentlichen Gebäude einer Polis machen in griechischer Zeit ihren Ruhm aus.

Die Stadt, Zentrum der Polis

Im 6. Jh. v. Chr. basiert die Gesellschaft im Wesentlichen noch auf den bäuerlichen Gemeinschaften, doch bereits im darauf folgenden Jahrhundert entwickeln sich die Städte zu den politischen, religiösen und künstlerischen Zentren der Polis. Zu dieser Zeit zählt man in Griechenland 750 Städte: Argos, Athen, Korinth, Aigina, Sparta, Theben, um nur einige zu nennen. Ihre stark differierende Größe entspricht jedoch keinesfalls immer ihrer geschichtlichen Bedeutung. Zu diesen Städten im griechischen Mutterland kommen mindestens 300 weitere Städte rund um das Mittelmeer, wie Ephesos, Halikarnassos oder Milet in Vorderasien, Neapel und Tarent in Italien, Selinunt und Syrakus auf Sizilien sowie Marseille in Frankreich, Aleria auf Korsika, Kyrene in Lybien und schließlich Naukratis in Ägypten. In den meisten Fällen werden die Städte direkt an der Küste gegründet, selten liegen sie weiter als 25 km landeinwärts. Im Idealfall errichtet man eine Kolonie dort, wo es sowohl einen Hafen als auch eine Anhöhe gibt.

Die von den persischen Truppen zerstörten Tempel der Akropolis von Athen wurden unter Perikles wieder erbaut. Im Gegensatz zur Unterstadt, wo die Häuser vollkommen planlos errichtet worden waren, vermittelte die Akropolis den Besuchern einen Eindruck von Ordnung und Organisation.

Die Akropolis oder die „Oberstadt"

Eines der Merkmale der griechischen Städte ist also eine befestigte Anhöhe, die Akropolis. Diese „Oberstadt" dient zwar in erster Linie militärischen Zwecken, doch sie ist auch der Ort, an dem die prächtigsten Tempel der Stadt errichtet werden. Die Akropolis von Athen ist eines der besten Beispiele: Seit dem 6. Jh. v. Chr. wachsen hier religiöse Bauten wie Pilze aus dem Boden. Nachdem die Perser die Akropolis 480 v. Chr. vollständig zerstört haben, lässt Perikles die Tempel ab Mitte des 5. Jh. v. Chr. wieder aufbauen. Zwischen 447 und 406 v. Chr. ist die Akropolis von Athen eine einzige riesige Baustelle. Eines der berühmtesten Meisterwerke dieses gigantischen Vorhabens ist der Parthenontempel. Auf der Akropolis werden regelmäßig grandiose Feste veranstaltet. Allerdings ist die religiöse Funktion, die man der „Oberstadt" zuschreibt, keineswegs die Regel. In Selinunt, auf Sizilien, liegen hier auch Wohnbezirke, während die Akropolis in Orchomenos, in Boiotien, ausschließlich der Verteidigung dient. Außerdem gibt es Städte, wie z. B. Mantineia, die keine Akropolis besitzen.

Ein begrenzter Raum

Seit Ende des 6. Jh. v. Chr. werden die Städte mit Mauern umgeben, die Aristoteles zufolge, „die Stadt verschönern und den Erfordernissen des Krieges genügen sollen". Die Länge der Mauern ist unterschiedlich. So ist die Umfassungsmauer von Mantineia, die den Ort eng umschließt, beispielsweise nur 4 km lang, andere Mauern können hingegen ein wesentlich größeres Gebiet als nur die Stadt umgeben. Einerseits geht es darum, die Vorteile des Geländes zu nutzen, andererseits darum, über genügend Fläche zu verfügen, um der Landbevölkerung und ihrem Vieh im Notfall Schutz zu bieten. In Athen umfassen die „Langen Mauern" die Stadt selbst sowie ihren Hafen, den Piräus. Diese Befestigungsanlagen bestehen meistens aus zwei Mauerringen aus dicken, behauenen und gut eingepassten Quadersteinen. Der Zwischenraum zwischen den beiden Mauern ist mit Steinen, Ziegeln und Ton verfüllt und kann bis zu 4,5 m dick sein. Der Grundriss, der in regelmäßigen Abständen erbauten Wachtürme ist ursprünglich quadratisch und seit Ende des 5. Jh. v. Chr. rund. In Mantineia z. B. zählt man 118 bis zu 8 m hohe Türme, wogegen die Befestigungsmauern selten höher als 4 m sind. Die Zugänge zur Stadt werden durch schwere Holzflügeltüren, Bastionen und enge Hafeneinfahrten zusätzlich geschützt. Nur eine einzige Stadt hält es nicht für nötig, sich hinter Mauern zu verschanzen: Sparta. Heißt es nicht, die Körper ihrer Bürger würden die Festungsmauern der Stadt bilden?

Auf dieser ionischen Vase sieht man eine der seltenen Darstellungen der Umfassungsmauern, die die Städte ab dem späten 6. Jh. v. Chr. umgeben. Stadtmauer mit drei Steinreihen.

Die Agora im Herzen der Stadt

Das eigentliche Zentrum der griechischen Stadt ist nicht die Akropolis, sondern die Agora. Dieser große, freie Platz an der Kreuzung der beiden Hauptstraßen ist das Herz des politischen, religiösen, ökonomischen und sozialen Lebens. Hier stehen die Statuen der Schutzgötter der Polis, wie Aphrodite in Kyzikos, Artemis in Epidauros oder Athena in Sparta. Hier finden die Spiele, Wettbewerbe und Prozessionen statt und die Bürger treffen sich an diesem Ort zu Versammlungen. Händler, Handwerker und Bauern bieten ihre Waren feil, auch Geldverleiher und Geldwechsler gehen hier ihren Geschäften nach. Auf der Agora trifft man sich, um zu promenieren, mit Freunden zu diskutieren und sich über das auf dem Laufenden zu halten, was in der Welt gerade geschieht. „Inmitten dieses geschäftigen Treibens und manchmal auch lauten Gezeters" wenden sich Redner an die Menschenmenge, Philosophen unterrichten ihre Schüler im Schatten der Bäume oder in den kühlen Säulenhallen, die den Platz säumen. Ursprünglich ist die Agora ein offener Platz, doch im Laufe der Zeit werden hier immer mehr öffentliche Gebäude errichtet: Tempel, ein *bouleuterion*, in dem sich der Staatsrat trifft, und ein *metroon*, in dem die Archive der Stadt untergebracht sind, um nur einige zu nennen. Seit dem 4. Jh. v. Chr. wird die Agora mit immer imposanteren Gebäuden umgeben, bis sie schließlich ein weitgehend geschlossener Platz ist, das offizielle Zentrum der Verwaltung, zu dem die Händler keinen Zutritt mehr haben.

Das Theaterviertel in Delos bestand aus Häusern mit sehr unterschiedlichen Grundrissen und Ausmaßen. Die meisten Häuser waren willkürlich längs der Hauptstraße direkt aneinander gebaut.

Die ideale Stadt nach Aristoteles

„Es scheint, die Anordnung der Privathäuser den unterschiedlichen Tätigkeiten entsprechend sei schöner und zweckmäßiger, wenn sie [...] nach Art des Hippodamus, regelmäßig gegliedert ist; doch aus Gründen der Sicherheit [...] scheint das Gegenteil zuzutreffen und die alte Methode scheint sich besser zu bewähren, denn bei ihr ist es für Fremde schwieriger, in die Stadt einzudringen, und den Feinden fällt es schwer, sich zu orientieren, deshalb müssen beide Methoden kombiniert werden [...] und nicht die ganze Stadt, sondern nur einige Bereiche und Viertel müssen regelmäßig angelegt werden. So vereinigt man Sicherheit und Schönheit."

Eine Ansammlung von Dörfern

Zahlreiche griechische Städte waren ursprünglich unabhängige Dörfer, die sich irgendwann zu einem bedeutenderen Ort zusammengeschlossen haben. Diese Städte zeugen von einem unglaublichen, planlosen Durcheinander, denn die Bewohner errichten ihre Häuser mit den ihnen zur Verfügung stehenden Mitteln und ihrem Geschmack entsprechend. Durch die Ortschaften führt ein Wirrwarr von verwinkelten Gässchen, von denen die meisten kaum breiter als 1,50 m sind. Manche verlaufen extrem steil, da sie sich dem Gelände anpassen, oder Treppen verbinden die verschiedenen Niveaus miteinander; viele Straßen enden in einer Sackgasse. Ein Straßenbelag ist nicht vorhanden und wenn es regnet, dann verwandeln sich die Gassen schnell in Sturzbäche. Überall trifft man auf Tiere, streunende Schweine und Hunde, die auf der Suche nach Nahrung sind. In der Luft liegt ein mehr oder weniger widerlicher Gestank, und wenn die Nacht die Stadt in tiefe Dunkelheit taucht, empfiehlt es sich, eine Fackel bei sich zu tragen, um Pfützen und Müllhaufen zu umgehen und unerwünschte Begegnungen zu vermeiden, denn es gibt keine öffentliche Beleuchtung. In einer Stadt wie Athen trifft diese Beschreibung allerdings vor allem auf die Arbeiterviertel Kollytos und Melite zu, oder den Kerameikos, in dem sich die Werkstätten der Handwerker befinden. In Skambonidai, einem vornehmen Viertel der Stadt, sieht es dagegen ganz anders aus. Das Stadtleben hat aber durchaus auch seine angenehmen Seiten: Zahlreiche schattige Plätze laden zum Verweilen ein und auf dem Peripatos kann man einen Spaziergang um die Akropolis machen oder wie Sokrates mit seinen Freunden an der Stadtmauer entlang promenieren.

Um in Athen Beamter zu werden, musste man bestimmte Kosten übernehmen, wie z. B. die Instandhaltung des Kanalsystems. (Frau am Brunnen, schwarzfigurige Lekythos, um 490/480 v. Chr.)

Die Wasserversorgung

Um den Wasserbedarf der Bevölkerung zu decken, scheuen die Städte keine Anstrengungen. Schon im 6. Jh. v. Chr. werden in den Kolonien Akragas, Selinunt und Syrakus auf Sizilien mit großem Arbeitsaufwand unterirdische Leitungsnetze angelegt, um das Wasser aus der Umgebung in die Städte zu leiten. In Samos ermöglicht eine solche, mehr als 1 km lange, unterirdische Leitung, das Wasser in das Zentrum der Ortschaft zu befördern. In Thasos wird das kostbare Nass in einer offenen Leitung aus Marmorblöcken mit zentraler Rinne bis zur Agora geführt. In regelmäßigen Abständen angelegte Becken sorgen dafür, dass sich die Schwebstoffe absetzen und dass der Bevölkerung einwandfreies Trinkwasser zur Verfügung steht. Die Stadtverwaltung Athens lässt das Wasser des Ilissos fassen und über ineinander gefügte Keramikrohre bis zu einem Verteilerbecken in der Nähe der Akropolis leiten. Von hier aus wird es in die öffentlichen Brunnen der verschiedenen Stadtviertel verteilt oder es sprudelt im Schutze einer Säulenhalle aus Löwenmäulern. Das Wasserholen ist reine Frauenarbeit und bietet Gelegenheit, Neuigkeiten auszutauschen.

In den meisten griechischen Städten herrscht Wassermangel. Oft bestand die Lösung, wie hier in Delphi, einfach darin, das Regenwasser in offenen Kanalsystemen zu sammeln. Die Kanäle wurden über ausgehöhlte und ineinander eingepasste Steinblöcke in Zisternen geleitet. (Kanalisationssystem für die Wasserzufuhr, Apollonheiligtum in Delphi.)

Kontrollierter Städtebau

Obwohl die griechischen Städte in baulicher Hinsicht einen eher ungeordneten Eindruck vermitteln, gibt es doch auch zahlreiche Orte – insbesondere in den Kolonien –, die einem einheitlichen Plan folgen, bei dem die *insulae* mit bebaubaren Parzellen unterschiedlicher Größe in ein rasterförmiges Straßennetz eingegliedert sind. In diesem orthogonalen Schema sind bestimmte Parzellen den öffentlichen und religiösen Bauten vorbehalten und von den Wohngebieten getrennt. Dieses Städtebausystem, das man beispielsweise in Selinunt oder Gela bereits im 6. Jh. v. Chr. antrifft, ist im darauf folgenden Jahrhundert weit verbreitet. Es inspiriert die Wiederaufbauarbeiten in Athen nach den verheerenden Zerstörungen der Jahre 480 und 481 v. Chr. durch die Perser. Die Prachtstraßen können nun eine Breite von bis zu 5 m erreichen. Es werden schattige Plätze angelegt, die das Stadtbild auflockern und beliebte Treffpunkte der Bürger sind. Nach und nach werden manche Straßen gepflastert und die Müllbeseitigung wird durch Verordnungen geregelt. Die Kontrolle fällt den *astynomoï* zu, städtischen Beamten, die durch das Los bestimmt und für ihre Arbeit entlohnt werden, und die zudem polizeiliche Gewalt ausüben. Die komplett zerstörte Stadt Milet in Vorderasien wird ab 479 v. Chr. auf einem perfekt orthogonalen Plan vollkommen neu erbaut. Andere Städte wie Thurioi, Olynth, Rhodos, Priene etc. folgen. Die griechischen Autoren, die gern jede Neuerung einem Erfinder zuschreiben, erklären den Architekten Hippodamos von Milet zum Begründer dieser neuen Form des Städtebaus – Aristoteles jedenfalls schreibt ihm die Erfindung dieser städtebaulichen Konzeption zu.

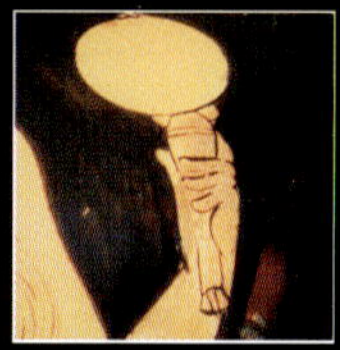

Kleidung und Körper

So handelt man in den Läden in Athen ...

Kerdon, der Schuster: „[...] Schaut's euch an in Ruhe. [...]
Hier seht ihr, alle Sorten, alles neu: Typ Sikyon, Ambrakia,
Nossis, Glatte, Papageien, Hanfschuh, Baukiden und
Blautiden, aus Ionien, Riemchenschuhe, Nachtsandalen,
Schnürspitzen, Krebse, Pantoletten, Argosschuhe,
die Scharlachroten, Jugendmarke, Wetterfeste –
was euer Herz begehrt, das sagt mir, denn ihr wisst,
am Schuster nagen Frauen und die Hunde."

Metro, eine Kundin: „Wie viel verlangst du für das Paar,
das du uns zeigtest?Aber donnre nicht zu laut,
sonst scheuchst du selber uns aus deinem Laden!"

Kerdon: „Bestimme bitte selbst seinen Wert und
setz den Preis, den du mir geben willst. [...]"

Metro: „Was brummelst du und nennst nicht frei
heraus den Preis der Schuhe, wie er eben ist?"

Kerdon: „Nun, liebe Dame, eine Mine (= 100 Drachmen)
kostet dies Paar. Verdreh nur nicht die Augen!
Keinen Heller vermag ich abzulassen, wollte selbst
Athene höchstpersönlich es erstehen."

Metro: „Kein Wunder, Kerdon, dass dein Laden voll von so
viel schönen Meisterwerken ist! Behüt sie gut und trocken,
denn am zwanzigsten des Stiermonds richtet Hekate die
Hochzeit für Artakene, da sind Schuhe nötig. [...]"

Mimiambos des Dichters Herondas, um 250 v. Chr.

Szene, die Frauen bei der Morgentoilette im *gynaikon* zeigt.
(Attisch-rotfiguriges Gefäß, spätes 5. Jh. v. Chr.)

Die Tracht

Die griechische Tracht ist sowohl für Männer als auch für Frauen eher schlicht und verbindet gerade Tuniken mit Umhängen. Echter Bescheidenheit können sich aber nur die Spartaner rühmen, die sich mit einem Leinenumhang und einem Stock begnügen. Später wird der spartanische Stil von den Philosophen übernommen.

Das Kleid war ein einfaches Stück Stoff, das man am Körper drapierte und mit einer Fibel zusammenhielt. (5. Jh. v. Chr.)

Ganz einfach nackt

Die zahlreichen unbekleidet dargestellten griechischen Götter und Heroen zeugen davon, dass der nackte männliche Körper im alten Griechenland keineswegs als anstößig empfunden wird, sondern ganz im Gegenteil, als Verherrlichung von Kraft und Schönheit. Im täglichen Leben fehlt es nicht an Gelegenheiten, seine Kleidung abzulegen, insbesondere wenn die Männer und Jungen sich im Gymnasion – dieses Wort stammt bekanntlich von *gymnos* ab, was „nackt" bedeutet – sportlich betätigen. Doch obwohl es beispielsweise bei Banketten üblich ist, dass die Gäste ihr Gewand von den Schultern streifen und ihren Oberkörper frei lassen, zeigen sich in der Öffentlichkeit anscheinend nur Sklaven und arme Leute nackt. Wenn man es sich irgendwie leisten kann, dann bekleidet man sich. Die Kleidung der Frauen und Mädchen ist auf jeden Fall sittsamer.

Der *chiton*, „der eine Schulter frei lässt"

Die Männertracht ist einfach und schlicht und beschränkt sich auf eine Tunika, den *chiton*. Meistens ist er aus Wolle, kann aber auch aus Leinen gearbeitet und mit bunten geometrischen Motiven durchwirkt sein. Der *chiton* besteht aus einem weiten, rechteckigen, links vom Körper gefalteten Stück Stoff, das rechts auf der gesamten Länge geschlossen ist. Es gibt auch Modelle mit langen angesetzten Ärmeln. An den Schultern wird er meistens mit Bändern, oder mit einer Art Sicherheitsnadel, bzw. Fibel, die von einem gewissen Wohlstand zeugt, zusammengehalten. In Taillenhöhe wird der *chiton* gegürtet und in Falten gebauscht, diesen Faltenbausch nennt man *kolpos*. Da der Gürtel unter diesen Falten nicht sichtbar ist, trägt man darüber oft einen zweiten breiteren, reich verzierten Gürtel. Der *chiton* ist vielseitig: Er wird direkt auf der Haut getragen, dient als Nachthemd und die Soldaten ziehen ihn unter ihren Brustpanzer, um die Reibung des Metalls auf der Haut zu vermeiden. Seit dem 5. Jh. v. Chr. verbreitet sich bei den Arbeitern, Bauern, Handwerkern und bei den Soldaten die *exomis*, übersetzt bedeutet dies ungefähr „lässt eine Schulter frei". Sie gleicht im Prinzip dem *chiton*, ist jedoch kürzer und wird lediglich auf der linken Schulter befestigt, wodurch der rechte Arm wesentlich größere Bewegungsfreiheit hat.

Ein wollener Umhang für den Winter

Zum Schutz vor der Kälte hängen sich die Hirten eine Tierhaut um, die anderen Griechen tragen eher ein rechteckiges, ca. 2 x 3 m großes Tuch aus Wollstoff, das *himation*. Darin wickeln sie sich nach Belieben ein, ziehen es bis zum Kinn oder schlagen es kapuzenartig über den Kopf, um sich vor Regen zu schützen. Es ist Sitte, das *himation* rechts zu drapieren und den freien Schoß über die linke Schulter zu werfen. Als äußerst vornehm gilt es jedoch, nur an der rechten Hand Falten hervorscheinen zu lassen – so erklärt sich die verhaltene Gestik, die die athenischen Redner an den Tag legen, wenn sie in Bürgerversammlungen das Wort ergreifen. Sein *himation* selbst zu richten und die Falten elegant zu drapieren, scheint allerdings nicht einfach gewesen zu sein. Sokrates spottet über den, „[...] der [...] dagegen aber nicht einmal seinen Mantel wie ein freier Mann zu tragen versteht [...]". Manche Griechen, denen an ihrem Auftreten in der Öffentlichkeit besonders viel gelegen ist, lassen sich deshalb von einem Sklaven begleiten, dessen Aufgabe ausschließlich darin besteht, die Falten zu richten. Doch, wie bei den Tuniken, ist bei den Umhängen im 5. Jh. v. Chr. ein neues Modell, die *chlamys*, allgemein verbreitet. Sie ist kürzer als das *himation* und besonders beliebt bei Reisenden, Jägern, Reitern und Soldaten. Normalerweise wird sie wie ein Tuch mit den Spitzen vorn auf der Brust gebunden oder auf einer Schulter von einer Fibel gehalten. Dem Wohlstand ihrer Besitzer entsprechend, sind alle diese Umhänge mehr oder weniger fein gewebt und mit bunten Streifen durchwirkt.

Spartanischer „Schick"

Die Bürger Spartas tun sich gern hervor. Im Gegensatz zu den übrigen Griechen kleiden sie sich stolz in den *tribon*, einen langen, grob gewebten, wollenen, leuchtend roten Umhang. Um ihre körperliche Abhärtung gegen die Unbilden der Witterung zu beweisen, tragen sie das ganze Jahr über ausschließlich dieses grobe und dünne Gewand, egal ob es stürmt, regnet oder schneit. Der *tribon* ist auch das einzige Kleidungsstück, das sie ihren Kindern zugestehen, denn diese sollen sich früh daran gewöhnen, Kälte zu ertragen. Außerdem muss dieser Umhang das ganze Jahr über getragen werden, ohne auch nur ein einziges Mal gewaschen zu werden. Damit will man kundtun, keinerlei Wert auf seine Kleidung zu legen und nur diesen einen Umhang zu besitzen – ein Zeichen von Sittenstrenge und Enthaltsamkeit. Außerhalb von Sparta wird der *tribon* nur von einigen Bewunderern der spartanischen Sitten getragen, insbesondere von den Philosophen, allen voran Sokrates. Ein weiteres Element des spartanischen Stils, ohne das ein Spartaner niemals ausgehen würde, ist die *bakteria*. Diesen langen, krückenartigen Stock schiebt man unter den Arm, um sich beim Stehen abzustützen. Man muss den Spartanern wohl zugestehen, dass sie in ihren roten Umhang gehüllt und auf ihren Stock gestützt sehr eigenwillig und durchaus beeindruckend wirken.

Junge, mit *himatia* bekleidete Aristokraten, die sich beim „Tierkampf" vergnügen. Auf dem langen Stock ruhte man sich aus; er war ein Zeichen des vornehmen Bürgers. Stoffe aus Megara wurden besonders geschätzt. (Relief auf einer aus Athen stammenden Statuenbasis, um 510–50 v. Chr.)

ΗΓΗΣΩ ΠΡΟΞΕΝΟ

Aus Wolle und Leinen

Wie die Kleidung der Männer, besteht auch die Tracht der Frauen aus rechteckigen Stoffstücken, die mehr oder weniger kunstvoll um den Körper drapiert werden. Das gebräuchlichste Modell ist der *peplos*, ein wollenes Gewand, das bis auf die Füße reicht und an den Schultern von Fibeln gehalten wird. Der obere Teil ist groß genug, um nach vorn über die Brust gezogen oder wie ein Schleier über den Kopf geschlagen zu werden. Der *peplos* kann gegürtet und an der Taille in eleganten Falten gebauscht werden. Verheiratete Frauen tragen ihren *peplos* gern weniger eng am Körper anliegend. Junge Mädchen und Damen mit leichtem Lebenswandel zögern nicht, ihr Gewand dem Bein entlang offen zu tragen, und werden aus diesem Grund „die ihre Schenkel zeigen“ genannt. Seit Mitte des 6. Jh. v. Chr. tragen die vornehmen Damen auch den bis dahin den Männern vorbehaltenen *chiton*. Er unterscheidet sich von dem der Männer jedoch dadurch, dass er aus feinem Leinen gearbeitet ist und bis zu den Füßen reicht. Er wird auf beiden Seiten vom Ausschnitt bis zum Ellenbogen mit einer Naht, Knöpfen oder kleinen Fibeln zusammengehalten, sodass er eine Art Ärmel bildet. Das Gewand ist auf seiner ganzen Länge gefältelt und wird in Taillenhöhe gegürtet. Ebenso wie den *peplos* können den *chiton* bunte Borten mit gestickten Motiven, gewellten Linien, geometrischen Motiven oder Blümchenmuster, zieren. Wenn es am Abend kühl wird, genügt ein Schal über dem leichten Leinen-*chiton*, um sich zu wärmen. Im Winter ziehen es manche Frauen jedoch vor, über dem *chiton* noch einen wollenen *peplos* zu tragen, andere wiederum legen sich ein mit Motiven verziertes *himation* um, dessen Ausführung selbstverständlich, je nach sozialer Stellung der Dame, mehr oder weniger fein gearbeitet ist. Die elegante Griechin versteht es, das fließende, fein plissierte Leinen effektvoll mit der schwer fallenden Wolle zu kombinieren. Allerdings lässt sie das Ende des Tuches nicht in den Rücken fallen, sondern drapiert es immer vorn.

Seine Füße schützen

In den Häusern laufen die meisten Griechen barfuß. Die Armen gehen dagegen gezwungenermaßen auch draußen ohne Schuhwerk – und die Philosophen ebenfalls, wie Platon bezeugt: „Ich hatte Sokrates getroffen, frisch gewaschen, mit Sandalen an den Füßen, was bei ihm ungewöhnlich war.“ Auch hier macht Sparta eine Ausnahme, denn den Kindern ist das Tragen von Schuhen untersagt, damit ihre Fußsohlen unempfindlich werden – schließlich gehen auch die Soldaten meistens barfuß. Dennoch sind Schuhe weitaus verbreiteter, als es die Darstellungen erwarten lassen. Für Männer wie für Frauen ist das geläufigste Schuhmodell die Sandale. Sie wird nach Maß angefertigt, wobei der Schuster das Leder direkt am Fuß des Kunden zuschneidet. Die Sohle, die mit Bändern um Knöchel und Zehen befestigt wird, besteht aus einer oder mehreren Lederschichten und ist für bequemeres Laufen manchmal mit Kork verstärkt. Das Leder der Männersandalen ist meist roh belassen, die Frauen ziehen dagegen kräftige Farben wie Rot, Grün, Gelb und sogar Goldfarben vor. Wenn die wohlhabende Dame ihrer Sandalen überdrüssig ist, stehen ihr auch noch verschiedene Modelle von Schlappen oder Pantoffeln zur Auswahl. Um größer zu wirken, behelfen sich manche Frauen übrigens damit, im Schuh einen Absatz einarbeiten zu lassen. Doch auch den Männern stehen verschiedene Schuhe zur Auswahl: Soldaten, Reisende und Jäger tragen vornehmlich die *endromis*, Schnürstiefel, während die Schauspieler eher Stelzschuhe mit einer hohen Holzsohle, die Kothurne genannt wird, vorziehen.

Auf ihrer Grabstele wird Hegeso sitzend, mit einem *chiton* bekleidet, dargestellt, wie sie eine (einst bemalte) Kette einem Schmuckkästchen entnimmt, das ihr ihre Dienerin überreicht. (um 400 v. Chr.)

Vase in Form eines Fußes, der eine Sandale trägt. Die meisten Schuhe ließen die Ferse und den Spann frei. (um 550 v. Chr.)

Seinen Kopf bedecken

Obwohl die Griechen über eine große Auswahl an Kopfbedeckungen verfügen, gehen sie normalerweise barhäuptig aus, vor allem in der Stadt. Die Arbeiter auf den Feldern schützen sich im Sommer vor der brütenden Hitze mit einem breitkrempigen Strohhut. Wenn es kalt ist, dann begnügt sich das einfache Volk mit einem Filzkäppchen, dem *pilidion*, doch es gibt auch die *kyne*, deren Name sie klar definiert, denn er bedeutet „aus Hundefell“. Die eleganten Männer in den Städten ziehen einen *pilos* vor, einen spitz zulaufenden Hut aus feinem Filz oder Leder. Man findet in der thrakischen Mode sogar Mützen aus Fuchsfell mit Ohrenklappen, die hochgeschlagen werden können. Doch am liebsten ist den griechischen Reisenden und Reitern als Kopfbedeckung zweifellos der *petasos*, eine Kappe mit weichem flachem Rand, den man lässig nach vorn heruntergeklappt trägt. Er kann, je nach Jahreszeit, aus Filz oder Stroh gearbeitet sein, wird aber immer mit einem Band unter dem Kinn befestigt. Die Frauen hüllen ihren Kopf mit Vorliebe in den Aufschlag ihres *peplos* oder *himations*. Wenn sie einen *chiton* tragen, bedecken sie den Kopf, bevor sie das Haus verlassen, mit einer *kalyptra*, einem Schleiertuch. Über der *kalyptra* tragen die Vornehmsten im Sommer manchmal einen runden, spitzen Strohhut mit breitem Rand, die *tholia*, und damit die Sonne den zarten Teint nicht angreift, haben sie auch einen Sonnenschirm bei sich; die Reichsten lassen ihn von einem Sklaven halten, der ihnen hinterherschreitet.

Herstellung von Kleidung

Spinnen und Weben sind Tätigkeiten, die von Frauen ausgeübt werden. Allerdings wird aus Ägypten auch bereits fertiges Leinen eingeführt. Das Färben der Kleider ist die Aufgabe eines Fachmannes, denn es erfordert große Sachkenntnis.

Die Rohmaterialien: Schafwolle und Flachs

Zur Herstellung der Stoffe verwendet man überwiegend Schafwolle, wobei die Wolle aus Attika und Milet qualitätsmäßig als die beste gilt, während die aus Achaia wegen ihrer feinen Qualität und die aus Laodikeia wegen ihrer schönen natürlichen Schwarztöne begehrt ist. Das zweitwichtigste Rohmaterial der Textilindustrie ist Flachs. Er wird in Elis, in Thrakien, und in Makedonien, in Süditalien, auf Sizilien und auf Kreta angebaut. Doch die Qualität dieser Materialien kann es mit der des ägyptischen Flachses bei weitem nicht aufnehmen, denn dieser wächst in Landstrichen, die sehr feucht und von der Sonne verwöhnt sind. Die Bearbeitung des Flachses ist außerordentlich langwierig und mühsam: Nach der Ernte werden die Stängel zum Trocknen in die Sonne gelegt, bevor sie in Wasser gerottet und auf einem Stein mit einem Holzhammer geschlagen werden, um die Fasern von den holzigen Teilen zu trennen. Aus ca. 100 kg geerntetem Flachs erhält man nur 15 kg Material, das weiterverarbeitet werden kann! In den Leinenwebereien in Patras stellen die Arbeiter zwar berühmtes Leinen her, doch selbst im 5. Jh. v. Chr. werden die schönsten Stoffe noch importiert, z. B. aus der griechischen Kolonie Naukratis im ägyptischen Nildelta. Schließlich ist auch die Baumwolle bereits bekannt, obwohl sie zu dieser Zeit noch nicht in Griechenland angebaut wird. Herodot erwähnt in seinen *Historien* diese „Wolle, die auf Bäumen wächst" und die Schafwolle in Qualität und Feinheit übertreffen soll.

Vom Spinnen zum Weben

Normalerweise gehören Weben und Spinnen zu den häuslichen Tätigkeiten der Frauen. Wenn der Bedarf der Familie gedeckt ist, dürfen sie ihre Erzeugnisse auch zum Verkauf anbieten. Dem Historiker Xenophon nach zu urteilen, muss diese Arbeit recht einträglich gewesen sein, denn „der größte Teil der Bewohner von Megara ernährt sich durch die Herstellung von Kleidung [...]". Im *gynaikon* oder in einer kleinen Werkstatt, die zum Hof gelegen ist, gehen die Frauen diesen Tätigkeiten nach. Entweder erledigt die Herrin des Hauses die Arbeit eigenhändig oder sie begnügt sich damit, die Dienstmädchen zu überwachen. Zum Spinnen setzen die Frauen ein *epinetron*, ein langes, rundes Tongerät auf ihren Oberschenkel, auf dem sie die vorab entwirrten und gekämmten Wollflocken rollen. Das Material entnehmen sie den Körben, die zu ihren Füßen auf dem Boden stehen. Mit einem Spinnrocken in der linken Hand müssen sie den Faden ausziehen, indem sie ihn mithilfe eines Spinnwirtels abwickeln, den sie mit dem rechten Daumen in Schwingbewegungen versetzen, damit der Faden gezwirnt wird. Eine gute Spinnerin kann so an die 50 m Faden pro Stunde produzieren. Die Weberin übt ihre Tätigkeit stehend aus, da sie an einem senkrechten Gewichtswebstuhl arbeitet. Die von Gewichten straff gespannten Kettfäden hängen an einem Querbalken, der auf zwei Standpfosten aufliegt. Eine mobile Querstange trennt die über- und untergeordneten Fäden. Gewebt wird von oben nach unten mit dem Schiffchen, einer flachen Holznadel, mit der die Arbeiterin den Querfaden einlegt. Die Schussfäden werden nach und nach mit einem Kamm angedrückt. Die Länge der Stoffbahn hängt von der Höhe des Webstuhls ab.

Farbige Stoffe

Das Einfärben und Walken der Stoffe ist die mühsame Arbeit von Fachmännern. Um den Stoff vorzubereiten, weicht der Walker, oder *knapheus*, ihn in großen Becken ein. Diese enthalten entweder mit Pottasche angereichertes Wasser oder ein fettlösendes Bad mit Walkererde. Mit der letztgenannten Methode wird übrigens auch schmutzige Wäsche gereinigt, die dem Walker mit der Bitte überreicht wird, „nicht mit Tonerde zu sparen". Um Wollstoffe oder Leinen zu färben, benutzt der *bapheus*, der Färber, Alaun. Dieser Beizstoff ist in Griechenland jedoch sehr selten und das Färben von Textilien daher absoluter Luxus. Die beliebtesten Farben sind Rot, Violett, Grün und Gelb. Die Färbemittel werden aus der Färberrötewurzel, Rucola oder Krokusstempel, vor allem aber aus der Purpurschnecke gewonnen.

Junge Frauen beim Spinnen. Diese Szene mit fünf Spinnerinnen ist auf einen Gegenstand gemalt, der zum Spinnen benutzt wurde: das *epinetron*, ein in etwa halbzylindrisches Gerät aus gebranntem Ton, das die Spinnerin auf Schenkel und Knie legt. (um 500 v. Chr.)

Sitzende Frau beim Spinnen von Wolle. Zu ihren Füßen ist der Korb zu erkennen, aus dem sie die Wollflocken nimmt. (Terrakotta-Figurine 3. Jh. v. Chr.)

Die Farbe der Götter

Die Purpurschnecke ist sehr begehrt, denn sie liefert einen Farbstoff, der in kleinen Fläschchen vermarktet und mit Gold aufgewogen wird. Für 1,5 g Farbstoff benötigt man 12 000 Schnecken! Aus diesem Grund werden diese Tiere gezüchtet, und zwar nicht im griechischen Mutterland, sondern an den Küsten der Provence und vor allem auf Korsika. Dort werden sie in besonderen Zuchtbecken gehalten und mit Muschelfleisch (Austern und Miesmuscheln) gefüttert, da es sich um Fleisch fressende Tiere handelt. Wenn sie ausgewachsen sind, entfernt man die Drüse, die den Farbstoff enthält, und legt sie in mit menschlichem Urin angereicherten Lakebädern ein. Die so erhaltene Flüssigkeit wird in Bronzekessel umgefüllt, mit der fünf oder sechsfachen Menge Wasser verdünnt und zehn Tage lang erhitzt. Die Konzentration des Farbstoffes wird regelmäßig überprüft, indem man kleine Wollfäden hineinhält. Die Farbtöne reichen, je nach Verdunstungsgrad, von Zartrosa bis Violett, wobei die begehrteste Farbe Karmesinrot ist. Der Preis dieses Farbstoffes, seine gute Lichtbeständigkeit und seine hervorragenden Waschqualitäten machen den Wert der gefärbten Kleidungsstücke aus. Zu jener Zeit ist es Brauch, seine schönsten Kleider zu tragen, wenn man in den Kampf zieht. Seit dem 5. Jh. v. Chr. ist Karmesinrot sogar die Farbe des spartanischen Kriegers schlechthin. Es wird behauptet, sie sei so beliebt gewesen, weil sie Verletzungen und Blut kaschiere.

Die Purpurschnecke (moderne Zeichnung) betörte die Griechen wegen der Leuchtkraft der Farbtöne. Der aus ihr gewonnene Farbstoff war auch deshalb so begehrt, weil er nicht abfärbt.

Schönheitsempfinden

Die Griechen achten allgemein sehr auf Körperhygiene und sind auf ihr Aussehen bedacht: Sowohl Männer als auch Frauen parfümieren sich gern mit duftenden Ölen, legen großen Wert auf die Pflege ihrer Haare und tragen Schmuck.

Diese auf die Rückseite eines Spiegels gravierte Szene zeigt zwei Frauen am Louterion: Während die eine ihre Haare auswringt, arrangiert die andere ihre Frisur. (Deckel eines bronzenen Klappspiegels, 3. Viertel des 4. Jh. v. Chr.)

Kosmetika

Für die Griechen ist ihr körperliches Wohlbefinden und die Körperpflege im Allgemeinen von großer Bedeutung: Kommt das Wort „Hygiene" nicht von *hygieinos*, das „gesund" bedeutet? Die Frauen waschen sich täglich zu Hause, während sich Kinder und Männer jeden Tag in die Palästra begeben, wo sie ein kaltes Bad nehmen. Zum Waschen benutzen die Griechen einen Schwamm und Seife aus Holzasche und Kalk, Natron, Kaliumnitrat oder Tonerde. Wegen des Säuregehaltes dieser Produkte, die Haut und Haare stark reizen, ist es unerlässlich, sich den Körper nach dem Waschen immer gewissenhaft einzuölen. Die Öle werden in kleinen Keramikflaschen mit engem Hals aufbewahrt, die man mit einem Wachspfropfen verschließt. Auch Alabastervasen gibt es in vielen verschiedenen Formen und Größen, von großen Lekythen mit einem Henkel, bis hin zu den Fisch-, Hasen- oder Igel-förmigen Aryballoi. Schminke und Salben werden in kleinen zylinderförmigen Metall-, Holz- oder Tondosen mit Deckel, den Pyxiden, aufbewahrt. Trägt man die Schönheitsprodukte mit der Hand auf, dann empfiehlt es sich, auch diverse Spatel und Stäbchen zur Hand zu haben. Die, mit denen man Ohren, Nägel und Zähne reinigt, sind aus Holz, Federn oder bei den Wohlhabendsten aus Silber. Zudem verwenden die Griechen Kämme aus Holz, Bein, Schildpatt oder Elfenbein. Diese sind oft reich verziert und, um das Entwirren der Haare zu erleichtern, manchmal beidseitig mit Zähnen versehen, deren Abstände auf der einen Seite sehr gedrängt, auf der anderen Seite größer sind. Schließlich zeigt ein letzter prüfender Blick in den polierten Bronzespiegel, ob man sich in der Öffentlichkeit sehen lassen kann.

Ein modischer Haarschnitt

Ihrer Haartracht widmen die Männer große Aufmerksamkeit, besonders die Spartaner, bei denen lange Haare als Zeichen des freien Mannes gelten. Sie werden sorgfältig geflochten und die Mode verlangt, dass man auf jeder Schulter zwei Zöpfe nach vorn und vier im Rücken trägt. Der Kamm ist für den Spartaner also ein wichtiges Utensil: Der persische Späher, der die Männer des Leonidas beobachtet, wie sie die Thermopylen bewachen, „sieht die einen Leibesübungen machen, während die anderen sich die Haare kämmen“. In anderen Stadtstaaten sind lange Haare den Knaben vorbehalten, die das Alter der Ephebie noch nicht erreicht haben, erwachsene Männer ziehen es hingegen vor, ihre Haare kurz geschnitten zu tragen. Doch Achtung! Ein geschorener Kopf ist das Zeichen der Sklaven. – Als modisch gelten gelockte Haare, die nötigenfalls mit einem Stirnband gebändigt werden. Eine kahle Stelle versucht so mancher mit einer Perücke oder einem Haarteil zu verbergen und vertraut sich dafür einem Barbier an. In Athen nutzen die Vornehmen ihre regelmäßigen Besuche in den *koureia*, den „Barbierstuben“ auf der Agora, um Bekannte zu treffen und in Ruhe zu plaudern.
Die Sklavinnen müssen sich ihre Haare ebenfalls kurz schneiden, die freien Frauen tragen sie dagegen lang. Wie bei den Männern gelten auch bei ihnen gelockte oder gewellte Haare als geschmackvoll. Doch, von besonderen Anlässen abgesehen, verbietet es die Sitte verheirateten Frauen, ihre Haare außerhalb des Hauses offen zu tragen. So wetteifern die Damen miteinander, ihre Haarpracht so effektvoll wie möglich zu arrangieren. Zu diesem Zwecke werden die Haare geflochten, in kunstvollen Knoten zusammengefasst oder mit Bändern oder Netzen geschmückt. Die Eitlen pflegen die Geschmeidigkeit und die dunkle Farbe ihrer Haare mit Lorbeer- oder Zedernöl, manchmal arbeiten sie sogar falsche Zöpfe ein.

Dieser Holzkamm hat auf beiden Seiten Zinken: die linken sind enger, die rechten weiter auseinander angeordnet, was das Entwirren der meist lang getragenen Haare erleichtert.

Sich die Körperhaare rasieren

Die Entfernung unerwünschter Haare scheint bei den Griechinnen üblich zu sein. Die einfachste Methode besteht darin, sich mit einer scharfen Bronze- oder Obsidianklinge zu rasieren. Diese ist den Frauen so geläufig, dass sie im 5. Jh. v. Chr. nicht als männliches, sondern eher als weibliches Accessoire gilt. In einem Stück des Aristophanes verkündet eine Frau, die entschieden hat, sich als Mann auszugeben: „Schermesser litt ich keins im Haus, fort warf ich's, um recht dicht behaart zu werden und allem gleich zu sehn, nur keiner Frau!“ Um ein besseres Ergebnis zu erzielen, gibt es noch eine andere Methode, bei der die Härchen mit dem Docht einer Öllampe abgebrannt werden. Davon, dass die Frauen diese Methode sogar für die Enthaarung der Schamhaare anwenden, zeugt folgender Satz, den eine Frau an eine Lampe richtet: „Du strahlst allein in tief geheime Buchten hinein und sengst den Flaum des Hügels weg.“ Die Männer lassen sich gern einen Bart oder Schnurrbart wachsen, tragen aber weder den einen noch den anderen lang, sondern schneiden ihren Bart rund oder spitz zu. Die Spartaner rasieren ihren Schnurrbart sogar ganz ab.

Aufgrund der Bedeutung, die die Griechen ihrer Frisur und ihrem Bart beimaßen, genossen die Barbiere ein gewisses Prestige. Sie kümmerten sich ebenfalls um Finger- und Fußnägel. (Terrakotta-Figurine aus Tanagra, um 500 v. Chr.)

Die wohlhabenden Damen parfümierten sich gern nicht nur Körper und Kleidung, sondern auch die Haare. (Relief, um 470/460 v. Chr.)

Eine Welt voller Wohlgerüche

Bereits zur Zeit Homers schätzen die Griechen angenehme Düfte, an erster Stelle natürlich Blumen und andere Pflanzen. So werden die Sieger von Wettkämpfen mit Lorbeer gekrönt, die Jungvermählten mit Myrten und bei Festen und Banketten trägt man Blumenketten aus Rosen, Veilchen, Lilien oder Narzissen. Doch diese duftende Pracht befriedigt die Griechen nicht, weshalb sich früh die Kunst der Parfümherstellung entwickelt hat. Durch Auspressen, Mazeration und Enfleurage werden ätherische Öle aus Lavendel, Iris, Binse, Majoran, Rose und Salbei gewonnen. Zudem findet man eine ganze Reihe von Präparaten auf der Basis exotischer Produkte, wie Aronstab und Dill aus Ägypten, Myrrhe und Zimt aus dem Orient, Labdanum, Bakkaris aus Sardeis oder Öl aus Lydien, Silphion, eine nach Anis riechende Wurzel, aus Libyen usw. Man reichert Mandel-, Sesam- und vor allem Olivenöl mit Salz an, damit es nicht ranzig wird und verwendet es als Grundstoff; als Härtungsmittel dient Harz oder Gummi. Im Laufe der Jahrhunderte werden die Düfte immer betörender: Im 4. Jh. v. Chr. sind süß-bittere Duftkombinationen mit Myrrhe, Styrax, Zimt, Narde, Safran etc. modern. Die Parfümhersteller mischen nun auch tierische und mineralische Substanzen bei, wie das Castoreum, eine Drüsenausscheidung des Bibers, Moschus, Zibetkatze und grauen Bernstein. Manche erfinden Mischungen, die ein Vermögen kosten, darunter regelrechte Markenparfüms und -salben, wie das *megaleion* von Megallus aus Sizilien. Auf der Agora in Athen vertreiben die Händler Duftvariationen aller Art. Hierher kommt man, um Parfüm zu kaufen, doch auch, um an den Ständen vorbeizuschlendern und sich an angenehmeren Düften zu berauschen als denen des Fischmarktes.

Vornehmheit und Sinnlichkeit

Parfüm ist gleichbedeutend mit Raffinement, das sowohl den Unterschied zwischen Reichen und Armen kennzeichnet als auch den zwischen Städtern und Bauern. Von diesem Unterschied zeugt wohl der Satz, den Aristophanes einem Bauern anlässlich seiner Hochzeit mit einer Städterin in den Mund legt: „Als ich mit der das Hochzeitsbett bestieg, roch ich nach Hefe, Käs' und schmutz'ger Wolle, sie nach Pomade, Schmink' und Zungenküsschen, Hoffart, Verschwendung, Schlemmerei und Buhlschaft." Im Allgemeinen wird Parfüm mit weiblicher Sinnlichkeit in Verbindung gebracht, weshalb die Kurtisanen nicht damit geizen. Besingt der Dichter Archilochos aus Paros nicht schon im 7. Jh. v. Chr. die Mädchen „[...] schön duftgeölt das Haar, die Brust auch [...] ja, da hätte selbst ein Greis Begier verspürt!"? Manche treiben das Raffinement so weit, dass sie für jeden Körperteil einen anderen Duftstoff verwenden. „Sie reibt ihre Füße mit ägyptischem Parfüm ein, den Busen und die Brustwarzen mit phönizischem Parfüm, [...] die Augenbrauen und die Haare mit Majoran, den Nacken und die Knie mit Quendelthymian [...]."

Gedrehter Goldarmreif mit Schlangenmotiv (1. Hälfte 4. Jh. v. Chr.)

Sich schminken

Um sich zu schminken, verfügt die griechische Frau über drei Farben: Weiß, Rot und Schwarz. Die Grundlage des Make-ups ist Weiß und besteht aus Cerussit-Puder, einem Bleikarbonat, das den Teint aufhellt, aber extrem giftig ist. Dazu kommt eine ganze Palette von Rottönen für die Wangen und die Lippen. Diese Rottöne werden aus mineralischen Substanzen wie Zinnober, einem Merkursulfid, Realgar, einem Arsensulfid, oder *miltos*, rotem Ocker, gewonnen. Doch auch pflanzliche Stoffe, wie die braune Alge, oder Fucus, die Orcanetwurzel, Henna oder Brombeer- und Akanthussaft, werden verwendet, deren Mischung *paideros*, „Knabenliebe", genannt wird. Schließlich finden noch Rauchschwarz und Antimonpuder, *kohl*, Verwendung, um den Augen tiefen Ausdruck zu verleihen. Allerdings gilt Schminken in der gutbürgerlichen Gesellschaft eher als unschicklich, nur die Kurtisanen, die leichten Mädchen und die Eitlen schminken sich und ziehen daher scharfe Kritik auf sich. So ruft der Dichter Eubulos im 4. Jh. v. Chr. aus: „Bei Zeus! (die verheirateten Frauen) tragen kein Bleiweiß auf und haben nicht, wie ihr, die Wangen mit Brombeersaft eingeschmiert. Wenn ihr an einem heißen Sommertag auf die Straße geht, laufen von euren Augen zwei tintenschwarze Rinnsale hinunter und der Schweiß, der von eurer Stirn trieft, hinterlässt zinnoberrote Spuren auf eurem Gesicht [...]."

Zur Zeit des Perikles wurden die schweren Ketten mit Anhängern durch Kettchen mit Amuletten ersetzt. (Detail von einer Lekythos, um 460 v. Chr.)

Der Gefallen an Schmuck

Die Kunst seinen Körper zu pflegen, wird *kosmetikos* genannt. Die Mühe wäre jedoch vergebens, würde man sein Erscheinungsbild nicht mit Schmuck vervollständigen. Die prachtvollsten Stücke sind wahre Meisterwerke aus Gold. Bis Ende des 5. Jh. v. Chr. überwiegt Schmuck mit Granulationen, doch im 4. Jh. v. Chr. ändert sich die Mode und die Granulation wird von Filigranarbeiten verdrängt. Daneben gibt es mit Edelsteinen oder Glasperlen verzierten Schmuck aus Silber, Bronze und Eisen. Während Männer sich mit einem Siegelring begnügen, tragen die Jugendlichen oft Reifen an den Knöcheln, wogegen „[...] die älteren Leute unter den begüterten aufhörten [...] sich durch Einführen goldener Zikaden die Haupthaare zu einem Schopf aufzustecken". Es sind aber vornehmlich Frauen, die Finger, Arme und Knöchel mit Ringen und Reifen schmücken. An mit Eicheln verzierten Kettchen hängen filigrane Anhänger in Form eines Frauenkopfes oder einer Blüte und durch die Ohrläppchen stechen sich die Damen fein gedrehte Ohrringe oder kleine, ziselierte Schmuckscheiben mit Tieranhängern. Manche Ohrringe sind mit Figürchen, z. B. einem Pferdekopf, verziert. Zu erwähnen sind auch die Nadeln und Fibeln, mit denen die Griechen ihre Gewänder zusammenhalten.

Körperpflege und Sport

Die Griechen legen großen Wert auf die Gesundheit und die Ästhetik ihres Körpers. Xenophon zufolge „ist es eine Schande zu altern, ohne zu wissen, wie weit man die Schönheit und die Kraft seines Körpers hätte entwickeln können". Aus diesem Grund verbringen die Griechen viel Zeit in den Gymnasien.

Diese Szene eines Ballspieles – der Athlet links hält den Ball – ist für den Bildhauer die Gelegenheit, den Körper in verschiedenen Stellungen zu verherrlichen. (Relief auf einer Statuenbasis aus Athen, um 500 v. Chr.)

Die Freuden des Bades

Bis zum 5. Jh. v. Chr. waschen sich in den Städten zahlreiche Griechen an den Brunnen. Besonders Frauen und Kinder kommen hierher, um sich nass zu spritzen oder gar unter dem aus den Wasserspeiern herausquellenden Nass eine kühle Dusche zu nehmen. Die Männer begeben sich zum Waschen lieber ins Gymnasion. Doch mit den immer zahlreicher werdenden privaten und öffentlichen Bädern ändern sich die Sitten. Ab dem 5. Jh. v. Chr. zieht man sich zum Waschen zunehmend zurück und bevorzugt, trotz der kritischen Äußerungen der Moralisten und Ärzte, die befürchten, dass der Körper nicht genügend abgehärtet wird, warmes Wasser. Die Frauen waschen sich zu Hause, die Männer gehen in die Badehäuser, die den Palästren angegliedert sind. Hier waschen sie sich an Becken oder kleinen, ca. 1 m langen und 50 cm breiten Wannen, vor denen sie auf erhöhten Sitzbänken Platz nehmen: Mit den Füßen im Wasser lassen sie das Nass aus einem Krug über den Körper laufen. Ein richtiges Bad ist zu dieser Zeit noch ein Vorrecht der Kranken, das Hippokrates z. B. bei Migräne empfiehlt. Seit dem 4. Jh. v. Chr. mauert man zunehmend rechteckige, an Wänden aufgereihte Wannen. Aus dieser Zeit stammen auch die ersten Schwimmbäder und die Schwitzkästen verbreiten sich mehr und mehr.

Ins Gymnasion gehen

In ganz Griechenland wird gern Sport getrieben, da er nicht nur zu einem gesunden Leben, sondern ebenso zu einem schön gestalteten Körper beiträgt und zudem der militärischen Ertüchtigung dient. So ist auch aus dem Wort *athlos*, das u. a. „Kampf" bedeutet, das Wort Athlet hervorgegangen. Um ihre Athleten auszubilden, legen die Griechen Palästren an. Dabei handelt es sich um ursprünglich einfache, von einer Palisade umgebene Sandplätze. Nach und nach werden aus ihnen echte Sportkomplexe, die sog. Gymnasien – von *gymnos*, „nackt" –, wohin die Bürger sich täglich am frühen Morgen begeben, um sich in allen möglichen sportlichen Disziplinen zu üben. Im Allgemeinen trifft man auf der Palästra nur Männer an, doch in Sparta treiben auch die jungen Mädchen Sport, denn die Spartanerin muss ihren Körper darauf vorbereiten, kräftige Kinder zu gebären. Die Ausbildung der Kinder und Jugendlichen wird den *paidotribes*, den Trainern der Palästren, anvertraut, deren Aufgabe es ist, sie zu zukünftigen Bürgern zu erziehen. Manche werden berühmt, wie Antigonos oder Timaios in Athen. Die Eltern bezahlen den *paidotribes* eine Pauschale für die gesamte Dauer des Kurses, wenn sie nicht, wie in Milet, direkt von der Stadt entlohnt werden. Auf der Palästra kann man übrigens zuweilen auch echte Berufsathleten antreffen.

Der ideale Körper nach Aristophanes

„Blühend und strotzend in Jugendkraft auf dem Turnplatz wirst du dich tummeln, kein verschrobener Schwätzer und Witzling des Marktes, nach der Weise der heutigen Jugend, kein Zänker, der stets vor den Richtern sich balgt in Lausbagatellenprozessen; Lustwandeln wirst du im friedlichen Hain Akademos', im Schatten des Ölbaumes, mit schimmerndem Laube die Stirne bekränzt, an der Seite des sittsamen Freundes, von Eiben umduftet [...], in der Wonne des Lenzes [...], dann wird dir zum Lohn eine kräftige Brust, ein blühend Gesicht, breitschultriger Wuchs, und die Zunge hübsch kurz und ein mächtig Gesäß und ein mäßig Gemächt!"

Aristophanes, *Die Wolken*

Das Training

Um sich aufzuwärmen, machen die Männer alle möglichen Übungen: Kreisbewegungen mit den Armen, sie führen die Füße nach hinten bis ans Gesäß, hüpfen auf der Stelle, verdrehen den Oberkörper, laufen sich warm oder hangeln sich an einem Seil hoch. Anschließend gehen sie zu den eigentlichen sportlichen Übungen über: Laufen, Weitsprung, Diskus- oder Speerwerfen, Boxen und vor allem Ringen, *pale*, die wohl am meisten verbreiteten Sportart, hat sie doch der Palästra ihren Namen gegeben. Die Stärksten üben sich im Pankration, einer Variante des Catchens, bei der alles erlaubt ist. Das Trainingsprogramm ist den jeweiligen Sportarten angepasst: Beim Ringen wiederholt man immer wieder die gleichen Figuren oder *schemata*, für den Weitsprung muss man steinerne oder bronzene halbkreisförmige Gewichte heben, die mit einem Griff versehen sind und 1 bis 5 kg wiegen können. Die Boxer dagegen schlagen mit ihren mit rindsledernen Bändern geschützten Fäusten auf einen *korykos*, einen mit Sand gefüllten, hoch hängenden Ledersack.

Nachdem sie Öl und Sand entfernt haben, mit dem sie sich vor dem Kampf eingerieben haben, lassen sich die Athleten mit Öl massieren. (Detail einer attisch-rotfigurigen Schale, frühes 5. Jh. v. Chr.)

Von der Bedeutung des Öles

In der Palästra legt man im Umkleideraum zunächst einmal seine Kleider ab und nimmt ein kaltes Bad. Dann wird der Körper trocken massiert und anschließend mit Olivenöl eingerieben, um die Muskeln zu erwärmen. Schließlich bedeckt man den Körper mit einer feinen Staubschicht, die die Haut schützt und das Schwitzen begrenzt. Nun können die Übungen beginnen. Nach dem Sport muss die Öl-Staubschicht wieder sorgfältig entfernt werden, dazu bedient man sich einer „Strigilis", eines gekrümmten, ungefähr 15 bis 30 cm langen Schabers aus Bronze. Ein anschließendes heißes Bad entspannt die Muskulatur, es sei denn man zieht den Schwitzkasten vor. Danach begibt man sich erneut in die Obhut des *aleiptes*, der den Körper gründlich mit Öl einreibt. Zwar bringt im Prinzip jeder in einem *alabastron*, einem kleinen Flakon, sein eigenes Öl mit, doch es ist durchaus möglich, sich welches vor Ort zu besorgen. Gespart wird nicht: Jeder Erwachsene, der regelmäßig Sport treibt, verbraucht für seine Körperpflege im Jahr durchschnittlich 30 l Olivenöl!

Medizin

Während sich die meisten Griechen in die Tempel begeben, um Heilung für ihre Leiden zu suchen, begründet Hippokrates eine rationale, auf dem Gleichgewicht der Stimmungen beruhende Medizin. Diese versucht zunächst, die innere Harmonie des Körpers mit natürlichen Mitteln wieder herzustellen.

Von den Beschwerden, unter denen die Griechen litten, waren nicht alle so schlimm wie der Typhus oder die Diphtherie. Hier z.B. hat ein Gast zu viel getrunken. Man sieht ihn liegend dargestellt und von einem Jungen gestützt, der ihm hilft, in ein großes Gefäß zu erbrechen. Diese Szene war auf dem Grund einer Schale abgebildet und sollte den Trinkern als Warnung dienen. (Attisch-rotfigurige Schale, frühes 5. Jh. v. Chr.)

Die Leiden des Körpers

Zwar sind den Griechen viele Krankheiten, wie beispielsweise die Masern, noch unbekannt, dennoch werden auch sie bereits von allen möglichen Leiden geplagt: Nieren- und Harnbeschwerden kommen ebenso häufig vor wie Erkrankungen des Verdauungssystems. Die Griechen leiden auch an Reizungen des Halses und der Atemwege, von harmloseren Infekten, wie Angina oder Heuschnupfen, bis hin zu den furchtbarsten, wie Diphtherie und Tuberkulose. Nach Arbeitsunfällen oder Kriegsverletzungen sterben viele Menschen an Tetanus und Wundbrand. Zudem droht an den Flussmündungen und in den sumpfigen Ebenen ständig Malaria. Auch Epidemien fordern zahlreiche Opfer unter den Griechen. So wird die Bevölkerung Athens im Frühling des Jahres 430 v. Chr., mitten im Krieg gegen Sparta, von der „Pest" heimgesucht. Den Beschreibungen Thukydides zufolge muss es sich wohl um Typhus gehandelt haben. Auf jeden Fall aber ist die Seuche verheerend gewesen: „Die Leichen lagen übereinander, sterbend wälzten sie sich auf den Straßen und halb tot um alle Brunnen, lechzend nach Wasser. Die Heiligtümer, in denen sie sich eingerichtet hatten, lagen voller Leichen der drin an geweihtem Ort Gestorbenen." Mindestens ein Drittel der Bevölkerung Athens, Reiche ebenso wie Arme, wird von dieser Seuche dahingerafft, unter den Opfern befindet sich auch der berühmte Perikles.

In den Händen des Asklepios

Die ersten griechischen Ärzte sind heilkundige Priester, die Asklepiaden, die in den Heiligtümern des Gottes Asklepios, dem Sohn des Apollon, tätig sind. Laut der Legende soll dieser die Heilkräfte der Pflanzen von dem Kentaur Cheiron erlernt haben. Das berühmteste aller Heiligtümer ist das von Epidauros, wo sich Kranke und Krüppel, Hinkende, Gelähmte und Blinde zuhauf einfinden. Das Gebrechen wird in Zusammenhang mit Unreinheit gebracht, der Kranke sieht sich als Opfer einer göttlichen Strafe, folglich kann seine Heilung auch nur durch göttliche Gnade herbeigeführt werden. Diese erfordert die Vermittlung des Priesters: Zuerst muss der Kranke die seinem Zustand entsprechenden Beschwörungsformeln erlernen, denn die Worte besitzen Macht über die Krankheit. Sollten sich die Beschwörungen als ungenügend erweisen, dann verbringt er die Nacht auf einem Lager aus Laub in der Eingangshalle des Heiligtums, dem *abaton*. Hier kann der Gott ihn von seinem Leiden direkt erlösen oder ihm im Traum die Art seines Leidens enthüllen. Am nächsten Morgen erzählt der Kranke dem Priester seinen Traum, denn er allein kann ihn deuten und eine entsprechende Behandlung vorschlagen. Diese besteht aus heilenden Waschungen in den Bädern des Tempels oder aus Reinigungsriten, z. B. Schwefelräucherungen. Dank der Macht des Glaubens erweist sich diese Heilkunde bisweilen als äußerst erfolgreich. Von den Heilungen zeugen Inschriften und Votivbilder, die das Organ des wundersam geheilten Körpers darstellen.

Eine auf Vernunft basierende Medizin

Alkmaion von Kroton, ein Schüler des Pythagoras und des Empedokles, begründet gegen Ende des 6. Jh. v. Chr. in Süditalien eine neue Medizin, die den Körper nicht mehr als heilig betrachtet. Manche Ärzte dieser Schule erlangen Ruhm, so z. B. Demokedes, der die Gattin des Perserkönigs Darius I. von einem Tumor in der Brust heilt, oder Akron, der bei einer Pestepidemie versucht, der Bevölkerung Athens zu helfen. Doch die erste wirklich rationale Medizin wird im darauf folgenden Jahrhundert in zwei anderen „Schulen" begründet, nämlich in den Schulen von Knidos und von Kos in Kleinasien. Letztere wird mit dem berühmten Hippokrates in Verbindung gebracht, der Mitglied der Asklepiaden war und nach seiner Ausbildung in Ägypten als Arzt quer durch Griechenland gezogen sein soll. Nachdem er sich geweigert hat, der Leibarzt des Perserkönigs Artaxerxes zu werden, gründet er auf der Insel Kos um 425 v. Chr. seine eigene Schule. Er verstößt gegen die Regeln der Asklepiaden, bei denen die Heilkunst vom Vater auf den Sohn übergeht, indem er sich mit Laienschülern umgibt, denen er sein gesamtes Wissen weitervermittelt. Von nun an wird jede Krankheitsursache nicht mehr mit Magie in Verbindung gebracht. So erklärt Hippokrates bezüglich der Epilepsie, die als heilige Krankheit angesehen wird: „Mancher glaubt, es handele sich um eine göttliche Fügung. Dies ist falsch. Es handelt sich um eine natürliche Krankheit, deren Ursache man noch nicht kennt."

Der Körper, ein Gleichgewicht verschiedener Säfte

Über die Studie der Symptome hinaus, versucht die hippokratische Medizin die Gesetze zu verstehen, die das körperliche Gleichgewicht bestimmen. Dieses wird als ein Ganzes angesehen, das sich aus vier Grundbestandteilen, den Säften, zusammensetzt: Blut, Phlegma (Schleim), gelber und schwarzer Galle. „[...] von diesen Säften hängen die Konstitution des Körpers, Krankheit und Gesundheit ab. Am gesündesten ist der Mensch dann, wenn ihre gegenseitige Mischung, Wirkung und Menge ausgewogen und wenn sie am innigsten verbunden sind [...]." Eine Erkrankung ist auf eine Störung der Körpersäfte zurückzuführen, die das Gleichgewicht des Körpers beeinträchtigt. Für dieses Missverhältnis sind äußerliche Umstände verantwortlich: Veränderungen der Luft, des Windes oder der Jahreszeiten oder eine unangemessene Ernährung.

Fettleibigkeit wurde von den Ärzten als eine Dysfunktion des Körpers angesehen. Dicken Menschen wurde geraten, Gymnastik zu treiben, um das körperliche Gleichgewicht wieder zu finden. Auch Sokrates trieb Gymnastik „um seinen Bauch zu reduzieren", der, wie Xenophon im *Gastmahl* schreibt, das „richtige Maß überschritt". (Terrakotta-Statuette, spätes 4. Jh. v. Chr.)

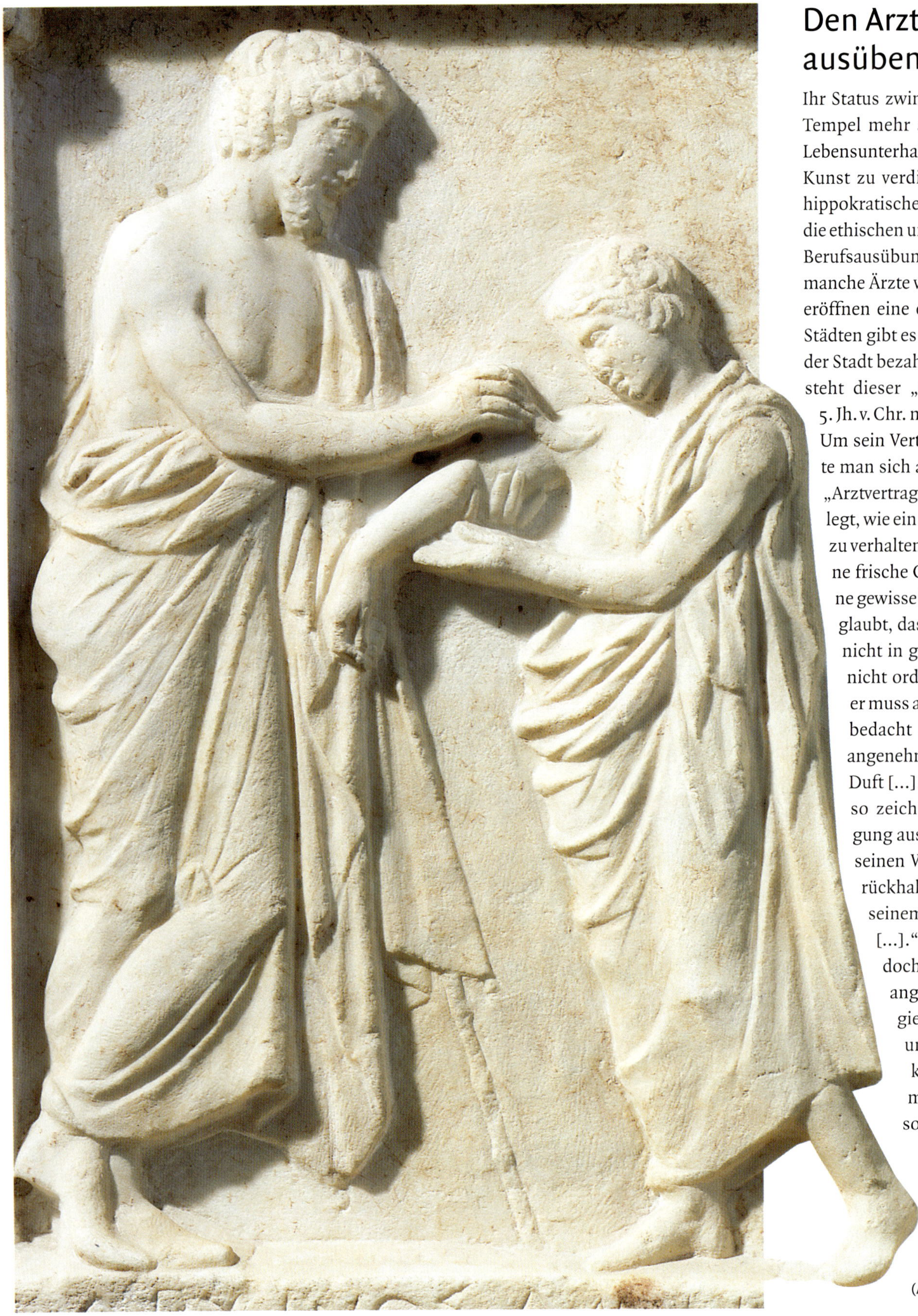

Den Arztberuf ausüben

Ihr Status zwingt die Ärzte, die keinem Tempel mehr angegliedert sind, ihren Lebensunterhalt mit der Ausübung ihrer Kunst zu verdienen. Nachdem sie den hippokratischen Eid geleistet haben, der die ethischen und beruflichen Regeln der Berufsausübung festlegt, verdingen sich manche Ärzte von Stadt zu Stadt, andere eröffnen eine eigene Praxis. In einigen Städten gibt es angestellte Ärzte, die von der Stadt bezahlt werden. Doch das Volk steht dieser „modernen" Medizin im 5. Jh. v. Chr. noch skeptisch gegenüber. Um sein Vertrauen zu gewinnen, sollte man sich an die Empfehlungen des „Arztvertrages" halten, der genau festlegt, wie ein Arzt auszusehen und sich zu verhalten hat: „Der Arzt [...] hat eine frische Gesichtsfarbe und [...] eine gewisse Korpulenz, denn das Volk glaubt, dass jemand, dessen Körper nicht in gutem Zustand ist, andere nicht ordentlich heilen kann. Und er muss auf ein gepflegtes Äußeres bedacht sein: dezente Kleidung, angenehmes Parfum mit diskretem Duft [...]. Was seine Moral betrifft, so zeichnet er sich durch Mäßigung aus, nicht nur bescheiden in seinen Worten, sondern auch zurückhaltend im Leben; dies wird seinem Ruf sehr zuträglich sein [...]." Das Honorar ist zwar frei, doch auch hier ist Maßhalten angesagt: „Ich rate, die Geldgier nicht zu weit zu treiben und Vermögen und Einkünfte zu berücksichtigen; manchmal behandelt ihr sogar ohne Entgelt."

Auf diesem, nach einer Heilung dargebrachten Votivrelief, heilt der Gott Amphiaraos einen Knaben. (Aus dem Amphiareion in Oropos, 1. Hälfte 4. Jh. v. Chr.)

Eine gründliche Untersuchung von Kopf bis Fuß

Die griechischen Ärzte sind Allgemeinärzte und sehen sich deshalb mit allen möglichen Krankheiten konfrontiert. Ob sie den Patienten in ihrer Praxis empfangen oder einen Hausbesuch abstatten, immer – außer in Notfällen – beginnt die Konsultation mit einem ausführlichen Gespräch über die Lebensgewohnheiten des Kranken. Dann geht der Arzt zu einer eingehenden Untersuchung des Patienten über, die alles berücksichtigen muss, „was mit den Augen, den Händen, dem Gehör oder der Nase wahrnehmbar ist". Er überprüft den Urin und den Speichel, die Temperatur und die Atmung und notiert Schmerzen und Empfindungen. Erst dann wagt er eine Diagnose. Aus Achtung vor dem Kranken muss er sich klar ausdrücken, denn „es ist nötig, dass der, der von Medizin spricht, die Sachen sagt, die die Leute aus dem Volk kennen. [...] Es ist für sie nicht leicht zu verstehen, was ihnen geschieht."
Die Krankheit wird als Kampf angesehen, den der Körper führt, um sein Gleichgewicht wieder herzustellen. Zuerst muss man also der Krankheit die Möglichkeit geben, ihren normalen Verlauf bis zur Genesung zu nehmen. Um dem Körper zu helfen, sein Gleichgewicht wiederzufinden, greift der Arzt vor allem in der Weise ein, dass er eine den Symptomen angemessene Schonkost bestimmt, denn alle Pflanzen haben ihren eigenen Anwendungsbereich: So „wirkt gekochter Knoblauch harntreibend, entspannt den Bauch und fördert die Monatsblutung". Um den Körper zu „reinigen", verschreibt man auch mit Vorliebe Bäder, Räucherungen, Abführmittel und Aderlässe. Doch die Ärzte verfügen nichtsdestoweniger über ein breites Spektrum an Medikamenten in Form von Arzneitränken, Salben, Pillen und Zäpfchen, die es ermöglichen, direkten Einfluss auf die Krankheit zu nehmen. Akaziensaft, Kuhfladen und Stierspeichel – die Arzneien werden überwiegend aus pflanzlichen und tierischen Stoffen, aber auch aus Mineralien gewonnen. Bei Hämorrhoiden z. B. „nehmt Sepiaschale, ein Drittel Bleiglätte, Asphalt, Alaun, etwas Kupferblüte, Gallapfel und etwas Grünspan; gießt hierauf gekochten Honig und formt es zu einem länglichen Zäpfchen."

Auszug aus dem Schwur des Hippokrates

„Ich schwöre [...], dass ich nach Kräften und gemäß meinem Urteil diesen Eid [...] erfüllen werde: [...] Die diätetischen Maßnahmen werde ich [...] zum Nutzen der Kranken einsetzen, Schädigung und Unrecht aber ausschließen.
Ich werde niemandem, nicht einmal auf ausdrückliches Verlangen, ein tödliches Medikament geben, und ich werde auch keinen entsprechenden Rat erteilen; ebenso werde ich keiner Frau ein Abtreibungsmittel aushändigen.
Lauter und gewissenhaft werde ich mein Leben und meine Kunst bewahren. [...]
In wie viele Häuser ich auch kommen werde, zum Nutzen der Kranken will ich eintreten und mich von jedem vorsätzlichen Unrecht und jeder anderen Sittenlosigkeit fern halten, auch von sexuellen Handlungen mit Frauen und Männern, sowohl Freien als auch Sklaven.
Über alles, was ich während [...] der Behandlung im Leben der Menschen sehe oder höre, und das man nicht nach draußen tragen darf, werde ich schweigen und es geheim halten."

Ein am linken Arm verletzter Krieger wird verbunden. Es handelt sich um eine Darstellung des Patroklos, den Achilles pflegt. (Innenbild einer attisch-rotfigurigen Schale, um 500 v. Chr.)

Die Chirurgie

Neben der Behandlung von Krankheiten verstehen sich die griechischen Ärzte auch darauf, verschiedene kleinere Operationen durchzuführen, wie die Kauterisation von Wunden, die Entfernung von Nasenpolypen oder die Trepanation nach einer Schädelverletzung. Diese operativen Eingriffe werden ohne Betäubung und mittels kleiner Kupferinstrumente, Skalpelle, Kanülen, Zangen, Sägen usw. vorgenommen. Es scheint, als seien die Ärzte vor allem Meister im Richten von ausgerenkten Gliedmaßen und Brüchen sowie von verschobenen Wirbeln. Hierfür stehen ihnen regelrechte Maschinen zur Verfügung, wie die „Hippokratesbank", auf der der Patient gestreckt werden kann. Da für sie das Anlegen von Schienen und Verbänden keine Schwierigkeit darstellt, behandeln manche Ärzte sogar erbliche Verformungen wie einen Klumpfuß, der bei einem Kleinkind mit Verbänden und einem kleinen Bleischuh durchaus noch korrigiert werden kann.

Nahrung und Tischsitten

Die Griechen legen großen Wert auf eine ausgeglichene Ernährung. Die folgenden Ratschläge sollen das körperliche Wohlbefinden gewährleisten:

„Wenn der Frühling kommt, dann trinke man reichlicher,
den Wein verdünnter und in kleinen Schlucken;
leichtere Lebensmittel und in kleineren Mengen;
das Brot ersetze man durch Gerstenteig;
man reduziere [...] die Mahlzeiten,
die sämtlich aus gekochten Lebensmitteln bestehen. [...]
Im Sommer ernähre man sich von weichem Gerstenteig,
stark verdünnten Getränken in großen Mengen
und gekochten Lebensmitteln;
dies ist tatsächlich, was man im Sommer
zu sich nehmen sollte, damit der Körper
in dieser heißen und trockenen Jahreszeit,
die den Organismus erhitzt und austrocknet,
frisch und entspannt bleibt. [...]
Im Herbst kehre man zu reichhaltigerer
und trockener Nahrung zurück,
die Gerichte werden dementsprechend angerichtet,
die Getränke werden in kleineren Mengen
und weniger verdünnt getrunken,
damit der Winter gut verläuft."

Schule des Hippokrates, *Corpus Hippocraticum*, wohl 5./4. Jh. v. Chr.

In der vornehmen griechischen Männerwelt gehört das Bankett zu den angenehmen Momenten des Lebens. Bei diesen Männerabenden wird viel getrunken und gespielt. So muss man es z. B. schaffen, seinen Wein aus einer bestimmten Entfernung in einen Krater zu gießen. Bei manchen Banketten wird aber auch geistreich philosophiert, so wie bei dem berühmten *Gastmahl* des Platon. (Wandmalerei aus dem Grab des Tauchers, Paestum, Italien, frühes 5. Jh. v. Chr.)

Getreide

Unter allen Nahrungsmitteln, die im Mittelmeerraum angebaut werden, stellt Getreide in Form von Breien, Pfannkuchen, Fladen und Broten zubereitet, unangefochten das Hauptnahrungsmittel der Griechen dar. Bereits Homer bezeichnete die Menschen als „Brotesser“.

Vorderseite eines Silberstaters. Die Ähre zeugt davon, dass die Getreideproduktion den Reichtum dieser Stadt Großgriechenlands ausmacht. (Metapont, Italien, um 520 v. Chr.)

Welche Getreidearten?

Die Einführung des Getreides schreiben die Griechen Demeter zu, der Göttin der Fruchtbarkeit und Kornmutter. In klassischer Zeit baut man es in großen Mengen in den von Thukydides aufgezählten fruchtbaren Gegenden „Thessalien, Boiotien und dem größten Teil der Peloponnes“ an. Anderswo, auf Attika und den Inseln, sind die wenigen für den Getreideanbau geeigneten Ebenen so schmal, dass die Produktion sich oft als unzureichend erweist und manche Stadtstaaten gezwungen sind, Getreide aus den Kolonien am Schwarzen Meer oder aus Großgriechenland einzuführen. Bei den für die Ernährung genutzten Getreidearten steht Gerste an erster Stelle – auf Attika macht sie 90 Prozent des Getreideanbaus aus, gefolgt von Weizen, mit seinen von dem Dichter Hesiod beschriebenen „niedergebogenen Ähren, schwer von Körnern“. Hirse spielt zu jener Zeit keine bedeutende Rolle, Hafer ist zwar bekannt, gilt jedoch als Wildpflanze.

Ein appetitlicher Kuchen und ein Stück Fleisch stellen für einen Erasten, der einen Jüngling verführen möchte, ein passendes Geschenk dar. (Attisch-rotfigurige Pelike, um 480 v. Chr.)

Die Verwendung der Körner

Nach der Ernte im Sommer wird das Korn in großen Tonkrügen eingelagert. In diesen, in den Boden eingelassenen Gefäßen, kann das Getreide mehrere Monate lang problemlos aufbewahrt werden. Reife Weizenkörner können einfach in einer Pfanne gegrillt, verzehrt werden, es ist noch nicht einmal nötig, sie zu mahlen. Hierbei handelt es sich jedoch um eine typisch ländliche Speise, deren Ansehen im Laufe der Jahrhunderte immer weiter sinkt und die von den vornehmen Städtern als Nahrung der plumpen Bauern oder gar als Tiernahrung abgetan wird. Unreife Körner werden dagegen allgemein als Delikatesse angesehen und zu einer ganzen Reihe von Gerichten verarbeitet, wie die *chytra* aus zarten, grünen Gerstenkörnern. Schließlich stellt man aus ungemahlenem, mit Wasser vermischtem Getreide auch erfrischende Getränke her, wie beispielsweise den von Hippokrates hochgerühmten Absud aus gekochter Gerste.

Maza zu allen Mahlzeiten

Maza, die Speise, die zu jener Zeit das Nationalgericht ist, besteht aus Auszugmehl von gerösteter Gerste. Vorgegart kann sie mindestens zwei Monate lang aufbewahrt werden. Sie wird von den Frauen oder Sklaven zu jeder Mahlzeit frisch oder auf Vorrat zubereitet. Der Römer Plinius gibt ein sehr einfaches Rezept an: „Die Griechen feuchten die Gerste mit Wasser an, trocknen sie eine Nacht lang, rösten sie am folgenden Tag und mahlen sie dann." Es genügt, dem Mehl Flüssigkeit beizufügen (Wasser, Wein, Honig oder Milch), um einen Brei zu erhalten, der sogleich verzehrt werden kann. Auf die gleiche Weise wird Teig für Fladen, Pfannkuchen oder Klößchen zubereitet: Nachdem man das Mehl und die Flüssigkeit vermengt hat, empfiehlt es sich, den Teig ruhen zu lassen und ihn dann erneut zu kneten, um ihm die gewünschte Form zu geben. Wenn sie nicht, wie bei den Armen, die Hauptmahlzeit bildet, wird *maza* als Beilage zu allen Gerichten gereicht. Bei den Spartanern steht *maza* aus Gerste unangefochten an erster Stelle, die Athener ziehen dagegen *maza* aus Weizengrütze vor: Nachdem man die Körner im Mörser zerstoßen hat, werden sie gekocht, in der Sonne getrocknet, mit Salz bestreut und gesiebt. Als Brei zubereitet wird sie besonders von älteren Menschen geschätzt. Sie gilt als äußerst nahrhaft und wird auch in Form von Fladen verzehrt. Man sollte allerdings sein Lager wählen und seinen Essgewohnheiten treu bleiben, denn ein Wechsel in der Ernährung soll bei den Verfechtern des Weizens „Magendrücken und Blutdruckprobleme" hervorrufen, bei den anderen „Verdauungsstörungen und Blähungen"!

Den Weizen mahlen

Mehl mahlen ist eine aufwendige und langwierige Tätigkeit. Während sie auf dem Land von den Frauen zu Hause verrichtet wird, kaufen die Städter ihr Mehl bei einem Müller, dem *sitopoios*. Mit einem großen hölzernen Stößel, der zwecks leichterer Handhabung in der Mitte schmaler ist, zerstoßen die Arbeiterinnen das Getreide in einem tiefen Mörser aus Holz oder hartem Gestein. Um feines Mehl zu erhalten, wird anschließend noch ein Mahlstein verwendet. Man mahlt kniend vor einem flachen, rechteckigen Stein mit fischgrätenförmigen Einkerbungen, indem man mit einem zweiten Stein Hin- und Herbewegungen ausführt. Den Müllern, die mit dem Mahlen des Mehls ihren Lebensunterhalt verdienen, stehen für diese äußerst mühsame und wenig ertragreiche Tätigkeit glücklicherweise technische Neuerungen zur Verfügung: Der Mahlstein ist nun in einen Tisch eingelassen und der Stößel wird im Stehen mithilfe eines horizontalen, am Tisch befestigten Bolzens bedient, wobei das Mehl in einer Art Trichter aufgefangen wird. Nach dem Mahlen wird das Mehl durch ein Tuch gesiebt, um auch die letzten Unreinheiten zu beseitigen und feinste puderige Ware zu erhalten. Man muss so lange weitermahlen, bis das Korn vollständig zerrieben ist. Erst dann kann der Bäcker oder die Hausfrau den Teig zubereiten, der lange mit den Händen geknetet werden muss. Nachdem er geruht hat – da es sich um eine Art Hefeteig handelt –, kann man den Teig backen.

Die Backkunst

Die Bäcker bereiten immer vielfältigere Speisen aus Getreide zu. Neben den einfachen trockenen Fladen kommt nun eine Vielfalt von Broten auf: Vollkorn-, Hefe-, Oliven-, Mohn- oder Sesambrot. Die flachen Kugeln oder Kränze werden in verschiedenen Größen zu vier oder acht Portionen hergestellt. Man backt außerdem Kuchen mit Öl und verfeinert diese mit Honig oder Quark. Der Erfolg ist so groß, dass die Bäcker ihre Waren schon bald auf der Agora von Athen in den *artopoiia*, kleinen Bäckereiständen, feilbieten. Manche Bäcker, wie beispielsweise ein gewisser Thearion, werden sogar berühmt. – Der Handel mit Getreide und Mehl und der Verkauf von Brot unterliegen allerdings strengen Kontrollen. Staatliche Kontrolleure achten darauf, dass „die Bäcker die Brote zu einem Preis verkaufen, der dem des Weizen entspricht, und dass diese Brote das festgelegte Gewicht aufweisen". Es fehlt ihnen nicht an Arbeit, wenn man Athenaios glaubt, der nicht weniger als 72 griechische Brotsorten aufzählt!

Frau beim Teigkneten. Die Zubereitung der *maza* war eine mühsame Arbeit, die meistens zu Hause ausgeführt wurde. (Terrakotta-Statuette aus Tanagra, Boiotien, spätes 6. Jh. v. Chr.)

Obst und Gemüse

Ob frisch oder gekocht, die Gaumen der Griechen hätten das Gemüse ohne die zahlreichen Gewürze in den kalten und warmen Saucen als recht fade empfunden. Olivenöl ist wohl mit Abstand die wichtigste Zutat für deren Zubereitung. Zum Süßen von Naschwerk wird Honig verwendet.

Vegetarische Menüs

Hülsenfrüchte, die sich ausgezeichnet zur Aufbewahrung eignen, stellen ein weiteres bedeutendes Grundnahrungsmittel dar. Bohnen, Linsen und Erbsen kann man auf der Agora schon für wenig Geld erstehen. Sie werden meistens als dicke Suppen, *etnos* genannt, zubereitet. Bei den Ärmsten ersetzen diese proteinhaltigen Pürees oft vollständig Fisch- und Fleischgerichte, bei den besser gestellten Griechen werden die *etne* als Beilage z. B. zu einem gebratenen Spanferkel gereicht. Doch ganz allgemein werden sie als würziger Aufstrich zu Brot und Getreidefladen verzehrt. Auf dem Land ist frisches Gemüse ebenfalls eine bedeutende Nahrungsquelle und das Angebot ist durchaus mit dem heutigen zu vergleichen. Neben Spargel, Kohl, Kardone und Gurke bauen die Bauern auch Zwiebeln, Knoblauch, Traubenhyazinthen und Lauch sowie Radieschen, Weiße Rüben, Rettich und Knollensellerie an. Gekocht und schmackhaft gewürzt, findet man Gemüse auch auf dem Speisezettel der Städter – allerdings eher selten. Rohkost und frischer Salat sind dagegen ausgesprochen rar und bleiben denen vorbehalten, die in ländlichen Gegenden wohnen und einen Garten besitzen, wo sie das Gemüse regelmäßig gießen können.

Olivenöl wurde sowohl zum Kochen, als auch für die Beleuchtung verwendet. Aus diesem kleinen, mit Olivenzweigen verzierten Krug wurde das Öl in die Lampen gegossen. (Epichysis aus Lukanien, Italien, 2. Hälfte 4. Jh. v. Chr.)

Rund um die Olive

Frische Oliven werden im alten Griechenland generell verschmäht, sie gelten als gerade gut genug für die Sklaven. Zubereitet sind sie dagegen äußerst begehrt. Grüne Oliven müssen, bevor sie verzehrt werden, zunächst eine Zeit lang in Salz- oder Meerwasser, Essig oder Wein eingelegt werden. Man gibt auch gern ein paar Gewürzkräuter hinzu. Auf diese Weise können sie das ganze Jahr über konserviert werden. Schwarze Oliven werden zuerst einen Monat lang eingesalzen, dann in einem Tuch getrocknet, mit einem Messer aufgeschlitzt und schließlich in Süßwein, Honig oder Essig eingelegt. Außerdem werden Oliven auch püriert. Dies ist sogar eine sehr verbreitete Zubereitungsart, die sich auf den Märkten gut verkauft. Natürlich darf das Öl nicht vergessen werden, das man aus diesen Früchten presst und das bei keiner Mahlzeit fehlen darf. Es ist zu jener Zeit übrigens das einzige Fett, das die Griechen für die Zubereitung ihrer Mahlzeiten verwenden, und das je nach Qualität und Zusammensetzung (erste Pressung, gewöhnlich, mit grünen oder schwarzen Oliven usw.) eingestuft wird. Mit Salz und Essig gemischt, verfeinert dieses Olivenöl beispielsweise einen Salat oder es wird mit allen möglichen Kräutern und Gewürzen zu Saucen verarbeitet.

Obwohl die Göttin Demeter reiche Ernten beschert, sammeln die Griechen dennoch zusätzlich wilde Früchte und Gemüsepflanzen. (Prozession von Tributpflichtigen, Relief des „Nereiden-Monumentes“, Grabbau, Xanthos, Türkei, um 390/380 v. Chr.)

Obst und Süßigkeiten

Neben Gemüse ernten die Griechen auch alle möglichen Früchte. Auf dem Land wachsen Kirschen, Quitten, Feigen, Granatäpfel, Birnen, Äpfel und Pflaumen, die wie Brombeeren, andere Wildbeeren und die Früchte der Mispel frisch gegessen werden. Als Kompott wird Obst gern zu Fisch oder Fleisch gereicht, oder aber es ist Bestandteil süß-saurer Saucen. Man verzehrt auch einheimische Mandeln, Pistazien und Haselnüsse sowie getrocknete Früchte, Feigen und Rosinen in großen Mengen; einige importierte Produkte wie Datteln aus Phönizien oder Walnüsse aus Persien sind allerdings Köstlichkeiten, die sich nur die Reichen leisten können. Die Griechen haben ein ausgesprochenes Faible für Süßes. Da Rüben- und Rohrzucker zu dieser Zeit noch nicht bekannt sind, verwenden die Köchinnen sehr viel Honig. Es heißt, der beste Honig komme aus Attika, genauer gesagt vom Gebirgszug Hymettos, wo die Bienen ihren Nektar in einer schier unendlichen Zahl von Wildblüten sammeln. Mit Mehl und Öl bereitet man daraus Kuchen zu, die als Dessert serviert, oder aber als *tragemata* bzw. Appetithäppchen gereicht werden, wenn Freunde und Bekannte zu einem Gastmahl eingeladen sind.

Tausendundein Aromen

Als das Wort *aroma*, „Gewürzkraut, Gewürz“, im Laufe des 5. Jh. v. Chr. seinen Einzug in das Vokabular der Griechen hält, werden Kräuter und Gewürze bereits für die Herstellung von Arzneien und Parfüms verwendet. Auch in der Küche finden sie breite Anwendung, und das Geschäft mit Kräutern und Gewürzen kann sich mit dem Weinexport messen. Eine unendliche Vielfalt von Pflanzen wird gehandelt: Basilikum, Kerbel, Koriander, Fenchel, Lorbeer und Minze, doch auch Oregano, Mohn, Bohnenkraut, Salbei und Sesam, die wild wachsen oder angebaut werden. Sie dienen z. B. zur Verfeinerung von Fleisch- und Gemüsegerichten. Auf der Agora in Athen kann man an den Parfüm- und Kräuterständen für den entsprechenden Preis auch kostbare Gewürze erstehen, wie Anis aus Ägypten oder das berühmte *silphion* aus Libyen. Dieses Kraut soll Leidenschaft entfesseln: Man schätzt die Blätter, die denen des Sellerie ähneln, ebenso wie die Stängel, die man auf verschiedene Arten, gekocht oder gebraten, zubereitet und die Wurzeln, die roh in Essig eingelegt werden oder das Harz, das mit Mehl gemischt in Töpfen aufbewahrt wird. Doch erst durch die Eroberungszüge von Alexander dem Großen im Orient und in Asien lernen die Griechen die Gewürze ferner Länder kennen.

Um die Samen und die reifen Früchte zu pflücken, muss man seinen Korb mitbringen oder seinen *chiton* aufhalten. (Frauen bei der Obsternte, attisch-rotfigurige Schale, dem sog. Hochzeits-Maler zugeschrieben, um 460 v. Chr.)

Fisch

Die Griechen essen besonders viel Fisch, der neben Getreide, frisch oder eingelegt, zu den Grundnahrungsmitteln der Städter zählt. Obwohl der Beruf des Fischers von vielen herabgewürdigt wird, existiert eine regelrechte Fischereiindustrie, insbesondere am Bosporus, wo es von Thunfisch nur so wimmelt.

Fisch gab es im Überfluss, daher musste man zum Fischen nicht weit hinausfahren. Kleine Kraken konnten sogar mit einem Fischspeer in den Felsen am Ufer gefangen werden. (Attisch-rotfiguriger Teller, 2. Hälfte 4. Jh. v. Chr.)

Fisch, Muscheln und Schalentiere

In den Seen und Flüssen und entlang der Küsten werden alle möglichen Fischarten gefangen. Aber die griechischen Fischer wagen sich auch auf die offene See hinaus. Unter den Süßwasserfischen schätzt man besonders den Hecht, den Barsch, den Karpfen und die Barbe, die kleine Elritze und den riesigen Wels, doch auch der Aal erfreut sich bei den Griechen großer Beliebtheit. Zudem werden alle möglichen Meeresfische verzehrt: Neben Wolfsbarsch, Seeteufel, Bonito, Goldbrasse, Meeräsche, Rochen, Drachenkopf, Rötling und Steinbutt sind Schwertfisch, Hundsfisch, Meeraal und Muräne zu nennen. In Massen gefangene Fische, wie Sardinen und Sardellen, stehen bei den ärmeren Griechen regelmäßig auf dem Speiseplan, doch scheint der Thunfisch der beliebteste aller Fische zu sein. Muscheln werden an den Ufern in großen Mengen gesammelt: Seeschnecken, Meerscheiden, Austern, Miesmuscheln, Napfschnecken, Steckmuscheln oder Meerschinken. Unter den Mollusken trifft man Kalmar, Tintenfisch und Oktopus an. Außerdem darf man die beliebten Seeigel nicht vergessen, die Seerosen oder Seeanemonen und die Schalentiere, Krebse, Garnelen, Langusten und Flusskrebse, die von den Griechen sehr gern verspeist werden.

Kulinarische Genüsse

Wenn man das Glück hat, frischen Fisch im Einkaufskorb zu haben, dann fehlt es auch nicht an Rezepten. Thunfisch wird beispielsweise in Scheiben gegrillt, während Meeraal und Steinbutt im eigenen Sud ziehen; Aal wird in Mangoldblätter und Bonito in Feigenblätter eingewickelt und „en papillote“ gegart. Rochen wird besonders gern gekocht gegessen und mit Käse und *silphion* angerichtet; Goldbrasse serviert man vornehmlich mit Pflaumen. In der Stadt begnügen sich die einfachen Leute oft damit, *tarichos* oder gepökelten Fisch zu kaufen, mit dem sie das Alltagsgericht *opson* zubereiten: Nachdem sie den *tarichos* gegebenenfalls in Öl eingelegt haben, essen sie ihn mit Brot oder einem Getreidefladen! Dieses Gericht ist so gewöhnlich, dass die Griechen jemanden, der gern Fisch isst, *opsophagos* nennen. Es ist aber auch möglich, den *opson* mit Thymian und Zwiebeln anzumachen, so wie der, den die Hopliten in ein Feigenblatt eingewickelt als Wegzehrung mitnehmen, wenn sie in den Krieg ziehen.

„Fischen ist eines Mannes aus gutem Hause unwürdig"

Im Gegensatz zur Jagd genießt die Fischerei keinerlei Ansehen. Platon, für den das Fischen eine Tätigkeit darstellt, die „eines Mannes aus gutem Hause nicht würdig ist", empfiehlt: „Freunde, auf dass ihr nie Gefallen findet an der Fischerei auf dem Meer, noch am Angeln mit einem Angelhaken oder in irgendeiner Weise am Verfolgen von Wassertieren [...]." Das Fischen ist normalerweise also professionellen Fischern vorbehalten, wird aber gelegentlich auch von den Leuten aus dem Volk ausgeübt. Geangelt wird überall, mit einer Angel aus Schilfrohr und einer Schnur aus geflochtenem Flachs oder Rosshaar. Je nachdem, auf welche Art Fisch man es abgesehen hat, benutzt man als Köder ein Stück gesalzenen Fisch, einen Wurm oder ein Insekt. Wenn man im Fluss einen Wels an Land ziehen möchte, angelt man mit einem lebenden Fisch als Köder. Platon bezeichnet das Fischen mit einer Reuse als „faules Fischen", wobei diese Technik üblich ist, namentlich, um der berühmten Aale des Kopaïs-Sees in Boiotien habhaft zu werden. Auf offener See werfen die Fischer häufig nachts, im Schein von Harzfackeln, ein mit Senkern aus Keramik oder Steinen beschwertes Netz im Meer aus, denn das Licht zieht die Fische an.

Der ganze Stolz der professionellen Fischer ist aber das Fangen von Thunfisch. Dieses „Schwein des Meeres", das mit 80 km/h durch das Wasser rast, kann über 5 m lang werden und ein Gewicht von 900 kg erreichen! Normalerweise wird diese Art des Fischfangs entlang der Küste des Mittelmeeres betrieben, doch im Marmarameer, in der Nähe von Kyzikos, ist sie wohl am ertragreichsten. Hiervon zeugt auch der Thunfisch als Wahrzeichen auf den Münzen der Stadt. Bei dieser Fangtechnik kreist man die Thunfischschwärme im Morgengrauen oder in der Abenddämmerung mit einer ganzen Armada von Booten ein und treibt sie in ein Labyrinth von großmaschigen, fest an der Küste verankerten Netzen. Sind sie einmal in dieser riesigen Reuse aus Netzen und Pfeilern gefangen, brauchen sie nur noch mit Dreispitzen und Harpunen getötet zu werden.

Fisch für alle

Die Nachfrage nach Fisch und Meeresfrüchten ist so groß, dass mancherorts Fisch im großen Rahmen gezüchtet und haltbar gemacht wird. So legen Aalzüchter Süßwasserfischteiche an, während an den Küsten Muscheln gesammelt und in Bassins gezüchtet werden. Um den Fisch zu konservieren, werden regelrechte Pökelfabriken eingerichtet. Der Laich mancher Arten, wie der Meeräsche und des Schwertfisches, wird vor dem Pökeln ausgenommen und getrennt verarbeitet. Kaum gefangen und getötet, werden die Fische in großen Becken mit Salzlake eingelegt und anschließend getrocknet und gepresst. Sie werden in die ganze griechische Welt exportiert, manchmal sogar weit ins Landesinnere. Der Warenumschlag ist beeindruckend: Neben Getreide stellt Fisch wohl das bedeutendste griechische Handelsprodukt dar. Diese „Konserven" werden außerdem auch auf den Märkten neben den frisch in der Nacht gefangenen Fischen verkauft. Der Fischmarkt von Athen ist angeblich der belebteste und malerischste Markt der ganzen Agora.

Angeln bleibt für die einfachen Leute die sicherste Methode, um ein schmackhaftes Essen auf den Tisch zu bringen. Bis man den Fang nach Hause bringt und in Salzlake einlegt, wird er in einem kleinen Korb aufbewahrt. (Detail einer attisch-rotfigurigen Pelike, um 480/470 v. Chr.)

Fleisch

Fleisch wird weniger gegessen als Fisch. Da Fleisch das Budget der meisten Griechen übersteigt, kommen sie häufig nur bei Opferzeremonien in dessen Genuss. Auf dem Land bietet sich durch Zucht und Jagd schon öfter die Gelegenheit, Fleisch auf den Tisch zu bringen.

Das Fleisch wurde zwar meistens zu Hause zerlegt, doch man fand in den Städten auch Fleischer wie diesen, der an seinem Holzblock gerade dazu ansetzt, ein Ferkel zu zerteilen. Anscheinend hatten sie auch die Aufgabe, die Opfertiere zu töten. (Terrakotta-Statuette aus Tanagra, Boiotien, spätes 6. Jh. v. Chr.)

Ein teures Produkt

Durch die Viehzucht steht den Griechen theoretisch ein breites Fleischsortiment zur Verfügung. Schweinefleisch wird sehr gern gegessen, doch auch Geflügel, vor allem Gans und Huhn, ist allgemein beliebt. Zudem liefern die Ziegen der Bergregionen ein schmackhaftes und zartes, ebenfalls sehr geschätztes Fleisch. Rind- und Lammfleisch stehen hingegen wesentlich seltener auf dem Speisezettel. Tatsächlich gibt es nämlich nur wenige Regionen, in denen die Weidefläche ausreicht, um diese Tiere in größeren Herden zu züchten. Während bei den Bauern und den reichen Großgrundbesitzern, die in der Stadt wohnen, regelmäßig Fleischgerichte auf den Tisch kommen, sind die meisten Städter diesbezüglich weit weniger verwöhnt. Fleisch ist ausgesprochen teuer, nur Schweinefleisch ist relativ erschwinglich. Doch selbst für ein Spanferkel muss man in einer der meistens außerhalb der Agora liegenden Fleischereien drei Drachmen auf den Ladentisch legen. Die Mehrzahl der Griechen kommt also nur bei besonderen Anlässen in den Genuss von Fleisch, oder wenn bei religiösen Zeremonien ein Opfertier aufgeteilt wird. Eier – die gekocht oder gebraten serviert werden – und Ziegen- oder Schafskäse gehören dagegen zu den Lebensmitteln, die sich fast jede griechische Familie regelmäßig leisten kann.

Opferzeremonien, eine willkommene Gelegenheit, in den Genuss von Fleisch zu kommen

Ob Rind, Ziege, Lamm oder Schwein – ein Opfertier ist immer ein Haustier, dessen Qualität vorzüglich zu sein hat. Plutarch zufolge „empfiehlt es sich, dass das Opfertier rein sei, gesund und intakt, sowohl was die Seele als auch den Körper anbelangt". Die Opferzeremonie kann öffentlich von einem Priester in Gegenwart vieler Zuschauer vollzogen werden, aber ebenso im privaten Rahmen stattfinden. In diesem Fall zelebriert das Familienoberhaupt das Opfer im Kreise seiner Angehörigen und Freunde. Nach der rituellen Tötung wird das Tier aufgeteilt. Der Priester oder die Person, die das Opfer vollzieht, oder der *mageiros* – dieses Wort bezeichnet übrigens auch den Koch –, entnimmt zuerst die Eingeweide: Herz, Lunge, Milz und Leber. Dann zerlegt er das Tier sorgfältig, wobei er den Gelenken folgt und die Schenkel als Opfergabe für den Gott abtrennt. Während die Eingeweide, *splanchna*, gebraten und im engsten Kreis verzehrt werden, wird das restliche Fleisch in kleine Stücke zerlegt und an alle Teilnehmer verteilt, so dass jeder ein Stück Fleisch mit nach Hause nehmen kann. Oder aber es wird vor Ort gekocht, um bei einem gemeinsamen Festmahl verspeist zu werden, das wie zu Homers Zeiten den festlichen Abschluss der Zeremonie bildet: „Und als sie die Arbeit beendet und das Mahl bereitet hatten, speisten sie, und es gab für die Herzen keinen Grund, sich über das Mahl zu beschweren."

Auf der Jagd erlegtes Kleinwild stellte eine willkommene Ergänzung des Speisezettels dar. Anscheinend waren Hasen damals sehr beliebt, jedenfalls wurden sie häufig abgebildet. (Rückkehr von der Jagd, attisch-schwarzfigurige Schale des Tleson, um 540 v. Chr.)

Das Wild

Die Jagd wird von professionellen Jägern ausgeübt und gelegentlich von Bauern. Doch auch die städtischen Aristokraten gehen in ihrer Freizeit gern jagen, wobei es sich für sie natürlich eher um einen Sport handelt. Den Schriften Xenophons nach zu urteilen, ist die Jagd Teil der Erziehung, und er empfiehlt, sich schon in der Jugend mit den Jagdtechniken vertraut zu machen. Die üblichste und gleichzeitig älteste Technik ist das Fallenstellen. Gefährliche Raubtiere werden durch das Blöken eines Lammes angelockt, das hinter einer unter Blättern verborgenen Fallgrube an einen Pflock angebunden ist. Zum Fangen von Kleinwild, insbesondere von Vögeln, wie Wachteln, Rebhühnern, Drosseln oder Lerchen, die zum Verzehr gedacht sind, benutzen die Jäger jedoch Tellereisen, Schlingen- oder Federfallen, sie töten das Wild aber auch mit Schleudern, Speeren, Pfeil und Bogen. Es kommt dagegen seltener vor, dass man zu Pferd jagt, denn Reiten ist ein ausgesprochener Elitesport. Meistens treibt man das Wild mit Stöcken und einer Meute Jagdhunden in die Netze. Je nach gejagtem Wild – Hase, Wildschwein, Reh oder Hirsch – fallen Größe und Stärke dieser Netze recht unterschiedlich aus: Die größten, die *diktya*, bestehen aus 16 Strängen und können bis zu 1 m hoch und 50 m lang sein! Wenn das Tier in die Falle geraten ist, braucht der *kynegos*, der „Hundeführer" bzw. Jäger, es nur noch mit einer Keule niederzustrecken, bevor er ihm mit einer Axt oder einem Dolch den Gnadenstoß gibt.

Die besten Stücke

Fleisch wird nur selten frisch verzehrt, sondern in Wein oder Essig eingelegt oder gepökelt. Die Rezepte variieren allerdings von einer Region zur anderen. So sind die Spartaner z. B. sehr stolz auf ihre „schwarze Suppe", eine Mischung aus Schweinefleisch, Blut, Fett, Essig und Salz, während ihre Zeitgenossen diese Spezialität nicht unbedingt als schmackhaft bezeichnen. Anderswo würzt man das Fleisch mit allen möglichen Kräutern, Sesam, Mohn oder Thymian – und spart auch nicht mit Knoblauch –, bevor man es am Spieß brät oder in einem Kupferkessel über dem Feuer kocht. Bei Banketten vertrauen die reichen Griechen weniger auf die Kochkünste ihrer Frauen und Sklavinnen, sondern nehmen lieber die Dienste eines professionellen Kochs in Anspruch, denn ihre Gäste wissen originelle Gerichte zu schätzen. Blutwurst, Bratwurst, Schweinsrüssel und -füße, Ziegenkopf, Wachteln und Enten stehen auf dem Menü, auch Schweinszunge und Schweinebauch gelten als Delikatesse. Wenn die Griechen krank sind, dann raten ihnen die Ärzte aus der Schule des Hippokrates, den Symptomen entsprechend, Pferde-, Esel-, Fuchs-, Hund- oder Igelfleisch zu essen.

Wein

Gewürzt, und mehr oder weniger mit Wasser verdünnt, ist Wein das Getränk der Griechen schlechthin und wird vornehmlich in Gesellschaft getrunken. Auch Met und Milch sind geschätzte Getränke, während Wasser zwar von allen Griechen getrunken wird, doch ausschließlich zum Durstlöschen dient.

Das „Geschenk des Dionysos"

Ob rot oder weiß, Wein, *oinos*, ist bei weitem das verbreitetste, genau genommen sogar fast das einzige alkoholische Getränk der Griechen. Abgesehen von Met, d. h. gegorenem Honig, kennt man natürlich noch den Palmwein und eine Art Bier, doch laut Thukydides ist der Wein für die Griechen sozusagen das Fundament ihrer Zivilisation: „Die Völker des Mittelmeerraumes entwickelten sich aus der Barbarei zu einem zivilisierten Volk, als sie lernten, Oliven und Wein anzubauen." Wein trinken ist also eine Art, seine Kultur unter Beweis zu stellen. Allerdings wird er nicht irgendwie getrunken, und es gibt strikte Regeln, die sowohl seine Herstellung, den Handel, wie auch die Art und Weise ihn zu trinken, festlegen. Dem „Geschenk des Dionysos", des Gottes der Reben und des Weines, widmet man sich daher mit sehr viel Aufmerksamkeit. Nach seiner Gärung in großen Vorratsgefäßen, den *pithoï*, müssen dem Wein, zwecks besserer Konservierung z. B. Meerwasser oder Gewürze – Honig, Zimt, Lorbeer, Minze, Thymian etc. – beigemischt werden. Es gibt auch Weine, die erhitzt werden und denen man anschließend Obst, Blüten oder Gewürze zufügt. Die Weinbereitung ist regional sehr unterschiedlich und es sind über 30 verschiedene Weinsorten bekannt: vom *ismarikos* aus Thrakien, einem dunklen und süßen Wein, bis zu den eher vollmundigen Weinen aus Kreta, den Lagerweinen aus Korfu und den likörartigen Weinen aus Thasos. Die Weine der Inseln von Chios und Lesbos genießen einen exzellenten Ruf. Sagt man nicht, dass deren Süße der des Honigs gleichkommt und dass sie denen, die sie trinken, außerordentliche Kraft verleihen?

Streng kontrollierter Handel

Wenn der Wein für den lokalen Konsum gedacht ist, dann wird er in Schläuchen aus Ziegen- oder Schweinsleder aufbewahrt. Ist er dagegen für den Export bestimmt, dann füllt man ihn in große, innen mit Pech ausgestrichene Amphoren. Die beiden Henkel dieser Amphoren tragen Stempel mit dem Namen des Händlers und manchmal sogar das Siegel der örtlichen Behörde, die die Herkunft des Weines bestätigen. So sind die Amphoren aus Chios an einem für sie charakteristischen Emblem erkenntlich. Der Weinhandel wird streng überwacht und Verstöße werden bestraft. Den Stadtstaaten ist nämlich daran gelegen, ihren Weinbau zu schützen, denn er stellt eine nicht unbedeutende Einnahmequelle dar. In Thasos wird Betrug mit harten Strafen belegt, die jedoch ausschließlich die Händler betreffen, nie die Weinbauern. Der Exporthandel über ausländische Zwischenhändler wird hoch besteuert, ebenso wie die Einfuhr fremder Weine auf die Insel.

Weingenuss

Woher er auch kommen mag, griechischer Wein ist immer ein schwerer Wein. Sein Alkoholgehalt beträgt bis zu 18 Prozent, weshalb man ihn in Maßen und mit Wasser verdünnt trinken sollte. Nach Ansicht der Griechen trinken nur die Barbaren den Wein pur. Theognis von Megara äußert sich hierzu: „Zu viel Wein trinken, ist schlecht, doch wenn du ihn in Maßen trinkst, ist er nicht schädlich, sondern wohltuend." Auch Platon mahnt, bis zum Alter von 40 Jahren Maß zu halten, da „[...] er (der Wein) als Mittel gegen das Altern strengen Ernst verlieh, so dass wir uns neu verjüngen und durch Vergessen des Unmuts der harte Sinn der Seele weicher wird, [...]." Zudem wird Wein auch nie allein getrunken, sondern im Freundeskreis, bei Banketten oder bei *symposia* – wörtlich bedeutet dies „gemeinsames Trinken" – genossen. Vor der Mahlzeit gießen Diener den Wein in ein großes Gefäß, den Krater aus Keramik, Marmor oder Metall, um ihn mehr oder weniger mit Wasser zu verdünnen. Um ihn so kühl wie möglich zu halten, kann man in den verdünnten Wein einen *psykter*, einen mit eiskaltem Wasser gefüllten Behälter geben. Anschließend wird der Wein in die Oinochoe genannten, kleinen Krüge geschöpft, bevor man die Schalen der Gäste füllt. Von privaten Festen abgesehen, wird der Wein auch den Göttern, hauptsächlich Dionysos, bei religiösen Zeremonien als Trankopfer dargebracht.

Wein wurde in Krateren aufbewahrt. Man schöpfte ihn mit einer Oinochoe und goss ihn dann in die Trinkschalen. (Attisch-rotfigurige Schale, um 490/480 v. Chr.)

Dem auf einer Kline liegenden Gast wird von einem Diener eine Schale mit Wasser vermischten Weines gereicht. (Attisch-rotfigurige, dem Euaion-Maler zugewiesene Schale, um 460/450 v. Chr.)

Mehr oder weniger reines Wasser

Ob es aus einer Quelle oder einem Brunnen stammt, oder ob es in einer Zisterne oder einem großen Krug gesammeltes Regenwasser ist, Wasser ist das Getränk, mit dem die Griechen normalerweise ihren Durst löschen. Da es sich nicht immer durch besondere Reinheit und angenehmen Geschmack auszeichnet, sind Aufgüsse mit aromatischen Pflanzen verbreitet. Doch auch andere Mischungen haben ihre Anhänger. So ist bei den Bauern der *kykeon* besonders beliebt, wobei es sich um eine Art dickflüssige Kaltschale aus Gerstengraupen, geriebenem Käse und Wein handelt, die mit Thymian und Poleiminze aromatisiert wird. Wegen seiner Einfachheit und auch, weil der *kykeon* manchmal Mundgeruch verursacht, wird er von den Städtern wenig geschätzt. Seine therapeutischen Eigenschaften – insbesondere bei Magenverstimmung – sind jedoch allseits anerkannt. Darüber hinaus wird er bei rituellen Festen in Eleusis in großen Mengen getrunken. Met, eine Mischung aus Wasser und gegorenem Honig, wird manchmal mit *ambrosia*, dem „Nektar der Götter des Olymps" in Verbindung gebracht, aber selbst den gewöhnlichen Sterblichen ist der Genuss dieses Getränkes von Zeit zu Zeit vergönnt. Außerdem nehmen die Griechen auch gern einen Becher Ziegen- oder Schafsmilch zu sich.

Die Küche

Um die Vorräte zu lagern und die Mahlzeiten zuzubereiten und zu garen, stehen den griechischen Frauen sehr einfache Gerätschaften wie Kohlebecken, Kochtöpfe und Spieße zur Verfügung. Diese Haushaltsgeräte sind meistens aus gebranntem Ton gefertigt und, wie das Essgeschirr, für jedermann erschwinglich.

Um Fleisch und Fisch auf der Glut zu garen, benutzte man kleine rechteckige oder ovale Grillroste aus gebranntem Ton (s. a. rechte Seite).

Die Lagerung der Lebensmittel

In der Küche hat man selbstverständlich ein paar Lebensmittel vorrätig, doch wenn man Aristoteles Glauben schenkt, dann scheint dies nicht der am besten geeignete Ort zu sein, um die Nahrungsmittel zu lagern. „Würmer entwickeln sich vermehrt und schneller an Orten, an denen sich jeder denkbare Unrat ansammelt; beispielsweise entwickeln sie sich in den Küchen […], denn hier verdirbt alles sehr schnell." Der größte Teil der Lebensmittelreserven wird also vornehmlich in einem kleinen, trockenen Vorratsraum im Erdgeschoss gelagert, der zum Innenhof des Hauses führt. Wein, Öl und Getreide werden hier in großen Tonkrügen aufbewahrt, die, wie die *pithoi*, bis zu einer gewissen Höhe in die Erde eingelassen sind. Meistens genügen aber auch schon kleinere Gefäße oder Amphoren, besonders in der Stadt, wo einerseits weniger Platz zur Verfügung steht und andererseits der Bedarf an Reserven geringer ist. Die Amphoren sind 30 bis 60 cm hoch und leicht erkennbar an ihren beiden runden Henkeln – *amphora* bedeutet ja bekanntlich „die an beiden Seiten getragen wird". Manchmal stehen in den Vorratsräumen auch ein paar *hydriai*, die von den Frauen am Brunnen mit Wasser gefüllt werden und typischerweise drei Henkel aufweisen, sowie Körbe mit frischem Gemüse. Auf dem Land ist es Sitte, in die Mitte des Vorratsraumes ein Gefäß mit Essig, Origano und Hirschleber zu stellen. Dieses seltsame Gemisch setzt nämlich nach einer gewissen Zeit einen penetranten Geruch frei, der die Nagetiere fern halten soll.

Wenn das Wetter es erlaubte, wurde meistens im Hof des Hauses gekocht. (Terrakotta-Statuette aus Tanagra, Boiotien, spätes 6. Jh. v. Chr.)

In solchen Garglocken wurden die Nahrungsmittel gedünstet. Im Gegensatz zum Essgeschirr trug das Kochgeschirr nie Verzierungen.

Einfaches, aber durchaus zweckmäßiges Küchengerät

Bei den Griechen ist der Ort, an dem das Essen zubereitet wird, nur selten mit einem fest installierten Herd ausgestattet. In den meisten Häusern wird das Essen daher auf einem einfachen Kohlebecken gekocht. Dazu zündet man das Feuer unter freiem Himmel im Hof an – oder unter der Säulenhalle, wenn es regnet. Das Becken wird erst in die Küche gebracht, wenn die Holzkohle glüht, denn nun gibt das Feuer weniger Rauch ab und die Hitze hat ihren Höhepunkt erreicht. Jetzt kann man die Mahlzeit entweder direkt auf der Glut zubereiten oder auf einer Platte, die auf der Holzkohle aufliegt. Neben dem Kohlebecken verwendet man manchmal auch eine sog. Garglocke. Das Prinzip ist recht einfach: Nachdem man im Hof ein Feuer angezündet hat, stellt man die Glocke in die Glut, um sie zu erhitzen. Dann nimmt man sie schnell aus der Feuerstelle und füllt sie mit dem Gericht, das nun im eigenen Saft schmort. Der *klibanos* funktioniert auf ähnliche Weise, doch dient dieses Gerät eher zum Backen von Pfannkuchen, die auf seine vorab in der Glut angeheizten Innenwände geklebt werden. Schließlich gibt es auch kleine Backöfen, die aus zwei Teilen bestehen, zwischen denen die heiße Luft zirkulieren kann. Sie sind aus Ton gefertigt – wie übrigens auch das Kohlebecken, die Glocke und der *klibanos* –, werden sehr schnell heiß, sind nicht schwer und dementsprechend leicht zu transportieren. Darüber hinaus ist Keramik in der Anschaffung sehr preiswert, weshalb es, sollte das Kochgeschirr unglücklicherweise zerbrechen, leicht zu ersetzen ist.

In den Amphoren wurden nicht nur Flüssigkeiten, sondern auch Getreide aufbewahrt und transportiert. Es gab sie in allen Formen und Größen. Ihre Spitze diente dazu, sie in die Erde zu stecken oder in einen Dreifuß zu stellen.

Vom Koch- zum Essgeschirr

Große Mörser und Mahlsteine aus hartem Stein, steinerne oder hölzerne Stößel sowie Siebe und Durchschläge aus Stoff dienen der Verarbeitung des Getreides. In kleineren, runden Mörsern werden Knoblauch, Salz und die Gewürze zerstoßen, die auf Wandregalen, wo sie schnell zur Hand sind, in sorgfältig verschlossenen Töpfen aufbewahrt werden. Wenn man das zubereitete Mehl nicht ganz aufbraucht, dann verwahrt man es in einem Keramikkrug oder in einem Ledersack. Zum Kochen verfügt die Hausfrau oder ihre Dienerin über ein ganzes Sortiment an Geräten, wie Spieße, Pfannen, Kochtöpfe und Kessel aus Ton oder Metall, die sie gegebenenfalls auf einen bronzenen Dreifuß stellt. Das Alltagsgeschirr ist aus grobtoniger Keramik oder aus Holz; nur die Reichsten speisen aus bronzenem Essgeschirr, oder, was als größter Luxus gilt, von silbernen Tellern. Das Geschirr besteht aus flachen Schüsseln und Schalen; Besteck ist eher selten. Gabeln sind den Griechen noch unbekannt, Löffel werden vor allem zum Auffüllen der Speisen benutzt und der Messer bedient man sich ausschließlich, um das Fleisch zu schneiden, das in Haushalten der Mittelschicht ja nur selten auf den Tisch kommt. Man isst im Prinzip also mit den Fingern und behilft sich bei Pürees und Saucen nötigenfalls mit einem *maza*-Fladen. In der Mitte des Tisches stehen die verschiedenen Schüsseln mit den Gerichten sowie selbstverständlich Olivenöl und *garos*, eine Fischsauce. Diese Würze wird hergestellt, indem man Eingeweide von Fischen so lange ziehen lässt, bis sich ein faulender Saft absetzt. Er ähnelt dem chinesischen Nuoc-mâm und wird reichlich verwendet, um den Geschmack der Gerichte zu verfeinern. Getrunken wird aus Tonbechern oder Schalen, die normalerweise mit zwei, bei den luxuriöseren Modellen reich verzierten Henkeln versehen sind.

Alltags- und Festessen

Die Griechen nehmen am Tag im Prinzip drei meist leichte Mahlzeiten zu sich. Nur die Vornehmen verbringen gern ganze Nächte damit, zu speisen, zu trinken und zu diskutieren; ganz im Gegensatz zu den Athleten, die sehr viel Wert auf eine gesunde und ausgewogene Ernährung legen.

Vom Frühstück zum Abendessen

Die erste Mahlzeit, der *akratismos*, wird bei Tagesanbruch eingenommen. Er besteht aus Brei, Brot oder Fladen, die man gegebenenfalls in Wein taucht. Um die Mittagszeit legt jedermann seine Arbeit für das *ariston* nieder, ein leichtes Mittagessen auf die Schnelle, das bei manchen am Nachmittag von einer Zwischenmahlzeit, dem *hesperisma*, ergänzt wird. Am Abend, bei Einbruch der Dunkelheit, nehmen die Griechen die Hauptmahlzeit zu sich. Zum *deipnon* versammelt sich die ganze Familie zu Hause im *oikos*. In manchen Familien ist es indessen Sitte, getrennt zu speisen: Während die Männer sich auf den Klinen ausstrecken, vor denen kleine Tische aufgestellt sind, essen die Frauen und Kinder sitzend im *gynaikon*. In Sparta sind zu der gemeinsam eingenommenen Mahlzeit, dem *syssition*, ausschließlich Männer zugelassen. Allabendlich treffen sie sich in Gruppen von ca. 15 Personen und nehmen ein leichtes Abendessen ein, bei dem gesetzlich festgesetzte Gerichte – wie die berühmt-berüchtigte schwarze Suppe – aufgetischt werden. Jeder Teilnehmer muss monatlich eine bestimmte Ration Gerste, Wein, Käse und Feigen beisteuern sowie einen kleineren Geldbetrag für die restlichen Zutaten. Wer diesen Beitrag nicht aufbringen kann – und demzufolge den Mahlzeiten fernbleiben muss –, verliert seine Bürgerrechte. Knaben dürfen an diesen Mahlzeiten teilnehmen, um aus der erbaulichen Konversation der Erwachsenen zu lernen, Frauen ist die Teilnahme dagegen streng untersagt.

Ein Abend unter Freunden

Die reichen Bürger laden ihre Freunde und Bekannte oft zum Essen ein. Doch ein Gastmahl ist eine kostspielige Angelegenheit und selbstverständlich wird nur die beste Gesellschaft geladen. Dennoch kommt es auch vor, dass sich ein paar „Parasiten" unter die Gäste mischen: „Plötzlich kommt eine neue Gruppe von Leuten und da sie die Tür offen vorfinden, weil gerade jemand hinausgegangen war, stoßen sie bis zu uns vor und lassen sich auf den Betten nieder. [...] Nun war es um jede Ordnung geschehen, und man war gezwungen, unmäßig viel Wein zu trinken." Diese *symposia*, oder genauer gesagt „Trinkgelage", finden im Bankettsaal, dem *andron*, statt und sind ausgesprochene Männerabende. Einzig die Sklavinnen für die Bedienung, die Tänzerinnen, Musikerinnen und Prostituierten, die den Männern die Zeit vertreiben, sind zugelassen. An bestimmten religiösen Feiertagen, z. B. den Thesmophorien zu Ehren der Göttin Demeter, werden dagegen Festessen organisiert, an denen nur Frauen teilnehmen dürfen – hier sind es die Männer, die ausgeschlossen werden. Meistens treffen sich die Frauen jedoch nachmittags in den Frauengemächern, um sich zu unterhalten und von bereitstehenden Süßigkeiten zu naschen.

„Trinkgelage" oder philosophische Streitgespräche?

Eigentlich geht den *symposia* ein Abendessen voraus, doch manche Gäste finden sich erst später ein. Bevor sie sich auf den Klinen niederlassen, ziehen sie ihre Schuhe aus, Diener waschen ihnen die Füße und bekrönen sie mit Blumengirlanden. Sklaven bringen mit Wasser verdünnten Wein in abgefüllten Krateren herbei und gießen ihn aus den Oinochoen in die Trinkschalen, stellen Süßigkeiten, getrocknete Früchte und Gebäck auf die Tische und zünden Räucherfässchen an. Das Fest beginnt mit einem Trankopfer und Gesängen zu Ehren des Gottes Dionysos, dann wird ein *symposiarchos* oder „Oberhaupt des Mahles" ausgewürfelt. Als Trinkmeister bestimmt er u. a. die Anzahl der Schalen, die jeder im Laufe der Nacht zu trinken hat. Kommt jemand dem nicht nach, muss er ein Pfand zahlen, wie z. B. nackt tanzen. Das Gelage dauert für gewöhnlich bis zum frühen Morgen. Damit keine Langeweile aufkommt, wechseln musikalische, akrobatische oder tänzerische Darbietungen mit Pantomimen ab, zum Klang einer Leier werden Verse rezitiert oder die Gäste müssen Rätsel und Scherzfragen beantworten. Zuweilen fordert der Hausherr auch seine Gäste auf, sich über ein gemeinsam bestimmtes Thema zu unterhalten. Dann ergreifen sie nacheinander das Wort und äußern sich zu Liebe, Schönheit oder anderen philosophischen Themen. Mehrere literarische Werke, darunter das berühmte *Gastmahl* von Platon, zeugen von diesen *symposia*. Dennoch ist die Freude am Trinken der Hauptgrund, weswegen man sich zum *symposion* trifft, und häufig endet das Fest in einem Saufgelage. Die Kumpane stimmen *skolia*, sog. Zickzacklieder an und wetteifern beim *kottabos* miteinander, bei dem Wein aus der Trinkschale in ein Wasserbecken mit schwimmenden Schälchen geworfen werden muss, mit dem Ziel, diese zu versenken.

Nur die Reichsten laden zu Banketten ein, wo die Gäste bequem auf den Klinen liegend, mit dem Essen auf einem Beistelltisch, darauf warten, dass der Künstler zum Klang seiner Leier singt. (Detail eines korinthischen schwarzfigurigen Kraters, 2. Viertel 6. Jh. v. Chr.)

Die Anhänger der *diaita*, der gesunden Lebensführung

Zahlreiche Griechen sehen die *diaita* ebenso wie den Sport als unentbehrlich für ihre Vitalität und ihr körperliches Wohlbefinden an. So rät die hippokratische Medizin dem gesunden Mann zu einer den Jahreszeiten angepassten Ernährung. „Im Winter muss er so viel wie möglich essen, so wenig wie möglich trinken, und dieses Getränk könnte Wein sein, so wenig verdünnt wie möglich. Er kann Brot essen; Fleisch und Fisch werden gebraten, er muss so wenig Gemüse wie möglich essen." Die Berufs- oder Freizeitsportler achten natürlich ganz besonders auf eine gesunde Ernährung. Sie halten eine strenge Diät ein und essen sehr viel Fleisch, das überwiegend gebraten serviert wird. Die Portionen müssen großzügig bemessen sein und „um mehr Kraft aus ihnen zu schöpfen", müssen die Nahrungsmittel möglichst langsam gekaut werden. „Weil es die Verdauung stört und Kopfschmerzen bereitet", wird ausdrücklich davon abgeraten, während der Gespräche bei Tisch heikle Themen anzuschneiden.

Gesellschaft und öffentliche Ordnung

Die athenische Demokratie nach Perikles:

„Wir leben in einer Staatsform, die die Einrichtungen anderer nicht nachahmt: eher sind wir für etliche ein Vorbild, als dass wir andere uns zum Muster nähmen. Mit Namen wird sie, weil wir uns nicht auf eine Minderheit, sondern auf eine Mehrheit im Volke stützen, Volksherrschaft (Demokratie) genannt. Und es genießen auch alle für ihre eigenen Angelegenheiten vor den Gesetzen gleiches Recht. In der öffentlichen Bewertung jedoch fragt man allein nach dem Ansehen [...], allein die persönliche Tüchtigkeit verleiht im öffentlichen Leben einen Vorzug. Weder Armut noch Dunkelheit hindern, auch wird bei Armut keiner, der doch dem Volke Gutes zu leisten vermöchte, um der Geringheit seines Standes willen ausgeschlossen. Ein freier Geist herrscht in unserem Staatsleben und wirkt auch im täglichen Leben und Treiben allen gegenseitigen Beargwöhnungen entgegen. [...] (Wir vermeiden) im öffentlichen Leben, schon aus Pflichtgefühl, Verstöße gegen Recht und Sitte, der jeweiligen Führung; gehorsam wie auch den Gesetzen und unter ihnen denjenigen, die zum Schutz der Verfolgten gegeben sind, sowie den ungeschriebenen, deren Bruch in aller Augen Schande bringt."

Auszug aus der Leichenrede *Epitaphios logos* des Perikles aus dem Jahr 431 v. Chr.

Hier wird Konversation betrieben. (Attisch-rotfigurige Schale, um 470/460 v. Chr.)

Soziale Ordnung

Nach Ansicht der Griechen kann die Organisation der Polis mit der des menschlichen Körpers verglichen werden, bei dem auch nicht allen Funktionen, die für das Überleben unentbehrlich sind, die gleiche Bedeutung zukommt.

Die Gesellschaft aus der Sicht des Aristoteles

„Denn in ihr (der Seele) gibt es ein von Natur Herrschendes und ein Dienendes, und jedes von beiden, das Vernunftbegabte und das Vernunftlose, hat seine eigene Tugend. [...] Also gibt es von Natur mehrere Arten von Herrschenden und Dienenden. Denn anders herrscht der Freie über den Sklaven, das Männliche über das Weibliche und der Erwachsene über das Kind. [...] Der Sklave besitzt das planende Vermögen überhaupt nicht, das Weibliche besitzt es zwar, aber ohne Entscheidungskraft, das Kind besitzt es, aber unvollkommen."

Aristoteles, *Politeia*, I, 1259

Die Spaltung der Gesellschaft

Selbst Stadtstaaten wie Athen, die sich als demokratisch bezeichnen, erkennen nicht die Gleichheit aller ihrer Bewohner an. Tatsächlich bestehen innerhalb der sozialen Gruppen Unterschiede, die auf Beherrschung und Unterwerfung basieren. Der erste grundsätzliche Unterschied ist der zwischen Männern und Frauen: Frauen stehen als ewig Unmündige ihr Leben lang in einem Abhängigkeitsverhältnis zu einem männlichen Verwandten, Vater, Ehemann oder ältestem Sohn, und haben in öffentlichen Angelegenheiten keinerlei Mitspracherecht. Auch die Jugendlichen besitzen, solange sie nicht durch die Initiationsriten in die Gesellschaft der Erwachsenen eingegliedert sind, keine bürgerlichen oder politischen Rechte. In einem Staat unterscheidet man die Bürger, die als solche geboren werden, und die Fremden – ganz gleich, ob es sich um ortsansässige Metöken oder Durchreisende handelt. Schließlich trennt eine fast unüberwindliche Kluft die freien Menschen von den Sklaven. Den Griechen ist die grundsätzliche Ungleichheit ihrer Gesellschaft, in der alle Entscheidungen von einer Minderheit getroffen werden, wohl bewusst, doch sie erachten sie als unerlässlich für den Zusammenhalt des sozialen Gefüges. Eine Volkszählung aus dem 4. Jh. v. Chr. zeigt deutlich die zahlenmäßige Diskrepanz zwischen den verschiedenen Bevölkerungsgruppen der Stadt: Zu dieser Zeit leben in Athen 21 000 Bürger, zu denen noch 80 000 Frauen und Kinder hinzukommen, sowie 10 000 Metöken und 150 000 Sklaven; wobei Letztere demnach mehr als die Hälfte der Bevölkerung ausmachen!

Arbeiten oder nicht

Reiche und Arme unterscheiden sich in Griechenland weniger durch die Größe ihres Besitzes, sondern dadurch, ob sie arbeiten müssen oder nicht. Bei den Griechen gelten nämlich fast alle wirtschaftlich notwendigen Tätigkeiten, wie Handel oder Handwerk, als eines rechtschaffenen Mannes unwürdig. Zwar wird die Arbeit selbst, als unvermeidliche Notwendigkeit, nicht als verachtenswert angesehen, doch die, die damit ihren Lebensunterhalt verdienen, werden in die untersten Schichten der Gesellschaft eingestuft, in die der Metöken oder Sklaven: „[...] auch gewähren die so genannten handwerklichen Berufe", laut Xenophon, „am wenigsten freie Zeit, sich noch um Freunde oder den Staat zu kümmern. [...] Folglich ist es in einigen Staaten, besonders aber in denen, die als kriegstüchtig gelten, auch nicht erlaubt, dass Bürger handwerkliche Berufe ausüben." Um seinen Gegner, den Politiker Aischines, in Misskredit zu bringen, zögert der Redner Demosthenes daher nicht, ihm vorzuwerfen, dass er ja nur der Sohn eines in Armut lebenden Schulmeisters sei. Die Landwirtschaft, die dem Grundbesitzer seinen Reichtum garantiert, wird nicht mit dem Handwerk gleichgesetzt. In der Hierarchie der Verantwortlichen eines Staates nimmt der Großgrundbesitzer, dessen Reichtum im Wesentlichen auf Kriegsbeute oder politischen Gewinnen beruht, eine Vormachtstellung ein und er besitzt durchaus politische Macht.

Selbst Frauen aus besser gestellten Familien waren von der Politik ausgeschlossen. Sie durften weder an Versammlungen teilnehmen, noch ein Amt übernehmen. Nur zu Hause führten sie das Regiment. (Junge Frau und ihre Dienerin, Detail einer rotfigurigen Lekythos, 4. Jh. v. Chr.)

Einbeiniger Bettler. Es handelt sich wohl um einen Kriegsversehrten, denn ein Neugeborenes mit einer angeborenen Behinderung wurde ausgesetzt. (Detail eines attisch-rotfigurigen Gefäßes, um 460 v. Chr.)

Freie Männer und Sklaven

Alle antiken Gesellschaften kennen die Sklaverei, die als unerlässlicher Bestandteil der Freiheitsausübung gilt: „[...], wenn so die Weberschiffchen von allein die Webfäden durcheilten", schreibt Aristoteles, „und das Plektron die Kithara spielte, dann brauchten die [...] Herren keine Sklaven." Da die *douloi* bzw. Sklaven den größten Teil der für das Leben der Einzelpersonen und der Gemeinschaft nötigen Arbeiten auf sich nehmen, tragen sie zur Freiheit derer bei, die sich um die Staatsangelegenheiten kümmern. Ihr Status und ihre Herkunft unterscheiden sich wesentlich von Staat zu Staat. In Athen sind die auf dem Markt gekauften Sklaven Kriegsgefangene z. B. sehr unterschiedlicher Herkunft und verrichten alle möglichen Aufgaben: Sie können als Hausangestellte, Handwerker, Verkäufer, Bergleute, Verwaltungsangestellte oder Bauern eingesetzt werden und hängen vollkommen von ihrem Herrn ab, sei dieser nun eine Privatperson oder der Staat. Sie besitzen keinerlei Rechtspersönlichkeit und es ist ihnen grundsätzlich nicht gestattet, Eigentum zu erwerben. Neben den Sklaven im eigentlichen Sinn findet man auch die „zwischen Freiheit und Sklaverei stehenden ‚Hörigen'"; in Sparta sind dies die Heloten, wahrscheinlich die von den Spartanern besiegten älteren Einwohner der Region. Sie sind Eigentum des Staates und werden den Privatleuten von diesem zur Verfügung gestellt. Der Status der Penesten in Thessalien und der Periöken auf Kreta ist ähnlich.

Staatsformen

Griechenland ist in eine Vielzahl von Stadtstaaten aufgesplittert, von denen jeder sein eigenes Regierungssystem – Monarchie, Oligarchie oder Demokratie – hat, weshalb sich auch die Rechte der Bürger von Stadt zu Stadt stark unterscheiden.

Der Stadtstaat, die Polis

Für die Bildung eines Stadtstaates – einer ständigen Gemeinschaft von Individuen – ist im Allgemeinen die geografische Lage ausschlaggebend. Die Polis besteht immer aus einer Stadt und ihrem Umland, manche sind groß, wie etwa Athen (2400 km²), Lesbos (1600 km²) oder Theben (1000 km²). Doch 90 Prozent der Stadtstaaten erreichen nicht einmal 800 km², so wie Chios, Samos, Megara und Aigina; letzterer ist sogar nur 85 km² groß! Dennoch verfügt jeder dieser Staaten über seine eigene Gesetzgebung und seine eigenen Kulte, an denen all diejenigen teilhaben, die das Bürgerrecht besitzen. Die Polis ist ein in ihren Grenzen erstarrter Mikrokosmos, der sich schwer tut, neue Bürger aufzunehmen. Parallel zu den Poleis findet man Völker, *ethne*, deren Mitglieder sich durchaus bewusst sind, einer von den Stadtstaaten unabhängigen Gemeinschaft anzugehören, z. B. die Achäer, die Boiotier oder die Ätoler. Diese ethnischen Gemeinschaften schließen sich gegebenenfalls zu Verteidigungszwecken zusammen. In ganz Griechenland vereinen sich gelegentlich auch Stadtstaaten, entweder um einen gemeinsamen Kult auszuüben oder aus strategischen Gründen. Im 5. Jh. v. Chr. gründet Athen eine politisch-militärische Liga, den sog. Delischen Bund, der im Jahr 431 v. Chr. weit mehr als 200 Poleis umfasst. Die religiösen Zusammenschlüsse oder *amphiktyonia* verfügen wie die politischen über eine gemeinsame Kasse und eigene Beamte, und die Vertreter dieser Bündnisstaaten treffen sich regelmäßig zu Versammlungen.

Jede Stadt, hier Korinth, besaß ihre Agora, einen öffentlichen Platz, auf dem das Volk, d. h. die freien Männer, Versammlungen abhielten.

Auf Tonscherben, sog. Ostraka, schrieb man den Namen des Mannes, den man verbannen wollte. Auf einer der Scherben (unten links außen) ist Themistokles, Sohn des Neokles, zu lesen, der um 471 v. Chr. aus Athen verbannt wurde.

Tyrannis und Monarchie

Im 6. Jh. v. Chr. herrschen in zahlreichen griechischen Stadtstaaten Tyrannen, wie z. B. Periandros in Korinth, Kleisthenes in Sikyon oder Thrasybulos in Milet. Die Tyrannis, deren Bezeichnung an sich keineswegs abwertend ist, bietet sich oft als ein Mittel an, um soziale Krisensituationen zu überwinden. Die Herrschaft der Tyrannen wirkt sich für das Volk durchaus nicht immer negativ aus: So begünstigen die Tyrannen von Athen aus der Familie der Peisistratiden im 6. Jh. v. Chr. die Aufteilung des Grundbesitzes und tragen durch große Bauvorhaben, wie dem Parthenon, und prunkvolle Feste, wie den Panathenäen, wesentlich zum Ruhm der Stadt bei. Im 5. und 4. Jh. v. Chr. zeichnen sich die Tyrannen von Sizilien und Großgriechenland, wie Dionysios I. in Syrakus, durch ihre brillante Staatsführung aus. Parallel zu den von Tyrannen beherrschten Staaten findet man in Griechenland, insbesondere in Nordgriechenland, zahlreiche Monarchien. Der König oder *basileus* unterscheidet sich vom Tyrannen dadurch, dass er seine Königswürde von seinem Vater geerbt hat, er herrscht normalerweise nicht allein, sondern wird von Beamten und Volksversammlungen unterstützt. Einer dieser Monarchen, Philipp von Makedonien, der Vater Alexander des Großen, setzt der Unabhängigkeit der griechischen Stadtstaaten 338 v. Chr. ein Ende. Vielerorts zeugen später jedoch noch Relikte von den ursprünglichen Monarchien, so z. B. der Titel „Archon Basileus" oder die beiden Könige von Sparta.

Oligarchie und Demokratie

Die Staatsformen, die man in den griechischen Stadtstaaten am häufigsten antrifft, sind die Oligarchie bzw. die „Herrschaft der Wenigen" oder die Demokratie bzw. die „Herrschaft des Volkes". Sparta ist ein ausgezeichnetes Beispiel für eine Oligarchie, denn nur die *homoioi*, die „Gleichen", die von spartanischen Eltern abstammen, haben ein Recht auf Grundbesitz und genießen alle Bürgerrechte. Sie sind zudem die einzigen, die Krieger sein dürfen. Wenn jemand seinen finanziellen Beitrag zu den gemeinsamen Mahlzeiten, den *syssitia*, nicht beisteuern kann, wird er in die Kategorie der *hypomeiones*, der „Minderbürger", herabgestuft und verliert alle seine Bürgerrechte. Sparta wird von zwei Königen regiert, die die militärische, richterliche und religiöse Macht ausüben, von einem Ältestenrat, der *gerousia*, mit 28 Mitgliedern, einer Volksversammlung, die allerdings nur wenig Einfluss besitzt, und fünfjährlich neu ernannten Ephoren. In Sparta sind sämtliche Institutionen den militärischen Interessen untergeordnet. Der äußerst elitäre Charakter der gesellschaftlichen Schichtung dieser Polis hat zur Folge, dass sich die Anzahl der Bürger Spartas im 5. Jh. v. Chr. um zwei Drittel verringert. In einer Demokratie wie Athen besitzen dagegen alle Bürger die gleichen Rechte. Die Versammlungen und Staatsämter sind repräsentativ für die Gesamtheit des sozialen Gefüges. Doch darf hier nicht vergessen werden, dass das „Volk", das in einer Demokratie wie Athen regiert, sich lediglich auf eine kleine Anzahl von privilegierten Männern beschränkt.

Das Bürgerrecht

Ganz gleich unter welcher Regierungsform das Volk auch lebt, die Bürger machen meistens nur einen kleinen Teil der Gesamtbevölkerung aus, denn Frauen, uneheliche Kinder, Metöken, Fremde auf der Durchreise, Sklaven und Freigelassene zählen nicht zu den Bürgern. Das Bürgerrecht ist in erster Linie ein Geburtsrecht. In Athen muss man seit Mitte des 5. Jh. v. Chr. sogar die beiderseitige Abstammung, von einem athenischen Vater und einer athenischen Mutter, nachweisen, um das Bürgerrecht zu erlangen. Ist ein Elternteil nicht Bürger, dann wird der Knabe als Fremder angesehen. Doch obwohl die Abstammung eine Grundbedingung ist, so reicht sie dennoch nicht aus. Man muss zudem in den Registern der staatlichen Institutionen, Demos, Phratrie und Phyle, eingetragen sein. Dieser Akt kann entweder vom Vater gleich nach der Geburt vollzogen werden, oder wenn der Knabe das Mannesalter erreicht hat. Dafür muss sich der athenische Ephebe mit 18 Jahren einer Prüfung, der *dokimasia*, unterziehen, bei der die Mitglieder der Demos entscheiden, ob sie ihn in ihre Reihen aufnehmen oder ihm das Bürgerrecht verweigern. Das Bürgerrecht erlangen bedeutet zunächst, dass man in den Genuss einer Reihe von Vorrechten und Vergünstigungen kommt. So hat der Bürger in politischer Hinsicht ein Mitspracherecht in öffentlichen Angelegenheiten, er darf über Grundbesitz verfügen und kann Klage erheben. Was die Religion anbelangt, darf er an allen Opfern und Festen teilnehmen und kann ein Priesteramt ausüben. Schließlich profitiert der Bürger von gewissen sozialen Vorteilen, wie dem Tagegeld, wenn er bestimmten religiösen Zeremonien beiwohnt, hat ein Recht auf Sonderrationen an Getreide bei Hungersnöten und bekommt Unterstützung, wenn er sich in einer Notlage befindet. Doch er hat auch Pflichten: Er muss Steuern zahlen und seinen militärischen Verpflichtungen nachkommen. In einer Demokratie sind alle Bürger vor dem Gesetz gleich, d. h. es herrscht *isonomia*, sie haben das Recht auf die gleichen Ehren, *isotimia*, und schließlich auf *isegoria*, Rede- oder Antragsrecht.

Um den Status eines Sklaven zu verdeutlichen, wurde er in der griechischen Kunst wesentlich kleiner dargestellt als sein Herr. (Grabrelief aus Salamis oder Aigina, um 430/420 v. Chr.)

Aristoteles definiert den Bürger

„Der Bürger hat diesen Status nicht, weil er irgendwo ansässig ist – denn auch Metöken und Sklaven teilen (mit dem Bürger) den Wohnsitz –, auch nicht weil sie an den Rechten [...] teilhaben, [...] denn dies gilt auch für die Mitglieder fremder Staaten, [...] aufgrund von zwischenstaatlichen Vereinbarungen [...]. Der Bürger [...] wird nun aber durch kein anderes Recht mehr bestimmt, als dass er teilhabe an der Entscheidung und der Bekleidung eines Staatsamtes."

Aristoteles, *Politeia*, III, 1275 a, 7–24

Die Stadt behielt den Metöken wenig angesehene Tätigkeiten wie Handwerk und Handel vor. Hier ein Amphorenhändler, der in der Nähe seiner Waren zwei Hunde dressiert. (Attisch-schwarzfigurige Pelike, um 500 v. Chr.)

Die Metöken

In den meisten griechischen Stadtstaaten besitzen die ortsansässigen Fremden einen Sonderstatus, man bezeichnet sie als *metoikoi*, „Mitwohnende", bzw. als *paroikoi*, „Anwohner". Obwohl sie nicht über die politischen und religiösen Rechte eines Bürgers verfügen, sind die Metöken rechtlich geschützt und können auf einen gesetzlichen Vertreter zurückgreifen, den *prostates*, der sie in seinem Demos eintragen lässt. Sie müssen dem Staat ein Schutzgeld, das *metoikion*, entrichten und sich an einer Sondersteuer, der *eisphora*, beteiligen, die in Athen im Kriegsfall erhoben wird: Alle Metöken der Stadt müssen dann zusammen ein Sechstel der Gesamtsumme aufbringen. Die Metöken, die in Athen 40 Prozent der freien Bevölkerung ausmachen, sind zumeist in Berufen tätig, die in Zusammenhang mit Handel oder Handwerk stehen; darunter fallen Bäcker, Barbiere, Obst- und Gemüsehändler, doch auch Bankiers, Ärzte oder Architekten. Manche erlangen großen Reichtum und üben durch die Beziehungen, die sie mit den Machthabern der Stadt unterhalten, erheblichen Einfluss auf das politische Geschehen in der Polis aus. Sie sind in das Leben der Stadt fest eingebunden und dürfen an den religiösen Festen teilnehmen. Auf dem Fries der Panathenäen erkennt man sie in der Prozession, die Athena den heiligen, von jungen Mädchen gewebten Schleier darbringen. Des Weiteren nehmen sie auch aktiv Anteil an den Feldzügen ihrer Polis. In seiner Rede an die Metöken, die 413 v. Chr. in der sizilischen Expedition mitgezogen sind, betont der General Nikias die Interessengemeinschaft, die Metöken und Athener eint: „[...] und denkt, ob es sich nicht lohnt, sich jenes Hochgefühl zu erhalten, wie ihr all die Zeit, auch ohne Athener zu sein, wegen der Kenntnis unserer Sprache und Nachahmung unserer Art, [...] als Athener bewundert wurdet und nicht geringeren Anteil hattet an unserer Herrschaft, wegen der Vorteile und des Respekts der Untertanen auch vor euch, und dass keiner euch zu beleidigen wagte. Ihr hattet also Teil an unserer Macht, so gebt sie nicht jetzt preis [...]."

Wie erlangt man das Bürgerrecht?

In Griechenland gestehen die Stadtstaaten Fremden nur in Ausnahmesituationen das „Bürgerrecht" zu. In sehr seltenen Fällen kann es jedoch vorkommen, dass Fremde in die Bürgerschaft aufgenommen werden oder Sklaven die Freiheit geschenkt wird. Im Jahr 426 v. Chr. wird die von den Peloponnesiern belagerte Stadt Platäa vollständig zerstört und ihre Bewohner werden aus ihrer Heimat vertrieben. Die nun „staatenlosen" Platäer finden Zuflucht in Athen, wo man ihnen das Bürgerrecht zugesteht. 406 v. Chr. wird den Sklaven, die an der Seite der Athener bei den Arginusen gekämpft hatten, als Belohnung für ihre treuen Dienste die Freiheit geschenkt. Normalerweise kann ein Metöke das Bürgerrecht für geleistete Dienste erhalten, doch es tritt erst tatsächlich in Kraft, nachdem er sich in einem der Bezirke der Stadt hat einschreiben lassen. Der ehemalige Metöke genießt Steuergleichheit, *isoteleia*, d. h. er ist nun nicht mehr verpflichtet, das Schutzgeld, *metoikion*, zu bezahlen; allerdings unterliegt er fortan den gleichen Steuerpflichten wie der Bürger seiner Polis. Er kann auch zum *proxenos* ernannt werden, d. h. zum Beschützer der in der Stadt lebenden Fremden. Wird ein Sklave von seinem Herrn freigelassen, dann muss er eine Steuer von drei Obolen entrichten und auch weiterhin bestimmte Arbeiten für seinen ehemaligen Herrn ausführen – dieser wird nun zu seinem Arbeitgeber. Kommt er seinen Verpflichtungen nicht nach, dann kann er durch richterlichen Entscheid wieder in den Sklavenstand zurückversetzt werden.

Demokratie

Seit dem 5. Jh. v. Chr. bestehen in Athen demokratische Institutionen, durch die der Mehrheit der Bürger die Möglichkeit geboten wird, an den Staatsgeschäften teilzuhaben; die Stadt ist auf diesem Gebiet beispielhaft.

Manche Bürger sind gleicher als andere

Obwohl in einer Demokratie theoretisch alle Bürger die gleichen Rechte genießen, gehören die Athener doch unterschiedlichen Gruppen an, die Disparitäten mit sich bringen: der Phratrie, dem Demos und der Phyle. Die Phratrie, deren Ursprünge weit in die Geschichte zurückreichen, ist eine Gruppierung von Familien mit gleichem Kult. Sie spielt eine bedeutende Rolle in der athenischen Gesellschaft, denn ein Junge ist erst Bürger, wenn sein Vater ihn seiner Phratrie vorgestellt hat. Der Demos ist der kleinste staatliche Verwaltungsbezirk, der in etwa einer Gemeinde entspricht. Im 4. Jh. v. Chr. verteilen sich die ca. 170 Demen Attikas auf zehn Phylen. Jede Phyle besteht aus drei *trittyes*, mit jeweils mehreren Demen aus der Stadt selbst, aus mehreren Demen an der Küste und aus dem Binnenland. Diese Zusammensetzung soll wohl eine repräsentativere Mischung der Bevölkerung garantieren, denn in jeder Phyle sind Städter, Seeleute, Hirten und Holzfäller vereint. Eine Phyle dient der Zuteilung öffentlicher und militärischer Lasten und stellt zudem eine festgesetzte Anzahl von Beamten, darunter 50 Ratsmitglieder, *bouleutai* genannt, und 600 Richter. Seit der Reform des Kleisthenes, um 508/507 v. Chr., zählt man in Attika insgesamt zehn territorial organisierte Phylen. Im frühen 6. Jh. v. Chr. wird das Zensuswahlrecht eingeführt, das Solon zugeschrieben wird. Dieses teilt die Athener den Einkünften ihres Grundbesitzes entsprechend in vier Klassen auf: Die Einkünfte der *pentakosiomedimoi* entsprechen jährlich mindestens 500 Scheffel Getreide (ca. 260 hl), die der zweiten Klasse, der *hippeis*, mindestens 300, die der dritten Klasse, der *zeugitai*, mindestens 200 und die der *thetes* liegen schließlich unter 200 Scheffel. Die Beamten der Polis stammen ausschließlich aus den ersten drei Klassen. Die Mitglieder der vierten Klasse, der *thetes*, dürfen lediglich den Versammlungen beiwohnen.

Eine Volksversammlung

Die *ekklesia*, die Versammlung des souveränen Volkes, steht allen Bürgern offen, die älter als 20 Jahre und im Besitz ihrer Bürgerrechte sind. Zu den Versammlungen finden sich jedoch überwiegend Handwerker und Händler aus Athen und dem Piräus ein, da die Reise für die Bauern Attikas oft zu aufwendig ist. Das Interesse der Bürger an der Wahrnehmung ihrer Rechte lässt allerdings zu wünschen übrig, denn oft beteiligen sich kaum 6000 Personen an den Versammlungen. Um diesem Desinteresse entgegenzuwirken, wird seit dem 4. Jh. v. Chr. ein Tagegeld, der *misthos ekklesiastikos*, an die Anwesenden ausgezahlt. Die *ekklesia* findet vier Mal pro „Prytanie“ statt, d. h. 40 Mal im Jahr. Die von den Prytanen zusammengerufenen Bürger versammeln sich in Athen bis zum 4. Jh. v. Chr. auf einem Hügel, dem Pnyx, mit einer künstlich angelegten Terrasse, dann aber ziehen sie das Dionysostheater vor, da es mehr Platz bietet. Am Eingang werden anhand der Demenregister die Personalien überprüft; den Nachzüglern wird das Tagegeld gestrichen. Unter der Aufsicht skytischer Bogenschützen, die Polizeidienst versehen, beginnt die Sitzung mit einer Reinigungszeremonie und einem einleitenden Gebet. Der Vorsitzende liest die auf der Tagsordnung vorgesehenen Gesetzesvorschläge vor und erteilt anschließend jedem Bürger, der es wünscht, das Wort. Dieser begibt sich auf die Rednertribüne und wird mit einem Myrtenkranz bekrönt, der ihn unantastbar macht. Nachdem sich alle Redner geäußert haben, wählt die Versammlung durch Heben der Hand.

Bouleuterion auf der Agora von Priene in Kleinasien, Türkei. Auf den Steinreihen dieses Gebäudes, dessen Pfeiler auf eine Überdachung schließen lassen, versammelten sich die Ratsmitglieder. Während ihrer einjährigen Amtszeit waren sie vom Kriegsdienst befreit und hatten einen Ehrenplatz im Theater.

Verbannung – eine ständig drohende Gefahr

Die *ekklesia* besitzt sowohl gesetzgebende, beschließende als auch rechtsprechende Gewalt. Sie wählt Beamte, erklärt Krieg und unterzeichnet Friedensverträge. Sie wird aber auch einberufen, um beispielsweise einen Bürger durch das Scherbengericht, die *ostrakophoria*, zu verbannen. Jedes Jahr, in der sechsten *prytaneia*, entscheiden die Bürger anlässlich einer Wahl, ob auf der Agora unter Vorsitz der neun Archonten ein Scherbengericht einberufen werden soll. Jeder Teilnehmer schreibt hierfür den Namen dessen auf eine Tonscherbe bzw. ein Ostrakon, den er zu verbannen wünscht. Mindestens 6000 Stimmen sind nötig, damit das Urteil rechtskräftig ist. Das Scherbengericht, dessen Ziel es ursprünglich ist, Männer auszuschließen, die man der Verschwörung verdächtigt, wird in den Händen der Politiker zu einer gefährlichen Waffe, die sie rücksichtslos einsetzen, um ihre Gegner auszuschalten. Der Verurteilte verliert weder seine Bürgerrechte noch seinen Besitz, doch er muss zehn Jahre lang ins Exil gehen.

Wenn besonders bedeutende Themen behandelt wurden, konnten die angeregten Debatten von der Morgen- bis zur Abenddämmerung dauern. In weiser Voraussicht brachten die Athener zu den Sitzungen oft ihre Verpflegung für den Tag mit. (Ein Redner, attisch-rotfigurige Halsamphora, um 460/500 v. Chr.)

Der Rat der 500

Der Rat, die *boule*, ist die regierende Körperschaft einer demokratischen Polis. Er setzt sich aus 500 Bürgern zusammen, die älter als 30 Jahre sind und aus den ersten drei Zensusklassen der Phylen, nämlich den *pentakosiomedimoi*, den *hippeis* und den *zeugitai*, ausgelost werden. Der Rat tagt täglich, außer an Feiertagen, in einem Rathaus, dem *bouleuterion*, am Rande der Agora. Zu Jahresbeginn werden die Ratsmitglieder in zehn Kommissionen, die Prytanien, eingeteilt, von denen jede ein Zehntel des Jahres, d. h. 35 oder 36 Tage im Amt ist und den Vorsitz in den Volksversammlungen führt. Jede Prytanie setzt sich aus 50 Ratsmitgliedern einer Phyle zusammen. Ab Mitte des 5. Jh. v. Chr. erhalten diese Beamten auf Zeit für ihre Tätigkeit ein Tagegeld von einer Drachme bzw. sechs Obolen. Der Rat bereitet u. a. die Gesetzesentwürfe vor, die der *ekklesia* vorgelegt werden, er empfängt Botschafter, überwacht die Beamten und kontrolliert das Finanzwesen.

Der Demokrat Perikles bestimmte das politische Leben Athens von 460 bis zu seinem Tod 429 v. Chr. Er erließ zahlreiche Reformen, darunter die Begrenzung des Bürgerrechts auf die, deren Vater und Mutter Athener waren. (Marmorbüste des Perikles, um 430 v. Chr.)

Beamte

Alle Beamten von Athen verrichten ihren Dienst innerhalb eines Kollegiums und bekleiden ihre Funktion lediglich ein Jahr. Dieses System, durch das möglichst viele Bürger an der Regierung beteiligt werden sollen, erweist sich letztendlich als wenig vorteilhaft, denn der permanente Wechsel der Verantwortlichen macht eine beständige Politik unmöglich. Diejenigen Beamten, deren Funktion besondere Kenntnisse erfordert, wie die militärischen Befehlshaber bzw. Strategen und Schatzmeister, werden ihren Fähigkeiten entsprechend anlässlich einer außerordentlichen Versammlung gewählt. Alle anderen Beamten werden durch das „Bohnenlos" bestimmt. Hierbei werden in ein Gefäß die Tafeln mit den Namen der Kandidaten gelegt, in ein anderes gleich viele Bohnen von weißer und schwarzer Farbe. Die Anzahl der weißen Bohnen entspricht der Menge der zu wählenden Ratsmitglieder. Nun werden gleichzeitig ein Name und eine Bohne gezogen. Ist die Bohne weiß, so gilt der gezogene Kandidat als gewählt. Bevor dieser sein Amt antritt, muss er sich jedoch noch der *dokimasia* unterziehen, einer Prüfung, in deren Verlauf die Thesmotheten, die richterliche Gewalt ausüben, dessen Lebenswandel und Rechtschaffenheit überprüfen und sich davon überzeugen, dass er seinen Pflichten als Sohn nachkommt und die Götter ehrt. Nach Beendigung seiner Amtszeit muss er vor einer Kommission Rechenschaft ablegen, gegebenenfalls kann er sogar vor Gericht gestellt werden.

Archonten und Strategen

Zu den wichtigsten Beamten Athens gehören die neun Archonten und die zehn Strategen. Sie werden unter 500, in neun Phylen auserwählten Kandidaten durch das Los bestimmt – jedes Jahr wird eine Phyle vom Losentscheid ausgeschlossen. Die Archonten üben religiöse und richterliche Funktionen aus. Man unterscheidet den Archon Basileus, den Erben der ursprünglichen Königswürde, den Archon Eponymos, der dem Jahr seinen Namen gibt, den Archon Polemarchos, der für den Krieg und die Fremden verantwortlich ist, und die sechs Thesmotheten, die die richterliche Gewalt ausüben. Die zehn Strategen werden von der Volksversammlung gewählt und sind die einzigen Beamten, die wieder gewählt werden dürfen. Abgesehen von ihrer Funktion als militärische Oberbefehlshaber, greifen sie auch in alle innen- und außenpolitische Belange ein. Der berühmteste Stratege Athens, Perikles, hat diese Funktion von 444 bis 429 v. Chr. ausgeübt. Neben den eigentlichen Beamten muss man im politischen Leben Athens die Bedeutung der Redner und Demagogen hervorheben, die zwar nicht unbedingt eine offizielle Funktion bekleiden, aufgrund ihrer Berühmtheit und ihrer Redekunst aber eine nicht zu unterschätzende Rolle in den Volksversammlungen spielen und die öffentliche Meinung im Staat wesentlich beeinflussen. Im 4. Jh. v. Chr. hat jede politische Richtung ihre eigenen Redner. Der berühmteste unter ihnen, Demosthenes, war der eigentliche Führer der Außenpolitik Athens in der zweiten Hälfte des 4. Jh. v. Chr.

Mehr oder weniger freiwillige Geldgeber

Da nur die reichen Athener bedeutende Ämter bekleiden dürfen, müssen sie im Gegenzug einen Beitrag zu den Staatsausgaben leisten, indem sie eine *leiturgia*, eine öffentliche Dienstleistung übernehmen. Diese *leiturgiai* können „ordentlich", d. h. jährlich neu festgesetzt werden, oder „außerordentlich" sein. Man zählt in Athen an die 60 ordentliche *leiturgiai*. Die kostspieligsten sind die *choregia*, oder Finanzierung der Chöre der Dionysien, die *gymnasiarchia*, oder Organisation von Fackelläufen anlässlich religiöser Feste, und die *hestiasis*, die Finanzierung öffentlicher Bankette. Zu diesen ordentlichen *leiturgiai* kommen die außerordentlichen *leiturgiai* hinzu, wie die *trierarchia*, für die ein Kriegsschiff ausgerüstet und dessen Mannschaft unterhalten wird, sowie die *proeisphora*, bei der 300 wohlhabende Bürger dem Staat einen Teil direkter Steuern, oder die *eisphora*, vorstrecken müssen. Die Geldgeber werden von einem Beamten unter den reichsten Bürgern der Stadt ausgewählt. Sie weigern sich nur selten, diese finanzielle Bürde zu übernehmen, denn sie ermöglicht es ihnen, ein ihren Auslagen entsprechendes Prestige zu erlangen. Wenn ein Bürger sich einer *leiturgia* entziehen will, kann er einen anderen Bürger vorschlagen, den er für reicher als sich selbst hält. Im Falle einer Weigerung kann er Klage gegen ihn erheben, um den Austausch ihres Besitzes, *antidosis* genannt, zu fordern.

Die Demokratie krönt das Volk. Unter dieser Szene ist auf der Stele ein Erlass eingraviert, der jeden Versuch, die Tyrannei in Athen einzuführen, verurteilt. (Marmorstele von der Athener Agora, 336 v. Chr.)

Dekret zu Ehren des Eudemos

„Beschlossen hat das Volk; Lykurgos, Sohn des Lykophron, aus dem Demos Boutadai stellte den Antrag: Weil Eudemos [...] angekündigt hat, dass er für den Krieg 4000 Drachmen übergeben wird und nun geschenkt hat 1000 Ochsengespanne für die Errichtung des Stadions und des panathenäischen Theaters und diese insgesamt entrichtet hat vor den Panathenäen [...]; beschlossen hat das Volk zu Ehren Eudemos, Sohn des Philourgos aus Plataia, durch die Verleihung eines Kranzes aus Ölzweigen für seine Wohltaten gegenüber dem Volk der Athener, durch seine und seiner Nachkommen Aufnahme unter die Wohltäter des Volks der Athener, durch die Verleihung des Rechts auf Erwerb von Grund- und Hausbesitz, des Rechts mitzukämpfen an der Seite des Volks der Athener sowie durch das Recht, die *eisphora* zu zahlen. Diesen Beschluss soll der Schriftführer des Rats [...] auf der Akropolis aufstellen lassen."

Ehrendekret, Athen, 330/329 v. Chr., *Inscriptiones Graecae*[2], 351

Steuerrecht

Um den Unterhalt der Institutionen zu gewährleisten, erheben die Griechen indirekte Steuern oder appellieren an den guten Willen der Bürger. Doch die Ausgaben steigen stetig, weswegen Beschwerden über die Verschwendung im öffentlichen Haushalt laut werden.

Die Bewaffnung der Kriegsschiffe, die *trierarchia*, war eine finanzielle Last, die die reichsten Bürger zu tragen hatten. Die Stadt bezahlte den Rumpf des Schiffes, die Ausrüstung und die Mannschaft. Der *trierarchos* hatte das Schiff zu Wasser zu lassen, es ein Jahr lang zu unterhalten und zu reparieren. Ursprünglich übernahm er sogar das Kommando. Später begnügte er sich jedoch mit der Übernahme der Kosten. (Terrakotta-Modell, 4. Jh. v. Chr.)

Die Einkünfte Athens

Im 5. und 4. Jh. v. Chr. ist Athen ein mächtiger Staat mit zahlreichen ordentlichen und außerordentlichen Einkünften. Die Staatsgüter sind ertragreich, insbesondere die Pachtzinsen der Silberbergwerke von Laurion, die von Privatpersonen ausgebeutet werden. Auch indirekte Steuern, die auf den Handel und auf die Geschäfte erhoben werden, Zollgebühren und Straßenzölle werden jährlich neuen Auftragnehmern anvertraut. Dazu kommt noch das Schutzgeld, *metoikion*, das von den in Athen lebenden Metöken entrichtet wird. Der Staat erhält zudem seinen Anteil an den Geldstrafen, die bei Gesetzesverstößen erhoben werden, sowie am Erlös aus den Versteigerungen beschlagnahmter Güter. Die Haupteinnahmequelle Athens ist jedoch der Beitrag, den die Mitglieder des Attischen Seebundes entrichten: Der Bundesschatz wird zunächst in Delos aufbewahrt, bevor er 454 v. Chr. nach Athen gebracht und fortan von Athen verwaltet wird, das nach seinem Gutdünken aus der Kasse schöpft. Die Bundeskasse wird zu Beginn des 5. Jh. v. Chr. auf 460 Talente und im 4. Jh. v. Chr. auf 600 geschätzt. Zu diesen regelmäßigen Einkünften kommen die Anleihen, die der Staatsschatz entweder bei Privatpersonen oder bei den Verwaltern der Tempelschätze aufnimmt, die ihm das Geld zu einem niedrigen Zinssatz zur Verfügung stellen. Darüber ist nicht zu vergessen, dass einige speziell aufwendige Ausgaben, wie Theaterwettbewerbe oder Bewaffnung von Kriegsschiffen, von den reichsten Bürgern Athens, in Form von *leiturgiai* übernommen werden. Davon abgesehen gibt es aber noch weitere außerordentliche Einkünfte: die Beute aus Kriegszügen und die freiwilligen Beiträge der Bürger, denen man als Gegenleistung besondere Ehrenerweisungen verspricht. Schließlich erhebt die Staatskasse im Kriegsfall von den Bürgern noch die *eisphora*, die einzige bekannte direkte Steuer in Athen.

Betrügt der Staat das Volk?

Für gewöhnlich beschuldigt das niedere Volk von Athen den Staat, es an seinen beachtlichen Einkünften kaum teilhaben zu lassen. In den *Wespen*, einem Theaterstück von Aristophanes, zieht eine Figur Bilanz aus dem Staatshaushalt von Athen, um schließlich zu folgern, dass der Staat das Volk bestiehlt: „Sieh, rechne nur einmal so grob, an den Fingern nur – ohne die Steine: Wie viel an Tribut von den Städten im Jahr wohl summa summarum uns eingeht. Dann ferner die Zöll' und die Hafengebühr'n und die vielen Prozentchen und Sporteln, Bergwerke, dem Staate verfallenes Gut, Pachtzinsen und Marktgebühren. Das alles zusammengerechnet bringt uns ca. 2000 Talente. Nun nimm von der Summe den Jahresbedarf zur Besoldung der Richter: 6000 sind ihrer [...], nicht einer darüber: Das macht, soviel ich verstehe, für euch an die 150 Talente." Natürlich gibt es in Athen andere Ausgaben als die Vergütungen, die den Richtern, den *heliastai*, bezahlt werden. Da wären z. B. noch die Tagegelder: Nachdem Perikles die Entlohnung der öffentlichen Ämter, *misthophora*, eingeführt hat, beziehen auch alle Teilnehmer an den Versammlungen der *ekklesia*, der *boule* und der *heliaia*, dem Volksgericht, ein Tagegeld. Dazu kommt der Sold, der den Soldaten ausbezahlt wird, die Lohnzahlungen der Angestellten der öffentlichen Ämter und der Polizei, der skythischen Bogenschützen, die Pensionen der Invaliden und der Waisen, deren Vater im Krieg gefallen ist. Die Staatskasse hat ebenfalls die Kosten der religiösen Feste der Stadt, die Unterhaltung und den Bau von Heiligtümern sowie eventuelle Auszeichnungen zu übernehmen.

Kassen und Verwalter

Es gibt in Athen drei verschiedene Kassen: die des Volkes, die der Göttin Athena und die von Delphi nach Athen transferierte Bundeskasse. Die zehn unter den *pentakosiomedimnoi* auserwählten Schatzmeister des Parthenons verwalten die Schenkungen und Opfergaben, die die Gläubigen der Göttin Athena darbringen, und sie erhalten ein Sechzigstel aller in die Bundeskasse gezahlten Tribute. Im Gegenzug finanzieren sie die öffentlichen Bauarbeiten und leihen dem Staat Geld. Die Volkskasse wird von mehreren Kassen verwaltet, die jeweils einer Kommission von zehn Schatzmeistern unterstehen. Die Einnahmen des Staates werden von den *apodektai*, zehn in jeder Phyle durch Los bestimmten Finanzbeamten, unter diesen verschiedenen Kassen aufgeteilt. Die Schatzmeister der Kassen müssen jeden Monat vor der *ekklesia* Rechenschaft ablegen. Eine weitere Kontrolle wird durch ein unter den Ratsmitgliedern durch Los ermitteltes Kollegium durchgeführt, das die Buchführung der Beamten überprüft, wenn diese ihr Amt abgeben. Schließlich steht allen Kassen eine Art Verwalter für die Finanzen vor, der *epimeletes*, der auf vier Jahre gewählt wird.

Im unteren Teil der Stele ist der Bericht über die Ausgaben der zehn Schatzmeister der Athena für die Feierlichkeiten, insbesondere der Panathenäen, zu lesen. Im oberen Teil steht Athena vor einem Olivenbaum, einem Mann gegenüber, der das Volk Athens personifiziert. (Marmorstele aus Athen, 410/409 v. Chr.)

„Schaugeld" und *theorikon*

Im 4. Jh. v. Chr. wird in Athen eine Sonderkasse eingerichtet, das *theorikon*, eine Kasse für das „Schaugeld", aus der armen Bürgern ein Zuschuss für ihren Platz im Theater bezahlt wird. 354 v. Chr. bewirkt Eubulos ein Gesetz, dem zufolge die überschüssigen Einkünfte der Stadt in diese Kasse gezahlt werden müssen. Dazu wandelt er die ursprünglich dem Theater vorbehaltene Zulage in eine allgemeine Beihilfe für bedürftige Bürger um. Diese Umstrukturierung zieht die Ernennung von zehn, auf vier Jahre gewählte Beamte nach sich, denen die Verwaltung der inzwischen bedeutendsten Einnahmequelle des Staatsschatzes obliegt. Demosthenes, der sich wiederholt gegen diese „Theaterkasse" wendet, erreicht nur mit Mühe, dass ein Teil des *theorikons* für die Finanzierung des Krieges gegen Philipp von Makedonien bereitgestellt wird.

Rechtsprechung

Über Verbrechen und strafbare Handlungen urteilt in Athen ein Volksgericht, dessen Richter unter den Bürgern ausgelost werden. Die Urteile reichen von einer Geldbuße bis hin zur Beschlagnahmung der Güter und von der Aberkennung der Bürgerrechte bis zur Todesstrafe. Wird der für schuldig Befundene zum Tode verurteilt, dann muss der Verurteilte, wie Sokrates, eine Schale mit Gift trinken.

Ein Volksgericht

Das aus der *ekklesia* hervorgegangene Volksgericht der *heliaia* ist im 5. Jh. v. Chr. in Athen die wichtigste Instanz der Rechtsprechung. Die Richter der *heliaia* haben – mit Ausnahme von Tötungsdelikten – über alle öffentlichen oder privaten Angelegenheiten zu urteilen. Zu Beginn jedes Jahres wählen die Archonten unter den Bürgern 6000 Richter, die *heliastai*, aus. Sie müssen mindestens 30 Jahre alt sein und sich freiwillig für dieses Amt zur Verfügung stellen. Sobald sie bestimmt sind, legen sie folgenden Eid ab: „Ich werde abstimmen in Übereinstimmung mit den Gesetzen und Beschlüssen des Volkes der Athener und des Rates der 500. [...] Und ich werde anhören sowohl den Ankläger als auch den sich Verteidigenden, beide in gleicher Weise [...].“ Anschließend werden die neu ernannten Richter in zehn Sektionen zu je 500 Mitgliedern aufgeteilt, wobei 1000 Richter gleichsam nur als Reserve für den Bedarfsfall amtieren. Je nach Gewichtigkeit des anstehenden Prozesses werden eine oder mehrere Sektionen einberufen. Ab Mitte des 5. Jh. v. Chr. erhalten die *heliastai* ein Tagegeld, den *misthos heliastikos*, der jedoch Gegenstand scharfer Kritik seitens der konservativen Politiker ist. Sie sind der Ansicht, dass dieses Geld mittellose Athener dazu verführen könnte, sich als Richter registrieren zu lassen, nur um in den Genuss des *misthos* zu gelangen. Delikte, bei denen es um Beträge unter zehn Drachmen geht, werden den Demenrichtern vorgelegt, deren Klienten vor allem aus der Landbevölkerung stammen. Außerdem kann man vor einen, unter den über 60 Jahre alten Athenern ausgelosten Schlichter treten, der zwischen den Parteien zu vermitteln versucht; gelingt ihm dies nicht, wird der Fall vor die *heliaia* gebracht. Auch private, von beiden Parteien ausgesuchte Schlichter können einschreiten, deren Urteil ist unwiderruflich.

Die Richter fällten ihr Urteil, indem sie einen bronzenen Stimmstein in eine Urne legten. (Attisch-rotfigurige Schale, um 480 v. Chr.)

Stimmsteine. Wenn der in der Urne niedergelegte Stimmstein von einem hohlen Röhrchen durchbohrt war, dann stimmte der Richter für schuldig. War das Röhrchen voll, dann stimmte er für Freispruch. (5. Jh. v. Chr.)

Die Verurteilung von Verbrechern

Um Bluttaten zu richten, verfügen die Athener über zwei Institutionen. Die eine versammelt sich auf dem Hügel des Aeropags und setzt sich aus ehemaligen Archonten zusammen. Sie befassen sich mit Morden, Vergiftungen und Brandstiftungen. Diese aristokratische Einrichtung genießt hohes moralisches Ansehen. Die zweite besteht aus 51 ausgelosten Epheten, die je nach Art des Mordes an vier unterschiedlichen Orten tagen. Im Prytaneion befassen sie sich mit Morden, bei denen entweder der Täter unbekannt ist, oder die durch ein Tier oder einen Gegenstand verursacht wurden. In diesem Fall wird das für verantwortlich befundene Element – sei es nun ein Lebewesen oder nicht – aus Attika ausgewiesen. Im Palladion, beim Tempel von Zeus und Athena, laden die Epheten die einer fahrlässigen Tötung Beschuldigten vor sowie die für den Tod eines Sklaven oder eines Fremden Verantwortlichen. Am Delphinion, dem Apollontempel, richten sie Verbrecher, die eine Entschuldigung, z. B. Notwehr, vorbringen können. Im Allgemeinen werden diese Verbrechen verständnisvoll gerichtet und die Täter freigesprochen. Schließlich richten die Epheten in Phreattys, einem kleinen Ort an der Küste des Piräus, die von verbannten Bürgern verübten Verbrechen. Hierbei verteidigt sich der Angeklagte – der ja keinen Fuß auf attischen Boden setzen darf – von einem in der Nähe des Ufers verankerten Boot aus, während die Epheten am Ufer Gericht halten!

Ein Sykophant aus der Sicht des Demosthenes

„Er geht über die Agora wie eine Viper oder ein Skorpion mit aufgerichtetem Stachel [...], Ausschau haltend nach jemandem, dem er ein Missgeschick, eine Verleumdung oder ein Unrecht, gleich welcher Art anhängt oder den er durch Erpressung von Geld terrorisiert. In der Stadt kennt man ihn weder beim Barbier noch beim Parfumhändler [...]. Er ist unerbittlich, rastlos, unsozial; er kennt keine Güte, keine Freund(schaft)lichkeit, keines der Gefühle eines anständigen Menschen."

Demosthenes, *Gegen Aristogeiton*

Vor Gericht gehen

Die Athener unterscheiden die öffentliche Klage, die *graphe*, und die private Klage, die *dike*. Unter die *graphe* fällt jeder Gesetzesverstoß, der dem öffentlichen Interesse schadet oder sich gegen den Staat oder gegen eine Privatperson wendet. Unter den Anklagepunkten findet man Bestechung, Fahnenflucht, Diebstahl oder Mordversuch, schlechte Behandlung einer Frau oder eines Kindes. Die *graphe* und die *dike* beruhen immer auf einer privaten Anzeige. Eine *graphe* kann von jedem in den Registern Athens geführten Bürger angestrengt werden, während nur die Betroffenen selbst – oder bei Frauen und Minderjährigen ihr Vertreter – eine *dike* vorbringen können. In Athen gibt es keine Staatsanwaltschaft, die sich mit der Untersuchung von Verbrechen befasst, und selbst die schwerwiegendsten Vergehen werden nur verfolgt, wenn eine Klage vorliegt. So wird ein Mörder für seine Tat nicht zur Verantwortung gezogen, wenn die Familie des Opfers keine Klage erhebt. Diese Besonderheit des athenischen Rechts hat es skrupellosen Individuen, den Sykophanten oder „Feigen-Anzeigern", ermöglicht, von den Reichen Geld zu erpressen: Entweder drohen sie, wegen irgendetwas Anzeige zu erstatten, oder sie klagen die Betroffenen tatsächlich in der Hoffnung an, einen Teil des Vermögens der Angeklagten einzustreichen, wenn sie den Prozess gewinnen. Doch, wer einen Prozess anstrengt, geht damit auch ein Risiko ein. Erhält er bei der Abstimmung der Richter nämlich weniger als ein Fünftel der Stimmen, wird er bei einer *dike* verurteilt, seinem Gegner eine Entschädigung in Höhe eines Sechstels des Streitwertes und bei einer *graphe* 1000 Drachmen an den Staatsschatz zu zahlen.

Ermittlungen

Der von zwei Zeugen begleitete Kläger erstattet seine Anzeige im Beisein der Gegenpartei und vor einem befugten Beamten. Zunächst müssen beide Parteien die Prozesskosten begleichen, dann prüft der Beamte die Klage, um festzustellen, ob sie zulässig ist. Befindet er sie als gerechtfertigt, dann übergibt der Beschuldigte ihm ein Schriftstück mit seinen Gegenanträgen. Nun werden beide Parteien an einem festgesetzten Tag zu einem Ermittlungstermin vorgeladen, um alle nötigen Unterlagen zusammenzustellen. Der Kläger und der Beschuldigte bringen die Gesetzestexte mit, auf die sie ihre Beweisführung stützen wollen, sowie alle, die Streitsache betreffenden Unterlagen, wie Verträge, Registerauszüge, Buchungsunterlagen usw. Der Beamte nimmt auch die Zeugenaussagen auf. Wer der Vorladung fernbleibt, bekommt eine Strafe von 1000 Drachmen auferlegt. Wenn man die Aussage eines Sklaven benötigt, dann wird dieser einem Folterknecht anvertraut, da sein Zeugnis nur Beweiskraft hat, wenn es unter Qualen abgelegt wurde. Die Untersuchung erfordert von beiden Seiten sehr viel Aufmerksamkeit, denn während des Prozesses dürfen ausschließlich die bei der Ermittlung zusammengestellten Beweisstücke vorgelegt werden. Aus diesem Grund hält der Untersuchungsbeamte alle Beweisstücke, die ihm gebracht werden, in zwei versiegelten Urnen, den „Igeln“, unter Verschluss, die erst am Tag des Prozesses geöffnet werden.

In Athen gab es eine Polizei. Die Beamten, die die Verantwortung für sie trugen, nannte man „die Elfmänner“. Ihre Aufgabe war es, Diebe und Kriminelle festzunehmen. Gestanden sie, dann ließen „die Elfmänner“ sie sofort hinrichten. Andernfalls wurden sie dem Gericht vorgeführt. (Medeia tötet ihren Sohn, Detail von einer rotfigurigen Amphora aus Ruvo, Apulien, um 330 v. Chr.)

Der Gerichtstermin

Am festgesetzten Tag versammeln sich die *heliastai* auf der Agora. Um jede Möglichkeit der Bestechung von vornherein auszuschließen, werden die prozessführenden Richter erst im letzten Moment ausgelost. Je nach Schwere des Falls beruft man 201, 501, 1001 oder mehr Richter ein; die Zahl muss auf jeden Fall ungerade sein. Die Sitzung beginnt mit einem Opfer und Gebeten. Dann liest der Gerichtsschreiber die Anklageschrift und die Stellungnahme der Verteidigung vor. Anschließend ergreifen der Kläger und der Beklagte nacheinander das Wort. In Athen gibt es keine Verteidiger in unserem Sinne, der Angeklagte muss sich demzufolge selbst verteidigen. Manche Bürger sind allerdings nicht fähig, ihr Plädoyer selbst überzeugend vorzubringen. Sie können sich jedoch an einen *logographos* wenden, einen professionellen Juristen, der die Rede für sie schreibt, oder an einen *synegoros*, der mit dem Einverständnis der Richter anstelle der prozessführenden Partei das Wort ergreift. Die jeder Partei zustehende Redezeit wird mit einer Klepsydra, einer „Wasseruhr“, bei der durch Löcher im Gefäßboden in einer bestimmten Zeit eine bestimmte Menge Wasser oder Öl rinnt, streng bemessen. Während einer der Redner aus Unterlagen vorliest oder ein Zeuge auftritt, wird die Klepsydra gestoppt. Nach diesen beiden Vorträgen gibt es keine Beratung, man geht sofort zur Abstimmung über.

Schuldig oder unschuldig?

Jeder *heliastes* verfügt über zwei Stimmsteine, wobei es sich um kleine, von einem Röhrchen durchbohrte Bronzescheiben handelt. Das Röhrchen der einen Scheibe ist voll, das andere ist hohl. Zur Abstimmung werden auf der Tribüne zunächst zwei Urnen platziert, eine aus Bronze und eine aus Holz. Anschließend ruft ein Herold die *heliastai* zur Stimmabgabe auf, die nach Überprüfung ihrer Identität zu den Urnen schreiten. Die Richter, die den Angeklagten für schuldig befinden, legen ihren hohlen Stimmstein in die bronzene Urne, diejenigen, die ihn für unschuldig halten den vollen. Der andere und damit nicht gültige Stimmstein wird in die hölzerne Urne gelegt. Nun brauchen die Stimmen der bronzenen Urne nur noch ausgezählt zu werden – die durchbohrten für den Kläger, die vollen für den Beklagten, und um jeden Betrug auszuschließen, werden auch die Stimmen der hölzernen Urne ausgezählt. Im Falle einer Verurteilung müssen die *heliastai* nun in einer zweiten Wahl die zu verhängende Strafe bestimmen. Sie wählen entweder die vom Kläger oder die von der Verteidigung vorgeschlagene Strafe. Ihre Entscheidung ist definitiv und unwiderruflich.

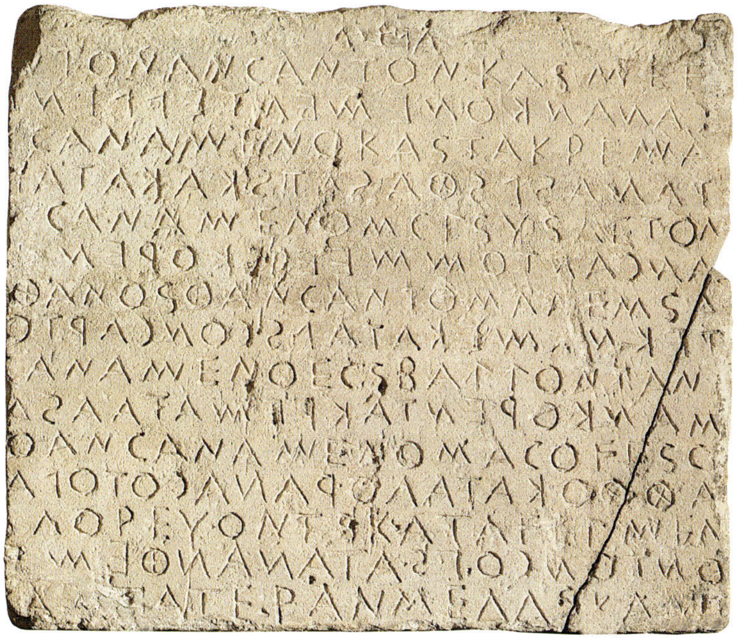

Detail der Gesetze von Gortyn auf Kreta, 5. Jh. v. Chr. Dieser Gesetzestext war an die Wand eines Gebäudes auf der Agora eingraviert, damit alle Bürger ihn lesen konnten. Es steht ausdrücklich geschrieben, dass Selbstjustiz untersagt ist.

Die Strafen – vom Bußgeld bis zum Schierlingsbecher

Bei einer *dike* zahlt der Verlierer des Prozesses eine Kaution und verpflichtet sich, der Gegenpartei die gesamte Summe innerhalb einer von den Richtern festgesetzten Frist zu entrichten. Kommt er dieser Pflicht nicht nach, setzt er sich einer neuen Strafverfolgung aus. Bei einer *graphe* fallen die Urteilssprüche dagegen sehr viel unterschiedlicher aus: Der Schuldige kann z. B. zu einem Bußgeld verurteilt werden oder sein Vermögen wird beschlagnahmt und öffentlich versteigert; der Gewinn geht in diesem Fall an die Staatskasse und zudem steht dem Kläger ein Teil des Erlöses zu. Dem Schuldigen können aber auch durch Atimie seine Bürgerrechte teilweise oder sogar vollständig abgesprochen werden, oder aber er wird von der Polis verbannt. Schließlich kann in besonders schweren Fällen auch die Todesstrafe verhängt werden, dann kommt der Verurteilte bis zur Vollstreckung der Strafe in Haft. Am festgesetzten Tag bringen die Helfer der „Elfmänner“ – dabei handelt es sich um Beamte, die mit der Polizei und der Vollstreckung der Todesurteile betraut sind – dem Todgeweihten den Schierlingsbecher. Dieser Trank, dem das Gift des Schierlings, eines hochgiftigen Pilzes, beigemischt ist, führt zu einem schnellen und schmerzlosen Tod.

Kultur und Freizeit

Xenophon erzählt über einen Abend bei dem Politiker Kallias im Jahr 421 v. Chr. Folgendes:

„Als schließlich die Tische abgetragen waren
und man den Göttern das Trankopfer
dargebracht und das Festlied gesungen hatte,
fand sich zum geselligen Teil des Abends
ein Mann aus Syrakus bei ihnen ein,
der eine gute Flötenspielerin und eine Tänzerin mitbrachte –
eine von denen, die Kunststücke aufführen können –
und außerdem einen überaus hübschen jungen Knaben,
der sehr schön Leier spielen und tanzen konnte.
Die ließ er gewöhnlich gegen bares Geld
als besondere Attraktionen auftreten.
Als ihnen das Mädchen auf der Flöte und der Knabe
auf der Leier vorgespielt hatten und beide allgemein
großes Entzücken hervorriefen, begann Sokrates:
‚Beim Zeus, Kallias, deine Bewirtung ist vollkommen!
Nicht nur, dass du uns ein schmackhaftes Essen
vorgesetzt hast, nein, du verschaffst uns auch noch
die köstlichsten Genüsse für Auge und Ohr?'
Darauf Kallias: ‚Wie wäre es, wenn uns jetzt noch
jemand Parfüm brächte, auf dass wir auch mit
Wohlgeruch bedient würden?'
‚Aber nicht doch!', entgegnete Sokrates."

Und nun beginnt eine philosophische Erörterung über Themen wie das Parfüm, die Erziehung der Frauen, die Lehren des Mutes, den Tanz und den Weingenuss.

Aus Xenophon, *Gastmahl*

Knöchelspiel-Spielerinnen.
(Terrakotta-Figurinen, um 340/330 v. Chr.)

Redekunst

In Griechenland werden alle öffentlichen Ereignisse von der Redekunst beherrscht. So legt man, wenn man Politik betreibt oder über die Welt philosophiert, besonderen Wert auf die Fähigkeit, alle möglichen zur Verfügung stehenden rhetorischen Künste einzusetzen.

Die Kraft der Sprache

Die Griechen sind seit jeher für die Sprache, den *logos*, begabt gewesen. Ihr Gefallen an Streitgesprächen und Wortgefechten ermuntert sie, alle Möglichkeiten der Sprache auszuschöpfen. Zudem begünstigt die antike Demokratie die Entfaltung der Redekunst, sei dies in der Politik oder vor Gericht. Die Bürger sind jederzeit bereit, einem Politiker ihr Vertrauen zu schenken, der seinen Standpunkt mit Worten durchzusetzen vermag. So überrascht es keineswegs, dass sich die Rhetorik gerade in diesem Land herausgebildet hat und deren Grundsätze hier bereits in der Schule gelehrt werden. Die Rhetorik ist eine komplizierte Technik, die es ermöglicht, jeden Standpunkt zu verteidigen, sei er gerechtfertigt oder nicht. Der Rhetor lehrt seine Schüler, eine Rede nach bestimmten Regeln aufzubauen und ihre Argumente auf überzeugende Weise vorzubringen. In seinem Unterricht lernen sie, jedes Thema zu behandeln: So muss ein guter Schüler einen Nachruf auf die im Kampf gefallenen Soldaten ebenso verfassen können wie eine parodistische Lobrede auf eine Maus oder einen Vogel. Sich in der Öffentlichkeit auszudrücken, erfordert gewisse körperliche Fähigkeiten, und die Zuhörer achten oft mehr auf die Art und Weise, wie eine Rede gehalten wird, als auf deren Inhalt. Demosthenes, der größte Redner der griechischen Antike, hatte in seiner Jugend eine schwache Stimme, eine verworrene Sprechweise und eine undeutliche Aussprache. Um diese Makel, die sich für seine politische Karriere als hinderlich erweisen würden, zu beheben, zwingt sich der junge Mann, im Laufen zu deklamieren, verbessert seine Aussprache, indem er vor dem Sprechen Steine in den Mund nimmt, und hält Reden vor einem Spiegel, um seine Gestik zu korrigieren.

Eine Auseinandersetzung unter Philosophen

Als Platon definierte:
„Ein Mensch ist ein zweifüßiges Tier,
das ungefiedert ist", und Billigung fand,
rupfte Diogenes einen Hahn, brachte ihn in die Schule
mit und sagte: „Das ist der Mensch des Platon!"
Nun setzte Platon dem Begriffe das Merkmal
„breitnagelig" hinzu.

Diogenes Laërtios, *Leben und Meinungen berühmter Philosophen*

Wer die Redekunst beherrscht, braucht sich um seine Zukunft keine Sorgen zu machen. Er kann *paidagogos*, Redner, oder auch *logographos*, Jurist, werden, der für einen in einen Prozess verwickelten Klienten die Reden schreibt. (Terrakotta-Figurine eines gealterten *paidagogos* mit einem Säckchen mit Knöcheln, 325/330 Jh. v. Chr.)

Von Philosophen und Philosophien

Redekunst und Weisheit sind in Griechenland eng miteinander verknüpft. Die Sophisten gründen ihre Berühmtheit auf die vollkommene Beherrschung der Sprache, die es ihnen ermöglicht, Überlegungen über die Argumentation und die Grundlagen der Moral anzustrengen. Sie halten brillante Konferenzen ab, bei denen man sie zu den verschiedensten Themen befragen kann und vermitteln ihr Wissen auch in teuren Privatschulen. Sie sind rednerische Virtuosen, denen man nachsagt, dass ihnen die Rechtmäßigkeit der Sache, die sie verteidigen, gleichgültig ist. Doch auch unter ihnen gibt es Männer mit ethischen Werten, wie Protagoras, der Freund des Perikles, Gorgias und Prodikos. Der Gewohnheit der Sophisten folgend, führen die großen griechischen Philosophen die Gespräche mit ihren Schülern gern in aller Öffentlichkeit. So versammelt Platon seine Schüler z. B. im Hain des Heros Akademos, dessen Name seiner Schule, der Akademie, ihre Bezeichnung eingebracht hat. Aristoteles unterrichtet in der Wandelhalle im Gymnasion des Lykeions, weshalb man seinen Schülern auch den Beinamen Peripatetiker gegeben hat, was so viel bedeutet wie „Schlendernde". Die Anhänger Zenons nehmen die Bezeichnung Stoiker an, da sie sich in der *stoa poikile* auf der Agora treffen. Folglich sind es die Griechen gewöhnt, auf öffentlichen Plätzen Philosophen oder Redner anzutreffen, die sie in Gespräche verwickeln und versuchen, sie von ihren Thesen zu überzeugen. Die Kyniker zeichnen sich durch diese Art Unterricht, dem sie absichtlich einen scharfen und provozierenden Ton geben, besonders aus. Sie erfinden eine volkstümliche Literaturgattung, die *diatribe*, eine Mischung aus moralphilosophischer Rede und herausfordernder Satire. Der berühmteste Kyniker, Diogenes, lebt betont ärmlich und vom Betteln in einer Tonne, die er zu seinem Wohnsitz erklärt und von der aus er die Passanten anfährt. Die Athener lieben ihr provozierendes Original und lassen einen jungen Mann, der die Tonne des Philosophen verbrannt hat, öffentlich auspeitschen.

Sokrates

Jeder Athener kennt Sokrates, diesen kleinen, hässlichen Greis, der nur mit einem schäbigen Mantel bekleidet den ganzen Tag barfuß durch die Straßen zieht und sich mit Humor und Wohlwollen mit jedem unterhält und Händler, Handwerker, Intellektuelle und Politiker zu ihrem Wissen und ihren Überzeugungen befragt. Durch ein ausgeklügeltes System von Fragen und Antworten versucht er, die Wahrheit zu erkennen und den Sinn von Tugend, Schönheit und Liebe herauszufinden. Dieser neugierige Philosoph, der keine einzige geschriebene Zeile hinterlassen hat, ist von den begabtesten jungen Leuten der Stadt umgeben. Doch sein Talent, „Geburtshelfer der Erkenntnis zu sein", bringt ihm auch viele Feinde ein, insbesondere bei den Honoratioren, deren intellektuelle Unzulänglichkeit er, anscheinend unabsichtlich, enthüllt. Erst zwei seiner brillantesten Schüler, Platon und Xenophon, werden die Lehren dieses außergewöhnlichen Philosophen, der seine unaufhörliche Suche nach der Wahrheit mit dem Leben bezahlt hat, Jahre später schriftlich niederlegen.

Ab 13 Jahren besuchen die jungen Athener, die eine politische Laufbahn einschlagen möchten, Rhetoren, bei denen sie die in der Politik so nützliche Kunst erlernen, Reden zu halten. Eine schwache Stimme oder eine schlechte Aussprache können einer Karriere hinderlich sein. (Detail eines rotfigurigen Gefäßes, um 400 v. Chr.)

Schrift

Die Rede nimmt zwar auch im klassischen Griechenland noch einen bedeutenden Platz ein, doch die Schrift gewinnt nun zunehmend an Bedeutung, denn die Demokratie kann nur bestehen, wenn den Bürgern der direkte Zugang zu den Dekreten und Gesetzen ermöglicht wird.

Die Herausbildung des Alphabetes

Zum Schreiben bedienen sich die Griechen eines Alphabetes, das direkt von der phönizischen Schrift, die keine Vokale kennt, abstammt. Zu den Konsonanten fügen sie Vokale hinzu, was eine bedeutende Neuerung darstellt. Sie erfinden hierfür keine neuen Buchstaben, sondern weisen den Konsonanten, für die sie keine Verwendung haben, einen neuen phonetischen Wert zu. So wird z. B. aus dem Konsonanten *aleph* des phönizischen Alphabetes der griechische Vokal *alpha*. – Doch diese Entwicklung vollzieht sich natürlich nicht von heute auf morgen. Im 6. Jh. v. Chr. besitzt die griechische Schrift noch nicht ihre endgültige Form. Das Alphabet zählt zu dieser Zeit noch 27 Buchstaben, deren Schreibweise sich von Stadt zu Stadt unterscheidet, und auch die Schreibrichtung wird erst später festgelegt. Es kann zunächst von links nach rechts und von rechts nach links geschrieben werden, so wie ein Ochse im Feld beim Pflügen hin- und herzieht. Dies ist der „Boustrophedon“, die „furchenwendige“ Schrift, von *bous* für Ochse und *strophein* für wenden. Doch 403 v. Chr. entscheiden die Athener, ihre Gesetzestexte fortan von links nach rechts zu schreiben. Die anderen Städte folgen diesem Beispiel schon bald, und im 4. Jh. v. Chr. sind die unterschiedlichen Schriften in einem Alphabet mit 24 Buchstaben von *alpha* bis *omega* vereinheitlicht. Die Gesamtheit der griechischen Buchstaben heißt zu jener Zeit *ta grammata*, die Bezeichnung *alphabetos* entsteht erst später aus den beiden ersten Buchstaben *alpha* und *beta*.

An die Schreibtafeln!

Zum Schreiben bedienen sich die Griechen verschiedener Unterlagen. Die gängigste besteht im 5. Jh. v. Chr. aus einer mit einer feinen Wachsschicht überzogenen Tafel aus hartem Holz, z. B. aus Buchsbaum. Diese mit Ringen verbundenen Schreibtafeln, meistens sind es zwei, werden auf den Knien platziert. Die Schüler schreiben die Buchstaben mit der Spitze eines Stiletts aus Knochen oder Metall nieder und „radieren“ sie bei Bedarf aus, indem sie das Wachs mit der flachen Seite des Stiletts glätten. Im 4. Jh. v. Chr. beginnt man auch in Griechenland auf Papyrus zu schreiben. Da er aus Ägypten eingeführt wird, ist er teuer und ausschließlich den Reichen vorbehalten. Auf dieses Material schreibt man mit einer Binsenspitze, die man in Tinte taucht. Um ein Buch, ein *biblion*, zu bilden, können die Papyrusblätter aneinander geklebt und um einen Stab gerollt werden. Ein *biblion* – eventuell besteht hier ein etymologischer Zusammenhang mit der griechischen Bezeichnung Byblos, der phönizischen Stadt Gubla, aus der der Papyrus importiert wurde – kann 3 bis 9 m lang sein. Auf die Schnelle notiert man etwas auf eine Tonscherbe, wogegen der Stein Inschriften mit offiziellem oder religiösem Charakter als Unterlage dient. Bevor man diesen beschriftet, müssen jedoch minutiöse Vorbereitungen getroffen werden: Entsprechend der zur Verfügung stehenden Fläche und Anzahl der zu platzierenden Wörter muss zunächst die Größe der Lettern bestimmt werden. Anschließend werden auf der steinernen Unterlage mit Kreide Linien gezogen, die die Höhe der Schriftzeichen festlegen, danach werden die Buchstaben mit Kohle vorgezeichnet. Erst jetzt kann der Graveur die Lettern mit einem Stichel und Holzhammer auf den Stein eingravieren.

Die wie hier mit geschwärztem Wachs überzogenen Holz- oder Elfenbeintafeln dienen hauptsächlich den Schülern, doch ebenso der Korrespondenz oder der Buchführung. (Terrakotta-Figurine eines Schreibers mit Stilett, um 520–480 v. Chr.)

Die Griechen kennen das Alphabet der Phönizier seit dem 9. Jh. v. Chr., doch sie benötigen mehrere Jahrhunderte, um es ihren eigenen Bedürfnissen anzupassen. Selbst wenn sie die meisten Buchstaben übernehmen, müssen sie einige, z. B. Phi oder Psi, dazuerfinden. (Trinkspruch auf einer Randschale, um 530/520 v. Chr.)

Die Bücher bestehen aus aneinander geklebten Papyrusrollen. Der in Spalten geschriebene Text umfasst 30 bis 35 Buchstaben pro Linie, diese sind in 50er Gruppen numeriert. Am Ende des Buches ist die Anzahl der Linien angegeben. (Lesende Muse, attisch-rotfigurige Lekythos, um 430 v. Chr.)

Schreibstile

In Griechenland unterscheidet man mehrere Schreibweisen. Die Großbuchstaben, die viele unserer Vokale wie A, E, I, O und Konsonanten wie B, H, K, M, N, P, T etc. beeinflusst haben, verwenden die Griechen hauptsächlich für Inschriften auf Stein. Diese Buchstaben sind nicht miteinander verbunden und die Wörter werden ohne Zwischenräume geschrieben. Daneben gibt es sowohl auf Wachstafeln als auch auf Papyrus die Kursivschrift mit Kleinbuchstaben, die sich aus den Lettern entwickelt haben. Diese Schrift verbindet die Buchstaben untereinander und vereinfacht deren Schriftzug. Doch für welche Form der Schrift man sich auch entscheiden mag, bei den Griechen steht die Schreibkunst in hohem Ansehen. Sie nennen sie *kalligraphia*, von *kallos* für Schönheit und *graphein* für schreiben.

Die Aufgabe der Schrift

Die Schrift findet in Griechenland in zahlreichen Bereichen Anwendung. Auf Stelen eingraviert, bezeichnen die Texte häufig Privatbesitz. Meistens dient die Schrift aber dazu, die Bürger über neue Dekrete und Gesetze in Kenntnis zu setzen. Um einen für die Demokratie als gefährlich eingeschätzten Politiker zu verbannen, wird er in Athen vor das Scherbengericht gestellt, bei dem sein Name auf Scherben, Ostraka, geschrieben wird. Händler, reiche ebenso wie bescheidene, schreiben ihre Buchführung auf Wachstafeln nieder, Verträge werden dagegen eher auf Papyrus festgehalten. Schließlich und vor allem ist die Schrift jedoch ein Mittel, um Wissen weiterzugeben, um medizinische Beobachtungen und mathematische Berechnungen, philosophische Überlegungen und historische Ereignisse und natürlich literarische Werke, Theaterstücke und Poesie niederzuschreiben. – Obwohl Bibliotheken noch äußerst selten sind, erlebt der Handel mit Papyrusrollen, mit anderen Worten mit Büchern, seit Ende des 5. Jh. v. Chr. großen Aufschwung. Dennoch überwiegt die mündliche Überlieferung auch weiterhin. Gelesen wird im Übrigen nur laut.

Malerei und Skulptur

Die Griechen lieben alles Schöne und umgeben sich gern mit Kunstwerken. Die Künstler sind nicht nur unentbehrlich, um den Göttern ihren Kult zu erweisen und die Städte prächtig zu gestalten, sie kreieren auch ästhetische Gegenstände für den Privatgebrauch.

Polyklet gehört mit Phidias zu den berühmtesten Bildhauern. Wir verdanken ihm zahlreiche Männerstatuen, wie diesen Diadumenos, der sich die Siegerbinde um den Kopf legt. Diese Statuen zeigen, wie perfekt die Griechen die Proportionen und die Anatomie beherrschen. (Römische Kopie eines Originals aus der Zeit um 420 v. Chr.)

Eine Welt der Bilder

Kunstwerke gehören zum Alltag der Griechen, denn die öffentlichen Plätze und Heiligtümer quellen förmlich über von Statuen, Skulpturen und bemalten Flächen. Die griechische Welt ist überaus farbenfroh, die Gebäude sind in leuchtenden Tönen bemalt und die Statuen erstrahlen vor Gold und Farbenpracht. Die Bildhauerei schöpft ihre Inspiration aus der Mythologie und stellt die Götter und Helden in ihren zahllosen Abenteuern dar. Die figürlichen Darstellungen spielen – von ihrem ästhetischen Wert abgesehen – auch eine erzieherische Rolle und halten die Erinnerung an die Mythen wach. Der Besucher, der den Giebel eines Tempels betrachtet, die monumentale Statue einer Gottheit oder ein kleines Gemälde in einem Heiligtum, kennt im Prinzip jede Episode der dargestellten Legende. Doch auch in ihrer Alltagswelt sind die Griechen von mehr oder weniger kunstvoll verzierten Gegenständen umgeben. Mythologische Darstellungen oder Alltagsszenen schmücken sogar Gefäße, in denen Getreidereserven und Flüssigkeiten aufbewahrt werden. Töpfer und Bronzeschmiede fertigen in ihren Werkstätten für ihre Privatkundschaft alle nur erdenklichen Gebrauchs- oder Schmuckobjekte an.

Die Malerwerkstatt

Ganz gleich, ob er seine Arbeiten auf Stein, Holz oder Leinwand ausführt, der Maler ist ein Handwerker, der für weltliche und religiöse Obrigkeiten wie auch für Privatpersonen arbeitet. Seinem Renommee entsprechend malt er allein in seiner Werkstatt oder führt ein paar Schüler in seine Kunst ein. Der griechische Maler verwendet vier Farben mineralischer oder pflanzlicher Herkunft: Weiß, Gelb, Rot und Schwarz, die die Lehrlinge zerstoßen und zu einer ganzen Palette von Farben vermischen. Der Künstler fertigt zunächst eine Skizze an, die er dann mit feinen, verschieden großen Rosshaarpinseln ausmalt. Malereien sind außerordentlich empfindliche Kunstwerke und sehr wenige haben die Jahrhunderte überdauert – heute zeugen praktisch nur noch die bemalten Vasen von der Kunstfertigkeit der griechischen Maler. In Athen arbeiten die Vasenmaler und Töpfer in einer Vorstadt, dem Kerameikos, dessen Name für die hier ausgeübte Tätigkeit bezeichnend ist. Bis zum Ende des 6. Jh. v. Chr. malt der Künstler schwarze Figuren auf roten Grund, doch dann setzt sich eine neue Technik durch. Bei dieser trägt der Maler, nachdem er das Gefäß mit einem schwarzen Überzug versehen, dabei jedoch die Figuren auf dem roten Untergrund ausgespart hat, die Details mit feinen schwarzen Linien auf. Diese Vasen sind wahre Kunstwerke, die der Künstler in vielen Fällen selbstbewusst mit seiner Signatur versieht.

Auf dieser Schale mit miniaturhaftem Dekor ist die Inschrift *Hermogenes epoiesen eme* (Hermogenes hat mich gemacht) zu lesen. Die Vasen werden meistens von den Töpfern signiert, die die Werkstätten üblicherweise leiten, und nicht von den Malern. (Attisch-schwarzfigurige Schale, um 540 v. Chr.)

Die Suche nach der Perfektion

Jede Generation griechischer Maler hat sich um die Verbesserung der Techniken bemüht. Der eine verleiht den Gesichtern einen tieferen Ausdruck, der andere studiert die Proportionen des in Bewegung befindlichen Körpers und der nächste gibt die Perspektive einer Landschaft wieder. Die schönsten jungen Leute der Stadt stehen ihnen Modell. So lässt Apollodoros für seine Schöne Helena junge Mädchen aus ganz Akragas Revue passieren und wählt fünf von ihnen aus. Auf seiner Leinwand hält er von jedem dieser Mädchen nur die schönsten Züge fest. Der Maler Apelles hat die Angewohnheit, sein fertiges Werk auf einem Balkon auszustellen, um hinter einem Vorhang verborgen die Bemerkungen der Passanten zu belauschen. Eines Tages, als ein vorübergehender Schuster bemerkt, dass Apelles bei einer Sandale ein Band vergessen hat, beeilt er sich, sein Gemälde zu korrigieren. Doch als der gleiche Schuster am folgenden Tag das Bein kritisiert, kommt Apelles aus seinem Versteck hervor und verjagt den selbst ernannten Kunstkritiker, indem er ihn anherrscht, dass ein Schuster über nichts zu urteilen hat, was sich oberhalb der Sandale befindet. Den griechischen Malern ist demnach viel daran gelegen, ihr Modell so originalgetreu wie möglich abzubilden. Von dem Maler Zeuxis wird erzählt, dass er so perfekt gemalte Weintrauben ausstellte, dass die Vögel sich dem Bild näherten, um an den Früchten zu picken. Man erzählt sich auch, dass sein Rivale Parrhasios ihm einen gemalten Vorhang vorhielt und dass Zeuxis ihn bat, den Vorhang zurückzuziehen, damit er das Bild dahinter sehen könne. Als er seinen Irrtum bemerkt, erkennt er seine Niederlage an: Er selbst hatte es geschafft, Vögel zu täuschen, doch Parrhasios war es sogar gelungen, ihn zu täuschen.

Die Bildhauer

Die Bildhauer bearbeiten alle nur erdenklichen Materialien: Stein, Marmor, Bronze und Elfenbein. Ihre Werke sind für die Tempel und öffentlichen Gebäude bestimmt, denn die monumentalen Kunstwerke sind von Religion und Staat kaum zu trennen. Phidias wird z. B. beauftragt, ein kolossales Kultbild für den Zeustempel in Olympia zu schaffen. Um eine Vorstellung davon zu haben, wie die Statue im Tempel wirken werde, lässt der Bildhauer eine Werkstatt mit genau den gleichen Maßen und der gleichen Ausrichtung bauen wie die Cella des Heiligtums. Phidias und seine Gehilfen erschaffen das Bildnis unter größtem Aufwand in der Werkstatt, bevor sie es an seinem endgültigen Standort aufstellen. Doch es gibt natürlich auch zahlreiche Handwerker, die für private Auftraggeber tätig sind. Die Reichen lieben es nämlich, ihren Wohnbereich mit Reproduktionen von Meisterwerken zu schmücken.

Das Theater

Theatervorstellungen dienen in Griechenland nicht nur der Zelebrierung des Dionysoskultes, sie bieten darüber hinaus Zerstreuung, an der alle teilhaben können. Im Theater finden sich die Bewohner einer Stadt zusammen, um Tragödien oder Komödien Beifall zu spenden.

Ein religiöses Spektakel

Das griechische Theater ist eine Form des Kultes, mit dem eine Stadt den Gott Dionysos ehrt. Sein Ursprung ist angeblich im Dithyrambos zu suchen, einem Gedicht, das von einem Chor vorgetragen wird, während dieser um einen Altar herumschreitet. Theatervorstellungen finden in Griechenland nur anlässlich religiöser Feste, der Großen und Kleinen Dionysien sowie der Lenäen, statt. In Athen liegt das Dionysostheater aus dem frühen 5. Jh. v. Chr. direkt neben dem Tempel des Dionysos Eleuthereus. Das ursprünglich aus Holz und später aus Stein errichtete Gebäude bietet über 20 000 Zuschauern Platz und dient allen anderen griechischen Theatern als Modell. In der Mitte der Bühne steht der Altar des Gottes. Da die Vorstellungen Ausdruck eines Kultaktes sind, steht ihnen der Dionysospriester vor, und alle Bewohner der Stadt, sowohl Männer als auch Frauen – Sklaven ausgenommen – haben ihrer Frömmigkeit durch ihre Anwesenheit im Theater Ausdruck zu verleihen. Damit selbst arme Bürger ihrer Pflicht nachkommen und ihren Platz bezahlen können, unterstützt sie der Staat mit dem *theorikon*, einer Sonderzulage in Höhe von zwei Obolen. Bei einer solchen Veranstaltung werden die besten Theaterstücke ausgezeichnet. Die Schiedsrichter bestimmen je einen Sieger für die Tragödie und einen für die Komödie. Üblicherweise weihen die auserkorenen Dichter den Dreifuß, den sie als Auszeichnung erhalten haben, dem Gott Dionysos.

Auf diesem Bühnenbildmodell ist die klassische Palastfassade mit ihren drei Toren zu erkennen, durch die die Akteure die Bühne betreten. Manche Theater sind sehr groß. So fanden in dem Polyklet zugeschriebenen Theater von Epidauros 14 000 Zuschauer auf ungefähr 55 Sitzreihen Platz. (Bemalte Terrakotta, 3. Jh. v. Chr.)

Derartige Masken wurden als Votiv- oder Grabbeigaben oder aber zur Dekoration im Haus gefertigt. Originale Masken sind nicht erhalten. Diese Nachbildung stammt aus römischer Zeit.

Ins Theater gehen

Drei Tage der Dionysien sind ausschließlich den Theaterdarbietungen vorbehalten, deren Kosten ein reicher Bürger der Stadt trägt. Jeden Tag präsentiert ein Autor eine Trilogie, d. h. ein Ensemble von drei Tragödien zum selben Thema, sowie ein satyrisches Drama, das ist eine Art burleske Tragödie, deren Chor aus Satyrn, den Gefährten des Gottes Dionysos, besteht. Den Abschluss des Tages bildet am späten Nachmittag eine Komödie. In Anbetracht der Länge einer solchen Veranstaltung – sie zieht sich über den ganzen Tag hin – bringen die Zuschauer Verpflegung und Kissen mit, um auf den harten Steinstufen bequemer zu sitzen. Gelegentlich lässt der Organisator der Veranstaltung auch Erfrischungen an das Publikum austeilen. Am Eingang erhält jeder Zuschauer eine Münze aus Bronze oder Keramik, das *symbolon*, mit seiner Sitznummer. Da das griechische Publikum äußerst undiszipliniert ist und fortwährend geschrien, gepfiffen und gestritten wird, versuchen Ordnungskräfte mit langen Stöcken die Zuschauer einigermaßen zur Räson zu bringen. Die durch Treppen getrennten Sitzreihen sind im Halbkreis um die Orchestra angeordnet, einem halbrunden Platz, auf dem sich die Handlung abspielt. Im griechischen Theater gibt es keinen Vorhang und das Bühnenbild stellt immer eine Palastfassade mit drei Türen dar, durch die die Schauspieler kommen und gehen. Damit die Zuschauer die Rolle einer Figur und deren Bedeutung im Stück verstehen können, geben sowohl die Dekore als auch die Kostüme unmissverständliche Interpretationshilfen. So hat beispielsweise jede der drei Türen der Bühnenfassade eine ganz bestimmte Funktion: die Hauptperson betritt die Orchestra durch die mittlere Tür, derjenige, der von der Agora (der Stadt) kommt, tritt durch die rechte Tür und derjenige, der vom Land kommt, betritt die Bühne durch die linke Tür. Ein paar Requisiten geben zusätzliche Hinweise auf den Ort der Handlung. Die „Götter“ werden häufig mithilfe von Maschinen effektvoll vom Himmel herabgelassen.

Die Vorstellung kann beginnen!

Die ausschließlich männlichen Schauspieler, die auch die Frauenrollen übernehmen, tragen Kothurne, das sind Stelzschuhe, die von dem langen Gewand verdeckt werden. Eine von einem *onkos*, einer hohen Perücke, überragte Maske verbirgt das Gesicht, und verschiedenfarbige Bänder auf den Kleidern kennzeichnen die Schauspieler als König, Königin, Diener oder Flüchtigen. Auch die Götter sind an ihren Attributen zu erkennen. Da die Kostüme sehr schwer sind, gewähren sie kaum Bewegungsfreiheit für eine ausdrucksstarke Gestik. In den Komödien tragen die Schauspieler Schnürstiefel anstatt der Kothurne, und um das Publikum zum Lachen zu bringen, sind Bauch und Brust der Darsteller grotesk ausgepolstert. Bei Tragödien und Komödien wechseln gesprochene und gesungene Szenen ab. In einer Tragödie gibt es drei bedeutende Rollen, wobei die Hauptperson fast durchgehend auf der Bühne steht. Der Chor, der sich bei einer Tragödie aus 15 und bei einer Komödie aus 24 Choreuten zusammensetzt, bewegt sich singend über die Orchestra. In den Komödien bringen die als Frösche, Wespen oder Vögel verkleideten Choreuten das Publikum zum Lachen. Ein überraschend anmutendes Grundelement der Komödie, die *parabasis*, erfreut sich großer Beliebtheit: Mitten im Stück wird die Handlung unterbrochen und einer der Choreuten wendet sich an das Publikum, um scharfe Kritik am politischen Geschehen und an den regierenden Persönlichkeiten der Stadt als Einlage zum Besten zu geben.

Szene einer Parodie des Mythos von Cheiron. Diener helfen dem Kentaur eine Treppe zu erklimmen. In der Komödie werden nicht nur Götter, sondern auch Sitten, Politik und sogar die Mächtigen verspottet. Diese Freiheit wird in der athenischen Demokratie geduldet. (Apulisch-rotfiguriger Krater, um 380 v. Chr.)

Musik, Gesang und Tanz

Laut Aristoteles „gehört die Musik zu den angenehmsten Dingen" im Leben. Sie nimmt neben Gesang, Poesie und Tanz bei den Griechen selbstverständlich einen bedeutenden Platz ein.

Die Musik ist in den Augen der Griechen sehr wichtig; bereits in der Schule erlernen die Kinder ein Instrument. Der Tanz gehört wegen seines göttlichen Ursprungs sogar zu den höchsten Künsten. Zum Klang des *aulos* übt die Tänzerin hier die Bewegungen der Choreografie. (Tanzschule, Detail einer attisch-rotfigurigen Vase, frühes 5. Jh. v. Chr.)

Ein Genuss für die Ohren

Von den an die 60 Musikinstrumenten, die den Griechen theoretisch zur Verfügung stehen, sind nur wenige wirklich verbreitet. Unter den Saiteninstrumenten ist das geläufigste zweifellos die Leier. Sie besteht aus dem mit einer rindsledernen Membran bespannten Panzer einer in den Bergen Griechenlands beheimateten Schildkröte. Komplizierter im Aufbau ist die Kithara. Sie wird deshalb vornehmlich von Berufsmusikern gespielt. Ihr hölzerner Körper ist größer als der der Leier und sie besitzt sieben oder acht aus Schafdärmen gedrehte Saiten, von denen jede zwei Töne hervorbringen kann. Um die Saiten anzuschlagen, benutzt man ein t- oder hakenförmiges Plektrum aus Knochen oder Metall. Der „Kitharode" spielt stehend und hält sein Instrument an einer Leder- oder Stoffschlaufe. Meistens spielt er lange, nach strengen Regeln in mehrere Abschnitte unterteilte Stücke. Bei den Blasinstrumenten ist die *syrinx*, die Panflöte, aus zwei miteinander verbundenen Schilfrohren, als Instrument der Schaf- und Ziegenhirten eher verpönt. Der *aulos*, die salonfähige Form der Oboe, besteht aus zwei geraden, ungefähr 70 cm langen Röhren mit zehn Grifflöchern. Durch eine etwas erweiterte Öffnung mit ein- oder zwei Rohrblättern bläst der Musiker in das eine oder andere Rohr. Die Laien begnügen sich mit Instrumenten aus Schilf, während die Berufsmusiker ihre *auloi* aus Holz, Hirsch- oder Eselsknochen oder Elfenbein fertigen lassen und dafür ein Vermögen bezahlen. Es gibt auch sehr spezielle *auloi*, wie den *embaterios aulos*, der bei Militärmärschen geblasen wird, oder den *gingras*, mit seinem klagenden und näselnden Ton, der u. a. bei Bestattungen gespielt wird. Bei religiösen Zeremonien, sportlichen Wettkämpfen oder wenn er die Armee bei ihrem Vormarsch begleitet, kann der *aulos*-Spieler, um länger blasen zu können, ohne die Gesichtsmuskulatur übermäßig anzustrengen und seinen Atem besser zu kontrollieren, eine Art Mundbinde aus Leder, die *phorbeia*, tragen. Sie bedeckt Lippen und Wangen und wird hinter dem Kopf gebunden. Um den Rhythmus anzugeben, stehen mehrere Schlaginstrumente zu Verfügung. Die *krotala*, aus zwei Muscheln, Holz- oder Metallteilen, sind mit unseren Kastagnetten vergleichbar. Zwei Kupferbecken, die man zusammenschlägt, bilden die *kymbala*. Außerdem gibt es noch die mit Tierhaut bespannten und rundherum mit kleinen Metallplättchen versehenen Tamburine sowie mit einem Griff ausgestattete Metallrasseln, die *seistra* oder Sistren.

Der Tanz

Nicht weniger als die Musik schätzen die Griechen den Tanz. Getanzt wird bei allen erdenklichen Gelegenheiten, bei Theatervorstellungen, religiösen Zeremonien, Erntefesten, Weinlesen, Familienfesten und Banketten. Manche Tänze zeichnen sich durch eine bedächtige und feierliche Schrittfolge aus, wie die *emmeleia*, ein heiliger Tanz, der von den Taten der Götter erzählt. Andere wiederum sind lebhaft, leicht und ausschweifend, wie die *sikinnis*, ein parodistischer Tanz des Satyrspieles, oder der *kordax* mit seiner grotesken, manchmal unanständigen Gestik, der bei Banketten von den Gästen erst ausgeführt wird, wenn diese betrunken sind. Daneben gibt es noch viele religiöse Tänze, wie den „dionysischen" Bacchus geweihten, bei dem *thyrsoi*, das sind mit Weinranken verzierte Stöcke, geschwungen werden, oder der *kallinikos*, der an den Sieg des Herakles über Kerberos, den Wächter der Unterwelt, erinnert. Außerdem ist Sparta sehr berühmt für seine Tänze, darunter den ruhigen *hormos* und die im Gegensatz dazu sehr akrobatische *bibasis*. Doch der wohl beeindruckendste Tanz ist die *pyrriche*. Dieser Tanz, der Platon zufolge „von den Bewegungen inspiriert ist, die man ausführt, um allen Angriffen aus der Nähe oder Ferne auszuweichen", ist ein Kriegstanz, den junge nackte Männer paarweise zum Flötenspiel tanzen und dabei rhythmisch auf ihre Schilde schlagen. In Sparta tanzen die Kinder die *pyrriche* bereits mit sieben Jahren! Bei den Pananthenäen wetteifern die Stadtstaaten in der Ausführung dieses Tanzes miteinander. Auch die Frauen können die *pyrriche* tanzen, wobei die Argiverinnen sich durch besondere Geschicklichkeit auszeichnen.

Gesang und Dichtung

Musik und Tanz sind ohne Gesang unvorstellbar. Offizielle Anlässe, Feste und alle bedeutenden Momente des Lebens sind eine willkommene Gelegenheit, ein Lied anzustimmen: einen *hymnos*, das ist ein Lobgesang für einen Gott, *skolia*, sog. Zickzacklieder, wenn die Gäste bei Banketten angeheitert sind, einen *dithyrambos* zu Ehren Dionysos', eine *epinikia* auf den Sieg der Athleten, einen *paian* zu Ehren Apollons oder auch einen *threnos*, eine Totenklage. Chöre erfreuen sich zweifellos größter Beliebtheit, doch es gibt auch Solosänger, wie die *aoidoi*, die von einem Ort zum anderen wandern und zum Klang ihrer Leier Heldensagen vortragen, denn zur Poesie gehört normalerweise Musik. Manche Sänger lassen sich von einem *aulos*-Spieler begleiten, andere ziehen es wiederum vor, die Kithara selbst zu zupfen. Daneben gibt es auch die *rhapsodoi*, Dichter, die jede Art von Begleitung während ihres Vortrages ablehnen. Sie können sich auf ein Repertoire festlegen, wie Ion aus Ephesos, der sich auf die Gedichte Homers beschränkt, während andere Hesiod oder Archilochos aus Paros, die „Klassiker", die zu jener Zeit in aller Munde sind, vorziehen. Neben diesen Interpreten berühmter Werke gibt es auch zahlreiche Verfasser von Prosodien, Elegien oder Parodien. Sie alle treffen sich regelmäßig in den Theatern der Städte, um sich bei Wettbewerben miteinander zu messen.

Der Tanz wird von Männern ebenso ausgeübt wie von Frauen. Gelegentlich können Frauen sogar Kriegstänze aufführen. (Schwertertanz, um 340 v. Chr.)

Spiele

Ob Kinder oder Erwachsene, die Griechen spielen gern mit Bällen, Würfeln, Jo-Jos oder verschiedene Brettspiele. Zudem verbringen sie auch gern ihre Zeit damit, Jongleuren zuzusehen oder Marionettentheater zu besuchen. Doch nur die Hahnenkämpfe bringen das Blut der Massen richtig in Wallung.

Sechs junge Athleten spielen ein Ballspiel mit Schlägern, dessen Regeln uns zwar unbekannt sind, das aber wohl unserem Rasenhockey ähnelt. (Relief einer Statuenbasis, Marmor, um 500 v. Chr.)

Sorgenlose Tage

Die kleinen Griechen verleben eine unbeschwerte Kindheit, denn es wird geraten, sie bis zum Alter von sechs Jahren frei von jeder Verpflichtung spielen zu lassen. Die Kleinsten vergnügen sich mit Rasseln, die ein gewisser Archytas von Tarent erfunden haben soll. Sobald die Knaben laufen können, gehören Wagen oder Pferd, die sie auf Rollen hinter sich her ziehen, zu ihrem Lieblingsspielzeug. Kleine Mädchen bekommen Puppen geschenkt, die sogar ihre Glieder bewegen können. Wenn die Kinder etwas älter sind, spielen sie mit Bällen, die sie an eine Mauer prellen oder sich beim „Geraubten Ball" gegenseitig zuwerfen. Doch auch Reifen, Kreisel und Jo-Jos aus zwei mit einem Stock verbundenen Holz- oder Metallscheiben, die man an einem Faden auf und ab bewegt, erfreuen sich großer Beliebtheit. Andere spielen dagegen lieber Himmel und Hölle, schaukeln oder üben das Stelzenlaufen. Außerdem spielen die Kinder auch Bockspringen und nehmen sich gegenseitig Huckepack. Doch eines der beliebtesten Spiele ist das *tropa*-Spiel, bei dem es – ähnlich wie bei unserem Murmelspiel – darum geht, Nüsse o. Ä. in ein Loch in der Erde, die Öffnung eines Gefäßes oder über eine bestimmte Linie zu werfen oder ein auf dem Boden gezeichnetes Dreieck zu treffen. Die Jugendlichen vertreiben sich die Zeit auch gern mit Gleichgewichtsspielen. So kann man Epheben beobachten, wie sie ein Gefäß auf dem erhobenen Fuß balancieren oder am *askoliasmos* teilnehmen, einem Wettkampf, bei dem man auf einem prall mit Wein gefüllten und eingeölten Schlauch die Balance halten muss.

Sein Spielzeug basteln

In den *Wolken* des Aristophanes, rühmt Strepsiades Sokrates gegenüber die Aufgewecktheit seines Sohnes, indem er dessen Spiele aufzählt:
„Als klitzekleines Bübchen hat
daheim er Häuschen schon gebaut,
Schiffchen geschnitzt,
aus Lederabfall Wäglein konstruiert,
aus Apfelschalen Frösche,
grad zum Staunen!"

Glücksspiele

Kinder und Jugendliche spielen gern das Knöchelspiel, bei den Erwachsenen sind Glücksspiele besonders beliebt. Glück oder Unglück drücken sich in den unvorhersehbaren Ergebnissen des Spieles „Gleich oder Ungleich" aus und bei „Kopf oder Zahl". „Gleich oder Ungleich" wird meistens mit den *astragaloi*, d. h. Wirbelknochen von Schafen oder Ziegen, Bohnen oder Bronzemünzen gespielt, während man für „Kopf oder Zahl" eine Muschel nimmt, die auf der einen Seite schwarz und auf der anderen weiß ist. Daneben gibt es auch Würfelspiele mit kleinen Tonwürfeln, *kyboi*, auf denen bestimmten Ziffern entsprechende Buchstaben zugeordnet sind oder die Namen der ersten sechs Ziffern stehen. Das verbreitetste dieser Spiele wird mit drei Würfeln gespielt: der „Aphroditewurf", eine dreifache Sechs, sichert den Sieg, während ein „Hundewurf", eine dreifache Eins, automatisch verliert. Die Griechen spielen zudem gern *petteia*, wobei es sich hier um den Sammelbegriff für alle Brettspiele mit einer unterschiedlichen Zahl von Spielfiguren handelt. Eines der bekanntesten dieser Spiele ist das *pente grammai*, oder das „Fünf-Linien-Spiel". Man spielt es zu zweit, jeder Spieler rückt dabei auf einem Raster seine Steinchen entsprechend der gewürfelten Zahl vor. Auch bei einer Art Gänsespiel um ein kreisförmiges Spielbrett mit Figuren und Würfeln kann man gegeneinander antreten.

Ein Denkspiel

Das beliebteste aller Brettspiele ist zweifellos das seit Urzeiten bekannte „Polis-Spiel“, dessen Ausgang nicht von den Würfeln abhängt, sondern bei dem Nachdenken gefragt ist. Es wird zu zweit auf einer Art Schachbrett gespielt, das im Prinzip aus mehreren Reihen besteht, in denen sich schwarze und weiße Felder abwechseln. Auf diesen Reihen versetzt man abwechselnd die Spielfiguren. Ziel ist es, alle Figuren des Gegners zugunfähig zu machen oder hinauszuwerfen. Zu Beginn stellt jeder Spieler auf den ihm gegenüberliegenden Feldern acht Figuren derselben Farbe auf. Er rückt sie nach einfachen Regeln vor, aus denen sich jedoch viele verschiedene Strategien ergeben. Das Prinzip dürfte darin bestanden haben, die Figuren des Gegners einer Längs- oder Querlinie entlang beidseitig zu umstellen, um sie ihm dann abzunehmen. Dieses Brettspiel ist weitläufig mit unserem Schach verwandt.

Hahnenkämpfe

Die Griechen umgeben sich gern mit Haustieren, wobei der Hund einen besonders wichtigen Platz einnimmt. Die Kinder ziehen Enten, Wachteln, Mäuse und sogar Heuschrecken auf. Daneben findet man auch gezähmte Wiesel und Katzen, die aber – da sie vermutlich aus Ägypten stammen – sehr selten und daher teuer sind. Man hetzt zudem gern an der Leine gehaltene Hunde und Katzen gegeneinander auf, nur zum Vergnügen, um zu beobachten, wie sie voreinander verharren. Echte Kämpfe werden meistens mit eigens hierfür gezüchteten Kampfhähnen veranstaltet. Um deren Aggressivität zu steigern füttert man sie mit Knoblauch und Zwiebeln, und damit die Kämpfe noch spektakulärer ausfallen und möglichst mit dem Tod eines der Gegner enden, werden an den Beinen der Hähne bronzene Sporen befestigt. Diese Kämpfe erfreuen sich größter Beliebtheit und heizen die Gemüter auf, denn die Griechen schließen zuweilen sehr hohe Wetten auf den Sieg ihres Favoriten ab.

Während die Männer mit Begeisterung Hahnenkämpfen beiwohnen, erfreuen sich die Damen an friedlicheren Spielen, wie dem Jonglieren. (Attisch-rotfigurige Schale, um 470/460 v. Chr.)

Sportliche Aktivitäten

Sport betreiben all jene, die regelmäßig die Palästren und Gymnasien besuchen. Die Disziplinen – z. B. Ringen, Faustkampf, Laufen, Speerwerfen oder Weitsprung – sind vielfältig und nehmen in der griechischen Kultur einen wichtigen Platz ein.

Die Handhabung des Speeres erfordert Geschicklichkeit und Kraft. Ursprünglich ist er jungen Männern vorbehalten, die ihren Kriegsdienst ableisteten. (6. Jh. v. Chr.)

Kampfsportarten

Bei den Kampfsportarten steht das Ringen unbestritten an erster Stelle. Man unterscheidet mehrere Stile, wie die *orthopale*, das „rechte" Ringen, das stehend ausgeführt wird, und bei dem der Gegner durch Griffe an Oberkörper, Hals und Handgelenken niedergezwungen werden muss, bis er mit den Schultern den Boden berührt. Das Greifen nach den Beinen ist bei der *orthopale* verboten. Beim freien Faustkampf werden die Hände mit Lederbändern umwickelt. Dieser Sport ist brutal und nicht selten fließt Blut, denn die Schläge richten sich vor allem auf das ungeschützte Gesicht. Erschwerend kommt hinzu, dass der Kampf erst als beendet erklärt wird, wenn sich einer der beiden Gegner durch Heben der Hände geschlagen gibt. Manche Sportler brauchen lange, bis sie ihre Niederlage eingestehen, so schildert ein Text: „Mit seiner linken Hand schlug Pollux Amyklos in den Mund, so dass seine Zähne krachten. Nun schlug er noch härter zu und richtete sein Gesicht so übel zu, dass seine Wangen in Fetzen hingen. Amyklos stürzte zu Boden [...] und erhob die Hände zum Zeichen der Aufgabe. Er war dem Tod nahe." Das *pankration*, eine Mischung aus Ringen und Faustkampf, findet auf einem umgegrabenen und mit Wasser begossenen Boden, also im Schlamm statt. Sein Name ist von *pan*, „alles", und von *kratos*, „Gewalt", abgeleitet. Hierbei ist praktisch alles erlaubt: Es ist nur verboten, die Augen auszuschlagen! Auch hier muss man als Zeichen der Aufgabe die Hand erheben. Da sich ein Spartaner nicht ergeben darf, sind Faustkampf und *pankration* in Sparta grundsätzlich verboten.

Wettläufe

Die Griechen veranstalten zudem Wettläufe. Sie unterscheiden Rennen über drei Entfernungen: Das geläufigste, das *stadion*, entspricht, wie sein Name besagt, der Länge eines Stadions, 600 Fuß, bzw. ungefähr 200 m. Die Läufer stellen sich an einer durch kurze Säulenstümpfe gekennzeichneten Schwelle auf und starten stehend. Am anderen Ende der Bahn müssen sie eine Markierung, das *terma*, erreichen. Die beiden anderen Entfernungen sind ein doppeltes *stadion* und ein vierfaches *stadion*, bei denen man um das *terma* herum- und zum Ausgangspunkt zurücklaufen muss. Auch Entfernungen von 12 oder 24 *stadien*, bzw. 2,4 oder 4,8 km werden gelaufen. Dieses Ausdauertraining erweist sich zuweilen als sehr nützlich, so soll ein Bote nach der Schlacht von Marathon, bei der die Griechen 490 v. Chr. den Persern gegenüberstehen, die 42 km bis nach Athen gelaufen sein, um den Sieg zu verkünden. Bei seiner Ankunft soll er jedoch vor Erschöpfung zusammengebrochen und gestorben sein. Die Wettläufe können auch nachts stattfinden, dann tragen die Läufer Fackeln. Schließlich praktizieren die Krieger den *hoplitodromos*, bei dem sie 400 m mit Helm und Schild zurücklegen. Bei dieser Sportart, die 520 v. Chr. olympische Disziplin wird, ist der kriegerische Nutzen unverkennbar.

Der Wettlauf wird fast immer nackt praktiziert. Die hier dargestellte Szene ist ein Fackellauf. Er ist eher ein Schauspiel als ein Sport und wird vornehmlich bei Feierlichkeiten veranstaltet, die sich bis in die Nacht hinziehen. (Attisch-rotfigurige Oinochoe, 4. Jh. v. Chr.)

Bei den Griechen wird der Diskus entweder mit der linken oder rechten Hand geschleudert. Dazu müssen die Muskeln der Arme und der Schultern trainiert werden. (Diskuswerfer, Detail einer panathenäischen Preisamphora, Ende 5. Jh. v. Chr.)

Freude am Ballspiel

Mit der *sphaira*, dem Ball, vertreibt man sich die Zeit und trägt gleichzeitig zum Wohlbefinden seines Körpers bei. Es gibt mehrere Mannschaftsspiele, bei denen Geschick, Schnelligkeit und Durchhaltevermögen gefordert sind. Das populärste ist der *episkyros*, das auf einem zweigeteilten, auf beiden Seiten mit Abgrenzungen markierten Feld gespielt wird. Die Spieler werfen sich den Ball zu und fangen ihn ab, wobei der Gegner über seine Grenzmarkierungen hinaus zurückgedrängt werden muss. Das *harpaston* ähnelt unserem Rugby. Mit „Angriffen und Seitensprüngen“ rempelt man sich mit einem Ball gegenseitig heftig an, dabei stürzt so mancher Spieler zu Boden und kann sich danach nicht mehr erheben. Ein drittes Spiel wird mit Stöcken gespielt, die wie Hockeyschläger am Ende gekrümmt sind. Hier muss der Ball mit den Stöcken vorwärts getrieben werden.

Die Götter des Stadions

In den Palästren werden auch noch andere Sportarten wie Weitsprung, Speer- und Diskuswerfen betrieben. Beim Weitsprung, im Prinzip aus dem Stand, verlangt die Regel, dass man im weichen Boden mit seinen Füßen einen deutlichen Abdruck hinterlässt, ansonsten ist der Sprung ungültig. Um weiter zu springen werden Übungssprünge mit Sprunggewichten, sog. *halteres*, durchgeführt. Das Speerwerfen dient u. a. auch als Übung für den Krieg und die Jagd. Hier geht es darum, einen auf den Boden aufgezeichneten Kreis zu treffen. Man wirft einen ca. 1,60 m langen, stumpfen, an seinem Ende beschwerten Holzspeer. Um dem Wurf mehr Kraft zu verleihen, „dreht“ der Sportler den Speer in einen Lederriemen „hinein“. Er hat darauf zu achten, dass Zeige- oder Mittelfinger in die Schlaufe greifen, während er den Speer abwirft; durch die Schleuderwirkung kann die Wurfweite verdoppelt werden. Beim Diskuswerfen beträgt das Gewicht der Bronzescheibe zwischen 1 und 4 kg. Damit der Diskus nicht rutscht, wird er vor dem Wurf mit Sand eingerieben. Die Aufschlagstelle des Diskus wird mit einem Pflock markiert. Die Wurfgeste ist ästhetisch, präzise und technisch ausgefeilt. Sie beruht auf einer Drehung der Hüfte und einer ausgewogenen Körperhaltung und zählt zu den Lieblingsthemen der Künstler, da sie den Körper hervorragend zur Geltung bringt.

Die Olympischen Spiele

In klassischer Zeit ziehen die agones, meist sportliche Wettkämpfe und Wettbewerbe, die Massen an. Sie sind immer Teil eines Kultes, der einem Gott erwiesen wird. Die berühmtesten sind die panhellenischen Spiele, von denen die prächtigsten in Olympia ausgetragen werden.

Das Training der Athleten beginnt in ihrer Polis und wird im letzten Monat in Olympia unter der Leitung der *hellanodikai*, die als Organisatoren und Richter der Spiele fungieren, fortgeführt. Seit Ende des 5. Jh. v. Chr. sind die Athleten echte Profis. (Athleten beim Training, attisch-rotfigurige Schale des Chelis, um 510 v. Chr.)

Heilige Wettkämpfe

Es gibt zwei Arten von Spielen, bei denen die sportlichen Wettkämpfe eine mehr oder minder vorherrschende Rolle einnehmen. Die einen sind auf einen Stadtstaat oder einen Staatenbund begrenzt, an den anderen, den panhellenischen Spielen, dürfen die Bürger der gesamten griechischen Welt teilnehmen. Im 5. Jh. v. Chr. werden an vier verschiedenen Orten panhellenische Spiele ausgetragen: die pythischen Spiele finden in Delphi statt, die isthmischen in Korinth, die nemeischen in Nemea und die olympischen in Olympia! Frauen sind von den Spielen zwar ausgeschlossen, haben jedoch ihre eigenen Wettkämpfe: die Heräen, die in Argos und Olympia zu Ehren Heras, der Gattin des Zeus, veranstaltet werden. Alle diese sportlichen Wettbewerbe sind Teil religiöser Feierlichkeiten und werden von prächtigen Prozessionen und Opfern begleitet. Der bekannteste aller Veranstaltungsorte ist Olympia, wo Zeus alle vier Jahre „zwischen der Ernte und der Weinlese", d. h. im Sommer, mit den gymnischen und hippischen Wettkämpfen geehrt wird. „Wie es keinen strahlenderen und glühenderen Stern am Himmel gibt als die Sonne, so gibt es keinen größeren sportlichen Wettstreit als die Olympischen Spiele […]." Die Verantwortung der Organisation liegt in den Händen einer Sonderkommission, die acht Monate vor Spielbeginn mit den Vorbereitungen und dem Vorsitz der Wettkämpfe betraut wird. Sie setzt sich aus zehn Beamten, den *hellanodikai*, zusammen. Sechs Monate vor Beginn des Festes entsenden sie Herolde in alle Stadtstaaten der griechischen Welt, um das Ereignis anzukündigen. Während der Olympischen Spiele wird nämlich eine heilige Waffenruhe ausgerufen, während der alle Konflikte eingestellt werden müssen. Obwohl diese Waffenruhe nicht immer eingehalten wird, strömen die Zuschauer, oder besser gesagt die Pilger in Massen nach Olympia. Sie lassen sich in improvisierten Unterkünften in der Nähe des Heiligtums nieder.

Die Wettkämpfe

Die Olympischen Spiele dauern seit dem 5. Jh. fünf Tage. Der erste Tag ist den Prozessionen, Opferdarbringungen und dem Eid der Athleten vorbehalten, die schwören, die Regeln zu beachten; so ist es vor allem strikt verboten, seinen Gegner beim Zweikampf zu töten. Die Ausscheidungskämpfe beginnen am folgenden Tag im Morgengrauen. Das Stadion bietet mehreren Tausend Zuschauern Platz. Der Komfort lässt jedoch zu wünschen übrig, denn es gibt keine ansteigenden Sitzreihen. Die Zuschauer müssen also stehen bleiben oder auf dem Boden sitzen. Die mit der Aufrechterhaltung der Ordnung beauftragten *alytai* achten darauf, dass jeder Botschafter der verschiedenen Stadtstaaten und bedeutende Persönlichkeiten ihren Ehrenplatz einnehmen können. Die *hellanodikai* nehmen als Kampfrichter auf einer eigenen Tribüne Platz. Nachdem ein Herold die Athleten aufgerufen hat, beginnen die Wettkämpfe, bei denen mehrere Tage lang Rennen mit vierspännigen Wagen und Pferderennen mit anderen Disziplinen, Kurz- und Langstreckenlauf, Ringen, Faustkampf, Pankration und Pentathlon, Fünfkampf mit Weitsprung, Diskus- und Speerwerfen, Laufen und Ringen abwechseln. Die Reihenfolge der Athleten wird durch das Los bestimmt, wobei immer zwei Sportler bis zum Finale gegeneinander antreten. Am sechsten und letzten Tag werden die Sieger geehrt.

Teilnahme nur für die Reichen

Frauen und Sklaven sind von der Teilnahme an den Spielen zwar ausgenommen, außer ihnen kann sich aber jeder Bürger bewerben, sofern er nicht irgendeines Verbrechens beschuldigt wird. Doch in der Praxis sind die Athleten eher Profis, die sich unter Anleitung eines Trainers, der sich sehr teuer bezahlen lässt, auf das Ereignis vorbereiten. Die Teilnahme an den Spielen ist also eine sehr kostspielige Angelegenheit, die sich nur die Reichen leisten können. Allerdings sind auch Ausnahmen bekannt, denn der Sieg kann sogar Geld einbringen. Der Preis im Pankration ist z. B. mit bis zu 3000 Drachmen dotiert. Das Hauptziel des Sportlers besteht jedoch darin, den Sieg zu Ehren seiner Familie und seiner Vaterstadt heimzubringen. Die Teilnehmer sind oft regelrechte Stars, wie die Faustkämpfer Diagoras von Rhodos und Glaukos aus Karystos oder Astylos aus Kroton, der im Laufen zwischen 488 und 476 v. Chr. den Sieg acht Mal davontrug. Neben den Spielen der Erwachsenen werden auch Wettkämpfe für die Jugend organisiert.

Die Auszeichnungen

Am sechsten Tag versammeln sich die Sieger im Zeustempel. Ein Herold ruft sie auf, verkündet ihre Leistungen und die *hellanodikai* krönen sie mit einem Olivenkranz. Bei ihrer Rückkehr in ihre Heimatstadt werden die siegreichen Athleten als Helden gefeiert. Seit dem 5. Jh. v. Chr. erhalten sie große Geldbeträge, sind von der Steuer befreit, haben auf Lebenszeit einen Ehrenplatz im Theater und die Stadt bestreitet fortan ihren Lebensunterhalt. Doch manche werden um die wohlverdiente Ehre gebracht. Der erste Fall von Korruption ist aus dem Jahr 388 v. Chr. bekannt: Ein Faustkämpfer soll seine Gegner gekauft haben! Als er sich jedoch weigert, sie zu bezahlen, wird er denunziert. Daraufhin verurteilen die Richter alle Beteiligten zu einer Geldstrafe mittels derer sechs Zeusstatuen errichtet werden. Auf dem Sockel der ersten ist zu lesen, dass man den Sieg „nicht mit Geld, sondern mit der Schnelligkeit der Beine und Körperkraft" erringen soll.

Der Sieg wird als göttliches Geschenk betrachtet. Wer in Olympia einen Sieg davonträgt, wird also von den Göttern geliebt. Herolde rufen die Namen der Sieger mit denen ihres Vaters und ihrer Polis aus, die sie bei ihrer Rückkehr mit Ehren überhäuft. (Siegerehrung, Amphora, um 400 v. Chr.)

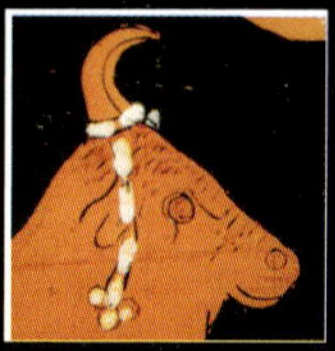

Religion und Volksglaube

Auf einer in Athen gefundenen Beschwörungstafel ist folgende Zauberformel zu lesen, mit der eine ganze Familie verhext werden soll:

„Hermes, du der Lähmende, und Persephone,
lähmt Myrrhina, die Frau des Agnotheos aus dem
Piräus, ihren Körper, ihre Seele, ihre Zunge,
ihre Füße, ihre Handlungen und ihren Willen,
bis dass sie verzehrt sei und zu Hades hinabfahre.
Hermes, du der Lähmende, und Persephone,
lähmt Parthenios und Apollonios, die Kinder
des Agnotheos, ihre Zunge, ihre Seele,
ihre Handlungen und Füße und ihren Willen.
Hermes, du der Lähmende, und Persephone,
lähmt Euxenos, den Diener Myrrhinas, seine Seele,
seinen Körper, seine Füße, seine Hände,
seine Handlungen und seinen Willen und seine
Zunge, bis dass er zu Hades hinabfahre.
Hermes, du der Lähmende, und Persephone,
lähmt Agnotheos, Myrrhina, Parthenios,
Apollonios und alle Diener des Agnotheos,
die heutigen Taten und die von früher, ihre Seelen,
ihre Zunge, ihren Willen und lässt sie nicht los,
bis dass sie zu Hades hinabfahren.“

Stieropferszene. Herakles opfert an Chryse.
(Detail eines attisch-rotfigurigen
Glockenkraters, Ende 5. Jh. v. Chr.)

Götter und Göttinnen

Die Griechen besitzen eine Vielzahl von Gottheiten und ihrer reichen Fantasie sind zahllose mythologische Legenden über diese Götter entsprungen. Es sind heldenhafte Wesen mit menschlicher Gestalt, die trotz ihrer übernatürlichen Fähigkeiten all die Gefühle der Sterblichen teilen, mit denen sie sich gern vereinigen.

Eine Vielzahl von Göttern

Jede Region, jede Stadt besitzt eigene Schutzgötter und es erweist sich oft als schwierig, die unterschiedlichen Überlieferungen miteinander in Einklang zu bringen. Nach Hesiod ist aus dem Urchaos Gaia, die Erde, aufgestiegen, die Uranos, den Sternenhimmel, gebar. Aus diesem Paar von Urgottheiten sind zwei Generationen monströser Wesen hervorgegangen, wie die Zyklopen und die Titanen, welche die gewaltigen Mächte der Natur symbolisieren. Die bekannten griechischen Götter tauchen erst in der dritten Generation auf, als Zeus mit seinen Verbündeten die Urgottheiten besiegt und dem Universum Zusammenhalt und Ordnung gibt. Neben Zeus, dem höchsten Gott und Gebieter über den Himmel, beherrschen seine Brüder, seine Schwestern und einige seiner Kinder, im Ganzen zwölf Götter, alle Bereiche des menschlichen Handelns. Zu ihnen gehören Demeter, die Göttin der Ernte, Poseidon, der Herr der Meere, Athena, die Schutzgöttin der Handwerker, Aphrodite, die Göttin der Liebe, Apollon mit verschiedenen Attributen und seine Schwester Artemis, die Jägerin, Hermes, der Schutzherr der Händler, und Dionysos, der Gott der Reben und des Weines. Aus der Verbindung dieser Götter mit Nymphen oder Sterblichen gehen weitere Götter hervor. Die griechischen Dichter haben sich bemüht, sie in Götterfamilien einzuordnen, doch die Verbreitung lokaler Gottheiten, als Götter verehrter Naturgewalten und mysteriöser Dämonen, macht jeden Harmonisierungsversuch zwischen der Vielfalt der Traditionen von vornherein zunichte, denn jeder Fluss, jede Quelle, jeder Berg birgt ein göttliches Wesen, dessen Gunst man zu erlangen sucht.

Apollon, der Gott des Lichtes, identifiziert sich mit der Sonne. Ihm werden u. a. die Schrift und die Künste, die Heilkunde, aber auch die Epidemien wie die Pest, die er den Griechen vor Troja sandte, zugeschrieben. Die beiden großen Heiligtümer Apollons sind Delos und insbesondere Delphi. (sog. Apollon von Piombino, Bronzestatue, Datierung umstritten: frühes 5. Jh. oder spätes 1. Jh. v. Chr.)

Die Hymne des Kallimachos an Apollon

„Niemand meistert so zahlreiche Fertigkeiten wie Phoibos.
Sorglich betreut er den Pfeilschützen, aber betreut
auch den Sänger – Phoibos versteht sich auf die
Kunst des Schießens wie jene des Singens –,
fördert die Zukunftsdeuter mit ihren Steinchen;
von Phoibos lernen die Ärzte,
dem Wüten des Todes Einhalt zu gebieten. [...]
Schüler des Phoibos sind auch die Menschen,
die Städte vermessen.
Phoibos empfindet an Städtegründungen immer Freude,
Grundsteine pflegt er persönlich an ihre Stelle zu legen."

Eine Welt voller Mythen

Keine Mythologie ist einfallsreicher als die der Griechen, um ihre Götter in Helden- oder Liebesabenteuer zu verwickeln. Als Protagonisten epischer Zyklen mischen sie sich in das irdische Leben der Menschen ein. Ihre Liebesabenteuer nähren zahlreiche Mythen, denn sowohl Götter als auch Göttinnen fühlen sich von den Sterblichen stark angezogen. Zeus höchstpersönlich zögert nicht, sich den Damen seiner Wahl, Europa, Leda oder Danae, als Stier, Schwan oder Goldregen zu nähern. Aus diesen Verbindungen gehen „Heroen" hervor, zugleich göttliche und menschliche Wesen, deren Taten wiederum für die Entstehung zahlreicher Legenden verantwortlich sind. Der populärste unter ihnen ist Herakles – den die Römer Herkules nennen werden –, der in seinen viel besungenen zwölf Heldentaten Abenteuer besteht und Ungeheuer und für die Menschen bedrohliche Wesen besiegt. Die Mythen ermöglichen es den Griechen zudem, komplexe Genealogien zu erstellen und eine Verbindung zwischen den Königsgeschlechtern der geschichtlichen Zeit und den Göttern herzustellen. Erzählungen von Metamorphosen erlauben es schließlich, in jeder Blume und in jedem Tier einen Mann oder eine Frau zu erkennen, die einst durch ein Missgeschick verwandelt wurden.

Die Heimat der aus dem Schaum des Meeres geborenen Aphrodite, Göttin der Schönheit und der Liebe, ist wahrscheinlich nicht Griechenland, denn sie wird besonders von den Seeleuten aus dem Orient und in Knidos und auf Kithira verehrt. (Aphrodite auf einem Schwan sitzend, Terrakotta-Relief, um 460/450 v. Chr.)

Vom Olymp in die Unterwelt

In klassischer Zeit stellen sich die Griechen ihre Götter in Menschengestalt vor, wobei jeder bestimmte, ihn kennzeichnende Attribute aufweist: Zeus und Dionysos tragen z. B. einen Bart und Apollon lange, glänzende Locken. Die Götter sind ewig jung und schön, denn sie ernähren sich von Nektar und Ambrosia, die ihnen vorbehalten sind und Unsterblichkeit verleihen. Die meisten Götter wohnen auf dem Olymp, dem höchsten Berg Griechenlands, dessen Gipfel fast immer in Wolken gehüllt ist. Ihre Hauptbeschäftigung besteht darin, sich in dieser für die Menschen unerreichbaren Region zu großen Banketten zusammenzufinden, bei denen sie gerne scherzen und in schallendes Gelächter ausbrechen. Die Götter empfinden nämlich menschliche Gefühle, wie Liebe, Hass, Wut und Mitleid, und sind abwechselnd kriegerisch und sentimental. So spielen sich auf dem Olymp zahlreiche Intrigen ab, die denen der Menschen in nichts nachstehen. Außer dem Olymp gibt es aber noch ein weiteres göttliches Gefilde, das sich jedoch unter der Erde befindet. Hier herrscht Hades, der Bruder des Zeus, über die düstere Welt der Toten.

Das Erscheinen der Menschen

In der griechischen Mythologie gibt es nicht einen „ersten Menschen", sondern eine Vielzahl von „ersten Menschen", die in verschiedenen Regionen Griechenlands aus der Erde sprießen, aus einem Fluss auftauchen oder von einem Handwerkergott aus Ton geformt werden. Eine damals verbreitete Legende betrifft die erste Frau, Pandora, die der Schmiedegott Hephaistos erschaffen und mit allen nur erdenklichen Gaben ausgestattet hat. Als Pandora, von Neugier getrieben, den Deckel eines Gefäßes öffnet, das alle Übel der Welt enthält, verteilen sich diese über die Erde. Seit diesem Tag kennen die Menschen das Leid, den Tod und die Notwendigkeit zu arbeiten.

Hephaistos, der hässliche Gott des Feuers, ist ein geschickter Handwerker, der unter dem Ätna Waffen, Geräte und Möbel für die Götter schmiedet. (Attisch-schwarzfigurige Amphora, spätes 6. Jh. v. Chr.)

Religiöse Pflichten

Die Griechen empfinden alles als göttlich und messen den religiösen Pflichten, die von der Ehrfurcht der Menschen vor den Unsterblichen zeugen, große Bedeutung bei. In ihren Augen besteht die Frömmigkeit nicht in geistiger Hingabe, sondern in der strengen Einhaltung der Riten.

Die Mysterien bestanden aus geheimen, nur den Eingeweihten zugänglichen Riten. Die Mysterien von Eleusis waren die berühmtesten des Altertums und huldigten Demeter, der Göttin des Weizens, und ihrer Tochter Persephone. (Attisch-rotfigurige Votiftafel, Terrakotta, 2. Hälfte 4. Jh. v. Chr.)

Familienkult

In Griechenland besitzt alles eine religiöse Bedeutung, so ist im öffentlichen wie auch im privaten Leben jeder Bereich vom Sakralen durchdrungen. Sowohl in der Familie als auch in der Öffentlichkeit ist jeder Grieche bemüht, sich die Gunst der Götter zu sichern. Der Kult wird vornehmlich im Kreise der Familie vollzogen und alle Familienmitglieder haben den Riten zu Ehren ihrer Schutzgötter beizuwohnen. Die Rituale werden von Generation zu Generation weitervererbt. Der Vater wacht als Priester des Familienkultes über die Ehrerbietung, er spricht die Gebete und bringt die Opfer dar. Am Familienkult dürfen allerdings nur die Mitglieder des *oikos* teilnehmen, alle anderen Personen sind hiervon ausgeschlossen. Aus diesem Grund gibt die Ankunft eines neuen Familienmitgliedes durch Geburt, Eheschließung oder Adoption immer Anlass zu einer feierlichen Aufnahmezeremonie. Im Zentrum des Hauses brennt fortwährend ein Feuer zu Ehren der Göttin Hestia. An diesem Herdfeuer nimmt die Familie auch ihre gemeinsamen Mahlzeiten ein.

Repräsentanten des Göttlichen

Der Priester wacht über die Einhaltung der Riten. Er gehört keiner Priesterkaste an und folgt auch keiner besonderen Berufung. Seine Funktion ähnelt eher der eines Beamten und er benötigt für die Ausübung seiner Tätigkeit keine speziellen Kenntnisse. Bei einer Zeremonie ist die Präsenz eines Priesters übrigens nicht einmal erforderlich, denn hohe Beamte und Generäle können auch ohne ihn Opfer darbringen. Der Priester dient immer einer bestimmten Gottheit. Er achtet auf die Unterhaltung ihres Tempels, verwaltet ihren Schatz und zelebriert die althergebrachten Riten. Die Kriterien, nach denen ein Priester ernannt wird, unterscheiden sich von einer Polis zur anderen – hier wird er ausgelost, dort gewählt und andernorts kauft er sein Amt. Manche alteingesessenen Familien besitzen das Monopol auf bestimmte Priesterämter. So kann der Oberpriester von Eleusis nur aus dem Geschlecht der Eumolpiden ausgewählt werden. Normalerweise bekleidet ein Priester sein Amt nur ein Jahr. Die Stadt zahlt ihm einen bescheidenen Lohn und er erhält einen Teil des Fleisches der Opfertiere.

Andersgläubige

Neben den offiziellen Kulten gibt es auch religiöse Bewegungen, die vornehmlich an die Mystik appellieren. Die berühmtesten sind die pythagoreische Lehre, die Orphik und die dionysischen Mysterien. Die im 6. Jh. v. Chr. von dem Philosophen Pythagoras begründete pythagoreische Lehre ist ein religiöser Orden, der einem Ordensoberhaupt untersteht. Das Leben in der Gemeinschaft unterliegt strikten Regeln und die zukünftigen Pythagoreer müssen sich einem mehrjährigen Noviziat unterziehen, währenddessen sie weder sprechen noch sich zu den Regeln der Sekte äußern dürfen. Die Mehrzahl der Pythagoreer verweigert jede Nahrung und Kleidung tierischer Herkunft und trägt ausschließlich weißes Leinen. Die den Pythagoreern nahe stehenden Orphiker berufen sich auf einen asketischen Mystizismus, der von dem legendären Orpheus begründet worden sein soll. Ziel der Orphiker ist es, die verlorene Einheit mit den Göttern wieder zu finden, indem sie ihre Seele von den Unreinheiten des Körpers befreien. Da auch sie keine tierische Nahrung zu sich nehmen und sich weigern an Tieropfern teilzunehmen, sondern sie sich von der städtischen Gemeinschaft ab. Sie suchen die absolute Reinheit, indem sie fasten und sich nur von Honig und Getreide ernähren. Obwohl Dionysos ein offiziell anerkannter Gott ist, hat auch er zu Mysterien angeregt, die der offizielle Kult als verwerflich ablehnt. Seine Anhänger feiern ausschweifende Feste, die „Orgien“, während derer sie sich in Trancezustände versetzen. Die halb nackten Bacchantinnen oder Mändaden schlagen auf Zimbeln und laufen wild schreiend durch die Wälder, dort zerstückeln sie ein Opfertier und verzehren das Fleisch roh!

Verurteilt wegen Gottlosigkeit

Um 399 v. Chr. klagen drei Athener Bürger den Philosophen Sokrates an, „die Jugend durch seine Lehren zu verderben, die Götter der Stadt nicht zu ehren und neue Götter eingeführt zu haben“. Doch gibt es keinerlei Hinweise darauf, dass der Philosoph tatsächlich die Absicht hatte, eine neue Religion einzuführen, und es ist bekannt, dass er sogar äußerst auf die Einhaltung der Rituale bedacht war. Der kritische Ton seiner Lehre konnte jedoch als Infragestellung der ehrwürdigsten Traditionen angesehen werden. Er wird schließlich der Gottlosigkeit angeklagt, doch anstatt sich zu verteidigen, greift Sokrates das Gericht an. – Schließlich erhält seine Verurteilung zum Tode sogar noch 80 Stimmen mehr als sein Schuldspruch. Mutig weigert er sich zu flüchten und trinkt am festgesetzten Tag im Kreise seiner Freunde den Becher mit dem Schierlingstrank. Seiner Frau, die klagt, ihren Mann ungerechterweise sterben zu sehen, antwortet er: „Zögest du es vor, mich gerechterweise sterben zu sehen?“

Demeter wird große Verehrung entgegengebracht, denn sie ist zugleich „Kornmutter“ und Göttin der weiblichen Fruchtbarkeit. Anlässlich der *thesmophoria* im Oktober werden ihr zu Ehren große Feste veranstaltet, an denen man vor allem Ziegen opfert. (Opferszene, Votivrelief, Marmor, um 350 v. Chr.)

Kultstätten

Die Städte wetteifern miteinander in dem Wunsch, den Göttern Wohnstätten zu errichten, die ihrer Würde angemessen sind und in denen sie gern unter den Menschen weilen. Dazu erbauen sie prächtige Heiligtümer, in denen die kolossalen Götterbildnisse thronen.

Heilige Stätten

Jeder Ort, an dem sich ein Gott zu erkennen gab oder ein Heros gestorben ist, kann zur heiligen Stätte werden. Um ihn zu kennzeichnen, wird auf dem Boden der heilige Bereich, das *temenos*, abgesteckt und umzäunt. Hier erhebt sich nicht unbedingt ein Tempel, doch einen Altar für die Darbringung der Opfer findet man grundsätzlich vor. Dieser kann aus einem einfachen Erdhügel bestehen, er ist aber in den meisten Fällen aus Stein erbaut, rund oder quadratisch, und die Seiten sind mit Girlanden oder figürlichen Skulpturen geschmückt. Die bescheidensten Altäre können aus Ziegenhörnern errichtet sein, wie beispielsweise der *keraton* auf Delos. In diesen heiligen Bezirken finden Feste statt und hier werden die von den Gläubigen gestifteten Weihegaben und Votivtafeln aufgestellt. In manchen heiligen Bezirken, wie auf der Akropolis in Athen oder dem Altis in Olympia, stehen Tempel für verschiedene Gottheiten. Es wird im Übrigen streng darauf geachtet, alles, was eine Beschmutzung darstellen könnte, vom Heiligtum fern zu halten. Daher ist es auf Delos z. B. verboten, geboren zu werden oder zu sterben! Vor dem Betreten des heiligen Ortes muss der Gläubige sich reinigen, indem er in den Wasserbecken die rituellen Waschungen vornimmt. Darüber hinaus zeichnet sich das Heiligtum durch das *asylie*-Recht aus, d. h., dass die, die in der Nähe des Altars Zuflucht suchen, vor Strafverfolgung geschützt sind.

In jedem Haus gießt das Familienoberhaupt, nachdem es sich die Hände mit Wasser (oft Meerwasser) gereinigt hat, je nachdem, welchen Gott er anbeten will, Wein, Honig, Milch oder Öl als Trankopfer auf den Altar und verbrennt Duftstoffe. (Detail einer attisch-rotfigurigen Pelike, um 480/470 v. Chr.)

Der Zeustempel in Olympia

Der 456 v. Chr., nach zehnjähriger Bauzeit unter der Leitung des Architekten Libon fertig gestellte Zeustempel in Olympia ist das größte Heiligtum, das bis zu dieser Zeit auf dem griechischen Kontinent erbaut wurde. Er misst 64 x 27 m und ist von einem Peristyl aus 13 Säulen auf beiden Längsseiten und sechs Säulen auf den Frontseiten umgeben. Man erreicht ihn über eine von Treppen gesäumte Rampe. Zwischen den mit weißem Marmorstuck verkleideten Steinsäulen prangen die von den Städten verehrten Bronzestatuen und Weihegeschenke. Das Tempelinnere ist hinter einer zweiflügeligen Bronzetür verborgen. Säulen teilen den Innenbereich in drei Schiffe auf und tragen Holzgalerien. Von diesen Galerien aus kann man das kolossale Kultbild näher betrachten, doch selbst diese Säulen reichen dem Bildnis nur bis zur Taille.

Die großen Tempel

Für die Ausübung der griechischen Religion ist ein Tempel nicht unbedingt erforderlich, denn er ist kein Ort des Kultes, sondern beherbergt lediglich die Gottesstatue. Das Volk hat keinen Zugang zu den Tempeln, die übrigens die meiste Zeit geschlossen sind. Viele werden nur einmal im Jahr, anlässlich eines Festes, geöffnet. Es gibt Tempel in allen Größen und manche sind wegen ihrer Ausmaße und Pracht in der gesamten griechischen Welt berühmt, wie die Tempel des Gottes Apollon in Delphi und auf Delos, der Zeustempel in Olympia oder der Tempel der Athena in Athen. Die ältesten Tempel ähneln stark den zeitgleichen Königspalästen. Ihre Fassade ist nur mit zwei Säulen ausgestattet, die den Eingang zum Naos, dem Allerheiligsten, in dem das Gottesbildnis steht, umrahmen. Seit dem frühen 6. Jh. v. Chr. sind die Tempel rechteckig und von einem einfachen oder doppelten Peristyl umgeben. Über den Säulen entrollt sich ein Fries, auf dem Felder mit drei vertikalen Schlitzen, die Triglyphen, mit plastischen Reliefs, den Metopen, abwechseln. Über dem Eingang des Naos wird auf einem großen, stets nach Osten ausgerichteten Giebelfeld, dem Tympanon, eine Geschichte aus dem Leben der Gottheit erzählt. Die Steine der Tempel sind nicht naturbelassen, sondern vielmehr in strahlenden Farben gehalten. So heben sich beispielsweise die bunten Skulpturen, die auf dem Tympanon des Parthenontempels in Athen die Geburt der Athena darstellen, auf leuchtend blauem Untergrund ab. Die ebenfalls polychromen Skulpturen auf den Metopen sind hingegen auf rotem Grund gearbeitet.

Kultbilder

Die Darstellung der Gottheit ist für die Griechen außerordentlich wichtig. Die ältesten Statuen, die *xoana*, sind aus grob behauenem Holz. Seit dem 7. Jh. v. Chr. zieht man es jedoch vor, die Gottesbildnisse aus Stein oder Marmor zu arbeiten. Den Göttern zu Ehren schafft man Statuen, die deren Schönheit verherrlichen oder ihrer Macht Ausdruck verleihen sollen. Jede Gottheit ist an ihren Attributen erkennbar: Zeus hält seinen Blitz, Poseidon den Dreispitz, Artemis wird mit Pfeil und Bogen wiedergegeben, Demeter mit Weizenähren und Athena mit der *aigis*, einem Schuppenpanzer, auf dessen Mitte das Haupt der Gorgo dargestellt ist. Mit derartigen Kunstwerken werden große Künstler beauftragt, wie beispielsweise Phidias, der im 5. Jh. v. Chr. die beiden berühmtesten Statuen des Altertums erschafft. Die eine steht im Parthenon und stellt die bewaffnete Athena dar, die in der rechten Hand eine goldene Nike hält. Sie ist über 12 m hoch! Das zweite Bildnis ist der kolossale Zeus in Olympia, dessen Füße, Oberkörper und Bauch aus Elfenbein angefertigt sind, während sein *himation*, das von einer Schulter herabhängt und die Beine verbirgt, ebenso wie Haare und Bart mit Edelsteinen besetzt sind. Der Gott sitzt auf einem Thron aus Ebenholz und Bronze. Dieses für das Zeusheiligtum in Olympia geschaffene Werk zählt zu den sieben Weltwundern.

Der sog. Poseidontempel in Paestum, einer griechischen Kolonie in Süditalien, ist eines der schönsten Zeugnisse des dorischen Baustils. Die reinen geometrischen Linien dieses rechteckigen Tempels schneiden sich in sorgfältig berechneten Winkeln. (um 450 v. Chr.)

Zeremonien

Anlässlich unzähliger Zeremonien erweisen die Griechen den Göttern ihre Ehrerbietung. Jeder Stadtstaat vollzieht seine eigenen Rituale, die von großen Opfern bis hin zu kollektiven Glaubensbezeugungen reichen.

Opferdarbringungen

Die Darbringung eines Opfers gehört zu jedem Fest und jeder religiösen Bekundung. Es ist eine Möglichkeit, einer Gottheit im Kreise der Familie oder der städtischen Gemeinschaft zu huldigen. Ein Opfer wird z. B. dargebracht, um einen Fehler wieder gutzumachen, eine Gunst zu erbitten oder einen Gott zu ehren. Man unterscheidet das unblutige Opfer, bei dem Kuchen, Früchte oder Gemüse verbrannt werden, und das blutige Opfer, bei dem ein Tier getötet wird. Als Tieropfer wird ein zum Verzehr geeignetes Haustier, ein Rind, Schaf, Schwein, eine Ziege oder ein Geflügel, ausgewählt. Die Wahl ist jedoch keineswegs dem Zufall überlassen, da jedem Gott eine bestimmte Tierart zugeordnet wird. Die Tiere müssen zudem entweder männlich oder weiblich, jung oder alt sein und eine bestimmte Farbe aufweisen; die weißen Opfertiere sind den Göttern des Himmels vorbehalten, während die schwarzen für die Götter der Unterwelt bestimmt sind. Zunächst wird das mit Girlanden und Bändern geschmückte Tier zum Altar geführt; manchmal werden die Hörner farbig bemalt oder gar vergoldet. Dann versammeln sich alle Beteiligten um den Altar: eine Frau, die Wasser zum Reinigen trägt, eine andere, die einen Korb mit drei Hörnern, gefüllt mit Gerstenkörnern – unter denen das Opfermesser verborgen ist – hält, der Opferpriester mit seinen Gehilfen und schließlich die Person, in deren Namen die Zeremonie zelebriert wird. In der Nähe des Altars stehen ein Tisch zum Zerlegen des Tieres und ein Kessel zum Kochen des Fleisches sowie Spieße zum Braten der Innereien. Nachdem der Priester das Tier geweiht hat, indem er auf seinem Kopf ein paar Haare abgeschnitten und sie zusammen mit den Gerstenkörnern aus dem Korb in die Flammen des brennenden Holzstoßes geworfen hat, nimmt er die Reinigungsriten vor. Nun schneidet ein weiß gekleideter Opferdiener die Kehle des Tieres durch. Wird es für einen Gott des Himmels dargebracht, dann wird die Kehle des Tieres nach oben gerichtet, und wenn es einer Gottheit der Unterwelt geweiht wird, dann ist sie nach unten gerichtet. Anschließend wird das Tier zerteilt, und einige Stücke werden auf dem Altar verbrannt, damit die duftenden Schwaden bis zu den Göttern aufsteigen. Nachdem der Priester seinen Anteil erhalten hat, werden die gebratenen Innereien und der gekochte Rest des Tieres unter den Anwesenden verteilt. Bei besonders feierlichen Anlässen wird eine *hekatombe*, sie entspricht 100 Rindern, geopfert!

Man bringt den Göttern auch Früchte, Gemüse oder Getränke dar, hier als Opfer für Apollon. (Detail eines attisch-rotfigurigen Glockenkraters, um 430 v. Chr.)

Eine Frau begibt sich zum Altar; sie trägt einen Korb mit Instrumenten für die Opferzeremonie. Ihr folgen ein Junge, der das Schaf führt, zwei Musiker, zwei Frauen mit Ölzweigen und Bändern sowie das Familienoberhaupt, der Vater. (Opferszene, korinthische Votivtafel, um 540 v. Chr.)

Prozessionen

Die *pompe*, oder Prozession, ist der festlichste Moment der großen Zeremonien, die die Städte zu Ehren eines Gottes veranstalten. Dabei begleitet das gesamte Volk die Tiere zum Opferaltar. Um seiner Freude Ausdruck zu verleihen, hat ein jeder sein festlichstes Gewand angelegt und trägt einen Kranz auf dem Kopf. Der Festzug zieht durch die mit Girlanden und Blumen geschmückten Straßen, während auf kleinen Altären Weihrauch brennt. Bei der berühmtesten aller Prozessionen Griechenlands, die alle vier Jahre in Athen anlässlich der Großen Panathenäen stattfindet, versammelt sich die gesamte Bevölkerung Attikas, um Athena zu huldigen. Am sechsten Tag des Festes führt die Prozession vom Kerameikos zur Akropolis, um der Göttin einen von jungen Athenerinnen gewebten und bestickten Schleier darzubringen. Auf einem Fries des Parthenontempels, der die Szene in idealisierter Form zeigt, sind die unterschiedlichen Bevölkerungsgruppen, die am Festzug teilnehmen, zu erkennen. An der Spitze schreiten die hohen Beamten, die Priester und die Opferpriester, die die Tiere zum Altar führen, gefolgt von den jungen Mädchen mit dem heiligen Schleier und Greisen, die Olivenzweige schwingen. Darauf folgen die Bürger mit ihren Familien und die Metöken, die als Zeichen ihrer nicht-athenischen Herkunft kleine Boote tragen, sowie die Delegationen der verbündeten Städte. Den Abschluss des Zuges bildet die Reiterei Athens.

Trankopfer und andere Gaben

Die Griechen bringen ihren Göttern zu den verschiedensten Gelegenheiten Trankopfer dar. Das geläufigste, die *sponde*, wird zu Beginn einer Mahlzeit vollzogen, bei Antritt oder Rückkehr von einer Reise oder bevor man in den Krieg zieht. Das Opfer wird zelebriert, indem man ein paar Tropfen mit Wasser verschnittenen Weines oder eine Mischung aus Wein, Milch und Honig auf den Boden gießt und dabei ein Gebet spricht. Der Rest der Flüssigkeit wird getrunken. Diese Trankopfer sind vergänglich, wogegen andere Opfergaben einen bleibenden Charakter haben. Es handelt sich um sehr unterschiedliche Geschenke für die Gottheiten: Beim Eintritt in das Mannesalter opfert ein Ephebe seine Haare, während eine junge Frau am Vortag ihrer Hochzeit ihre Spielsachen darbringt, es kann aber auch eine Tonfigur oder ein auf einer Tafel eingravierter Text sein. Die Stadtstaaten bringen ebenfalls Weihegeschenke dar: riesige Statuen, Dreifüße aus Gold sowie Bauwerke wie beispielsweise die „Schatzhäuser".

Das Heiligtum von Delphi

Für die Griechen ist es von größter Bedeutung, die Zukunft zu kennen, und die Mittel, um die von den Göttern entsandten Zeichen zu entschlüsseln, sind dementsprechend vielfältig: Weissagung in den Orakeln, Traumdeutung oder der *enthousiasmos*. In Griechenland fehlt es nicht an Orakelstätten und jede hat ihre Besonderheit. So legen die Priester des Zeus in Dodone in Epirus das Rauschen des Windes im Laub der Zeus geweihten heiligen Eiche aus. In Lebadia, in Boiotien gibt der „Held" Trophonios seine Orakel auf überraschende Weise preis: Der Fragende wird mit den Füßen voraus in eine Felsspalte gezwängt, wo ihn ein Strudel ansaugt. Die Visionen, die er in halb bewusstlosem Zustand durchlebt, werden von den Priestern bei seiner Rückkehr gedeutet. Doch die bedeutendste Orakelstätte ist das Heiligtum des Apollon in Delphi, das Gläubige aus der ganzen griechischen Welt anzieht. Das Heiligtum vereint, eng an eine Felswand geschmiegt und die Landschaft überragend, einen Tempel, Kapellen und Altäre. Entlang der heiligen Straße reihen sich die „Schatzhäuser" aneinander, kleine tempelähnliche Bauten, die die griechischen Städte dem Gott geweiht haben und die von deren Macht und Reichtum zeugen. Delphi ist ein berauschendes Kaleidoskop von Farben, Geräuschen und Gerüchen. Der ganze Ort lebt von diesem „religiösen Tourismus" mit seinen Herbergen für die Reisenden, seinen Handwerkern, die in den Straßen arbeiten; Graveure beschriften Stelen und Bildhauer stellen Statuetten her, Schmiede fertigen Opfermesser an, Händler verkaufen religiöse Andenken, die die Pilger als Souvenirs mit nach Hause nehmen. In einem unbeschreiblichen Durcheinander drängen sich die Pilger auf der heiligen Straße, halb taub von den Rufen der fliegenden Händler, die Getränke und Essen anpreisen, getreten von den zur Opferstätte geführten Tieren und trunken vom Duft des Weihrauches und der Blumengirlanden. Im heiligen Bereich selbst ist die Luft vom Geruch des verbrannten Fleisches der Opfertiere erfüllt, und die Weihegeschenke aus Bronze, Silber oder sogar aus Gold glänzen in der Sonne.

Auf diesem Grabgefäß ist einer der regelmäßigen Besuche der Frauen am Grab des Verstorbenen dargestellt. Sie kommen, um Trankopfer oder andere Gaben, wie Blumenkränze, Schatullen, Körbe etc., niederzulegen, damit das Wohlbefinden des Toten im Jenseits gesichert ist. (Weißgrundige Lekythos, um 440 v. Chr.)

Die Reinigung vor Ausübung der Kulthandlung ist von größter Bedeutung. Meistens beschränkt sie sich auf das Händewaschen vor den Trankopfern, doch für bedeutendere Zeremonien muss man sich den Kopf oder andere Körperteile waschen. (Detail einer attisch-rotfigurigen Vase, 4. Jh. v. Chr.)

Die Pythia befragen

Die Pilger kommen hauptsächlich nach Delphi, um die Pythia zu befragen, die Sprecherin des Gottes Apollon. Diese weissagende „Priesterin" gehört vermutlich nicht zur Priesterschaft des Tempels, sondern ist eine ältere Frau ohne besondere Fähigkeiten. In der Blütezeit Delphis gibt es drei *Pythiai*: zwei, die ihre Tätigkeit ausüben, und eine Vertreterin, die sich für den Notfall bereithält. Die Gläubigen können die Prophetin nur an neun Tagen im Jahr befragen. Alle Ratsuchenden müssen der Priesterschaft eine Abgabe entrichten, die jedoch sehr unterschiedlich ausfallen kann. So ist dieser Betrag für die Stadtstaaten z. B. elfmal höher als für Privatpersonen. Nachdem sie sich in der Kastalia-Quelle gereinigt haben, versammeln sich die Pilger um die Apollonpriester, die überprüfen müssen, ob der Gott geneigt ist, befragt zu werden. Hierfür besprengt man eine Ziege mit kaltem Wasser: zuckt sie zusammen, ist Apollon anwesend, zeigt sie dagegen keine Regung, muss ein günstigerer Tag abgewartet werden. Die Ziege wird im Anschluss daran auf jeden Fall geopfert. Daraufhin begeben sich die Pilger, begleitet von den Priestern und der Pythia, zum Tempel und in die unterhalb des Heiligtums gelegene Krypta, in der sich das Orakel, das *manteion*, befindet. Die Reihenfolge der Befragenden wird ausgelost, doch manche genießen Vorrang, da sie dem Tempel irgendwelche Dienste erwiesen haben. Da Frauen keinen Zutritt zum *manteion* haben, lassen sie sich durch Mittelsmänner vertreten. Die Pythia sitzt vor den Blicken der Gläubigen verborgen im *adyton*, dem Allerheiligsten, auf einem Dreifuß. Sie kaut Lorbeerblätter und trinkt Wasser aus der Kastalia-Quelle. Schon nach kurzer Zeit verfällt sie in Trance und stößt zusammenhanglose Worte hervor. Nach dieser Zeremonie begeben sich die Ratsuchenden in einen Raum, in dem die Priester die Antwort des Gottes in Versen abfassen. Ein Protokoll wird in den Archiven des Heiligtums aufbewahrt, die Abschrift erhält der Pilger.

Zweideutige Orakelsprüche

Da die Orakelsprüche der Pythia – selbst von den Priestern verfasst – Rätsel aufgeben, muss man sich an Deuter wenden und geht dennoch das Risiko einer Falschauslegung ein, denn es gibt immer zwei Möglichkeiten, das Orakel auszulegen. Davon zeugt das Missgeschick, das Kroisos, dem König von Lydien, widerfuhr. Bevor er sich in den Krieg gegen die Perser wirft, lässt er seine Botschafter die Pythia befragen, die wie folgt antwortet: „Wenn Kroisos den Krieg erklärt, wird ein großes Reich zerstört werden!" Auf seine militärische Macht vertrauend, ist Kroisos überzeugt, dass er als Sieger aus dem Konflikt hervorgehen wird. Doch es ist seine Hauptstadt, die eingenommen und geplündert wird. Die Orakelsprüche der Pythia werden aber auch nicht immer kritiklos hingenommen – man verdächtigt sie der Parteilichkeit. Während der Perserkriege beschuldigt man sie, die Perser durch ihre Orakelsprüche zu begünstigen, und während der Konflikte auf dem Peloponnes, Partei für die Spartaner zu ergreifen. Um sicherzugehen, konsultieren die Griechen zusätzlich andere Orakel, z. B. in Lebadeia oder in Dodona.

Das Gebet

Alle Kulthandlungen, Opfer oder Libationen, werden von einem Gebet begleitet. Während der Zeremonien wiederholt man seit Jahrhunderten festgelegte liturgische Formeln, bei denen weder der Wortlaut noch der Rhythmus abgeändert werden darf. In den meisten Fällen ist das Gebet jedoch spontan und entspricht dem jeweiligen Anliegen des Betenden. Der Gläubige betet stehend, barhäuptig, beide Hände gen Himmel erhoben. Er spricht sein Gebet laut und beginnt mit einer Anrufung des Gottes, dessen Gunst er erbitten möchte. Manche Gebete ähneln gesungenen Hymnen, wie z. B. der Paian, der von den Soldaten vor Beginn einer Schlacht angestimmt wird. Auch die Hymnen, die von Kinderchören, Jungen und Mädchen, bei offiziellen Anlässen vorgetragen werden, sind eine Art Gebet.

Kultische Feste

Zu großen Volksfesten strömen die Menschen aus ganz Griechenland zusammen, um gemeinsam kultische Handlungen zu vollziehen, die auf uralte bäuerliche Rituale zurückgehen. Daneben existieren mystische Rituale, die einem kleinen Kreis von Eingeweihten vorbehalten sind.

Der Kultkalender

Jeder griechische Stadtstaat besitzt seinen eigenen Kultkalender, der von den Festen bestimmt wird, die die Bewohner zu beachten haben. Die Athener verfügen z. B. über drei Kalender, doch nur ein einziger, von einem Archonten kontrollierter, setzt die Tage der religiösen Feierlichkeiten fest. Allein dieser hohe Beamte ist berechtigt, im Laufe des Jahres, einem Monat Tage hinzuzufügen oder Tage zu streichen, wodurch der Festtag, sollte es sich als nötig erweisen, verzögert oder vorverlegt werden kann, ohne dass hierfür das offizielle Datum geändert werden müsste. In Athen sind den Zeremonien zu Ehren bedeutender Gottheiten jeden Monat sieben Tage vorbehalten. Die Toten und die Götter der Unterwelt werden insbesondere an den drei letzten Tagen eines Monates geehrt. Daneben gibt es auch jährliche Feste, wobei meist das bedeutendste Fest dem Monat, in dem es gefeiert wird, seinen Namen gibt. So wird beispielsweise das wichtigste Fest des Monats *anthesterion*, der unserem Februar entspricht, *anthesteria* genannt. Schließlich gibt es Feierlichkeiten, die nur alle vier Jahre begangen werden. Im Ganzen zählt der athenische Kalender über 120 Festtage pro Jahr, an denen nicht gearbeitet wird.

Private und öffentliche Feste

Zu den Festen, die zu Ehren der Götter veranstaltet werden, gehören prinzipiell ein Opfer und eine Prozession. In den Familien sind Hochzeit oder Geburt eines Kindes Anlass für eine religiöse Zeremonie, die mit einem großen Festessen endet. Während der *apaturia* im Oktober werden die im Jahr geborenen Kinder der jeweiligen Phratrie vorgestellt. Die Bewohner der Demen ehren ihren Schutzpatron mit besonderen Zeremonien. Zu diesen Feierlichkeiten sind nur die Mitglieder einer bestimmten gesellschaftlichen Gruppe zugelassen. Daneben feiern auch die Bewohner eines Stadtstaates oder mehrerer Stadtstaaten manche Feste gemeinsam. Schließlich treffen sich die Griechen des ganzen Mittelmeerraumes, um zusammen einer Gottheit zu huldigen. Der athenische Kalender beweist, dass viele dieser Veranstaltungen in uralten bäuerlichen Riten wurzeln. Die Dionysos geweihten *anthesteria* im Februar feiern die vollständige Gärung des Frühlingsweines. Im Herbst ehrt man Demeter anlässlich der *thalysia*, eines Erntedankfestes. Zum Fest der Früchte im Oktober, den *pyanopsia*, werden Apollon mit Früchten behangene Zweige dargebracht. Die der Aussaat geweihten *thesmophoria* im Oktober werden von den verheirateten Frauen gefeiert und beim Fest der Weinlese, den *oschophoria*, werden zu Ehren Dionysos' Weinreben geschwungen. Die bedeutendsten Feste, wie die Panathenäen und die Großen Dionysien in Athen, dauern mehrere Tage an und beinhalten sportliche Wettkämpfe, Theaterwettbewerbe sowie gemeinsame Mahlzeiten. Wenn sich zu den Festlichkeiten Teilnehmer aus ganz Griechenland einfinden, dann wird zusätzlich zu den religiösen Veranstaltungen in der Nähe des Heiligtums ein Jahrmarkt abgehalten.

Die Initiationsriten nach Plutarch

„Zuerst ist es ein zielloses Wandern,
mit anstrengenden Strecken im Dunkeln
durch Furcht erregende Passagen auf einem
nicht enden wollenden Weg.
Vor dem Ziel erreicht die Angst ihren Höhepunkt:
man erschaudert, man zittert vor Entsetzen,
kalter Schweiß lässt einen erstarren.
Aber dann blendet wunderbares Licht den Blick.
Man wird an Orte der Wonne versetzt,
wo wundersame heilige Stimmen und Wohlklänge
ertönen, und wo man sowohl heilige Worte
vernimmt als auch Chöre und Tänze und
göttliche Erscheinungen wahrnimmt."

Die Mysterien

Bei den Mysterien handelt es sich um Kulte, die nur Eingeweihten zugänglich sind. Die Teilnehmer dieser geheimen mystischen Rituale, die in der gesamten antiken Welt Zulauf finden, erlangen nach ihrem irdischen Tod die ewige Glückseligkeit, müssen jedoch hinsichtlich der Prüfungen, denen sie sich zu unterziehen haben, absolutes Schweigen bewahren. Die berühmtesten Mysterien der Antike sind die der Demeter und deren Tochter Persephone geweihten Mysterien von Eleusis bei Athen. Im Frühjahr nehmen die „Mysten" an den Kleinen Mysterien teil, während der sie eine erste Initiation durchlaufen. Im September finden zehn oder zwölf Tage lang die Großen Mysterien in Athen und Eleusis statt. In einer Prozession werden die *hiera*, die heiligen Gegenstände der Göttinnen, in Körben verborgen, von Eleusis nach Athen gebracht. Am folgenden Tag begeben sich die „Mysten" zum Meer, opfern ein Schwein und reinigen sich, indem sie ins Meer eintauchen. Am sechsten Tag werden die *hiera* in einer 20 km langen Prozession wieder von Athen in das eleusinische Heiligtum zurückgebracht. Nun findet ein großes Fest statt, bei dem die Menschen den Zug der Priester und der „Mysten" singend und tanzend begleiten. Nachdem die *hiera* im Tempel von Eleusis angekommen sind, werden die „Mysten" drei Tage lang in die geheimsten Riten eingeweiht. Sie müssen sich zahlreichen Prüfungen unterziehen, bevor ihnen das Recht auf die ewige Seligkeit zuerkannt wird.

Zu Ehren von Dionysos werden zahlreiche Feste begangen. Bei den volkstümlichen Dionysien transportiert man einen mit Efeu geschmückten Phallus. (Attisch-schwarzfigurige Randschale, um 560–530 v. Chr.)

Aberglaube und Zauberei

Parallel zu den Überzeugungen und Riten der offiziellen Religion existieren in Griechenland sehr populäre Praktiken, die in enger Verbindung mit Aberglauben und der Verehrung der dunklen Mächte des Universums stehen. Auf Papyrus niedergeschriebene Zauberformeln und Verhexungstafeln zeugen von der Macht der Magier.

Auf diesem Gefäß ist wohl die Eingeweideschau eines Opfertieres vor einer Schlacht dargestellt. Der Mann in der Mitte, ein Hoplit, hält ein Stück der Leber, die ihm ein Junge reicht. Doch die Befragung scheint nichts Gutes zu verheißen, denn die Frau (links) und der Bogenschütze (rechts) in skythischem Gewand erheben bestürzt die Hände. (Attisch-rotfigurige Amphora, um 500 v. Chr.)

Dem bösen Blick entgehen

Die Welt der Griechen wird von unzähligen abergläubischen Praktiken, Verboten und Pflichten beherrscht. An manchen als ungünstig angesehenen Tagen des Monats sollte man sich nichts Wichtiges, wie Säen oder Heiraten, vornehmen. Ferner sollten gewisse Unglück bringende Gesten vermieden werden, da diese die Götter beleidigen. So sollte man beispielsweise keinen Fluss überqueren, ohne vorher ein Gebet gesprochen zu haben, sich während einer Opferzeremonie nicht die Nägel schneiden und kein kleines Kind auf ein Grab setzen. Doch so sehr sich der Grieche auch bemüht, die Götter durch strikte Einhaltung der Gebote nicht zu verärgern, so befürchtet er dennoch Opfer eines Hexers zu werden. Also versucht er gegebenenfalls drohendes Unglück abzuwenden, indem er die Finger nach vorn streckt oder um sich herum speit. Er trägt schützende Amulette, Ringe, Medaillons oder Armreifen. Auf manchen Zaubersteinen sind Bildnisse von Schutzgöttern oder schützende Inschriften eingraviert: „Viel Glück!", „Ein langes Leben!" oder „Fort mit dem Unglück!". Wiederum andere Griechen tragen ein Amulett mit dem „bösen Blick", eine von einem Messer durchstochene Pupille. Selbst der berühmte Perikles enthüllt in seiner Todesstunde einem Freund das Amulett, das die Frauen seines Hauses ihm um den Hals gelegt haben.

Missbrauch des Aberglaubens nach Platon

„An den Türen der Reichen stellen sich Scharlatane und Hellseher ein und überzeugen sie, dass die Götter ihnen Macht verliehen haben. Wenn man einen Feind hat, dem man geschäftlich schaden will, dann geben sie vor, ihm schaden zu können, indem sie die bösen Geister gegen ihn entfesseln und indem sie ihn mit Zauber lähmen."

Was bringt die Zukunft?

Um die Fragen ihrer Kundschaft zu beantworten, bedienen sich die Wahrsager verschiedener Techniken: der *kleromanteia* oder dem Los-Orakel, bei dem aus einem Gefäß kleine Steinchen und beschriftete Holzstückchen gezogen werden, sowie der *oionoskopia* oder Deutung des Vogelfluges; außerdem der *oneirokrisia* oder Traumdeutung, der *hydromanteia* oder der Analyse der Flecken, die auf Wasser gegossenes Öl hinterlässt; ferner der *nekromanteia* oder Anrufung der Seelen der Toten, der *ooskopia*, der Beobachtung der Art und Weise, wie ein Ei aufbricht; aber auch der *koskinomanteia*, bei der anhand eines Siebes ein Dieb entlarvt oder eine kranke Kuh geheilt werden kann. Zudem erfreut sich die Astrologie großer Beliebtheit. Alles wird als Zeichen gesehen: Naturkatastrophen, Eklipsen, Himmelsphänomene, Geburtsfehler. Diese Zeichen können von Wahrsagern ebenso wie von Privatpersonen gedeutet werden.

Diese vier Knöchel tragen Inschriften, z. B. EORTH (Fest, Vergnügen). Anhand dieser Knöchel, die die Wahrsager einem Gefäß entnehmen, sagen sie die Zukunft des Kunden voraus. (Hellenistische Zeit)

Zauberer und Hexenmeister

Ein ganzes Völkchen von Hexern, Vagabunden und Schwätzern nutzt die abergläubischen Ängste seiner Mitmenschen aus und beeindruckt die Leichtgläubigen mit mysteriösen Mittelchen oder spektakulären Beschwörungen aller möglichen Mächte. Die Griechen kennen aber auch die alte persische Magie, eine Lehre, in der Wahrsagung, Medizin und Astrologie miteinander verschmelzen. So berufen sich zahlreiche professionelle Zauberer auf berühmte persische Magier, um ihre Praktiken zu rechtfertigen, mit denen sie angeblich die „Dämonen" ihrem Willen unterwerfen. Die Thessalierinnen, die vorgeben, in die Geheimnisse der legendären Magierin Medeia eingeweiht zu sein, genießen großes Ansehen. Hexenmeister und Magierinnen brüsten sich sogar damit, den Lauf der Sonne anhalten oder den Mond dazu bewegen zu können, auf die Erde herabzusteigen. Doch meistens sind die Anliegen der Kunden prosaischer. Es geht beispielsweise darum, die Zukunft vorauszusagen, den bösen Blick abzuwenden, die Heilung von einer schweren Krankheit zu bewirken, einen politischen oder geschäftlichen Konkurrenten auszuschalten oder den Sieg bei einem Prozess davonzutragen. Manchmal greift man aber auch auf Magie zurück, um einen Liebhaber zurückzugewinnen oder einen gleichgültigen Schönen vor Leidenschaft erbrennen zu lassen.

Hilfsmittel der Magie

Normalerweise wenden sich eher Menschen aus dem gemeinen Volk an eine Hexe oder einen Zauberer, doch zuweilen greifen auch Männer oder Frauen der gehobenen Gesellschaftsschichten für Liebes- und Todesbann auf die Kunst der Magier zurück. Die magischen Zeremonien entlehnten viele ihrer Elemente dem religiösen Bereich, wie Beschwörungen und Opfer für die „Dämonen", das sind Zwischenwesen zwischen Menschen und Göttern, auch Reinigung durch Wasser und Feuer findet Anwendung. Den Magiern und Hexen steht ein ganzes Sortiment an Gegenständen zur Verfügung, mit denen sie die Ratsuchenden beeindrucken. Sie bedienen sich der Knochen oder anderer makaberer Reste aus Gräbern, der Haare und Fingernägel der zu verhexenden Person, oder einer Wachsfigur, die dem Opfer nachgebildet und mit Nägeln durchbohrt ist. Die Magier fertigen außerdem Beschwörungstafeln an, wobei es sich um dünne Plättchen aus Blei handelt, diesem Metall, das grau ist wie der Tod. Sie beschriften diese mit einem Text, der das Opfer den Göttern der Unterwelt weiht, rollen es ein, durchbohren es mit einem Nagel und legen es heimlich in ein Grab. Der Tote übernimmt die Aufgabe, die Bitte den Dämonen zu überbringen. Mithilfe zahlreicher Tricks verstärken sie die streng festgesetzten Formulierungen des Tafeltextes, d. h. durch Anrufungen fremder Gottheiten, einen von rechts nach links geschriebenen Text, eine mysteriöse Schreibweise, bei der verschiedene Alphabete und kabalistische Zeichen miteinander vermischt werden, durch magische Formeln aus anscheinend bedeutungslosen Buchstabenfolgen, Furcht erregende Zeichnungen von Tieren oder dämonischen Wesen. Die Magier übermitteln einander ihr Wissen anhand von Listen mit Ritualen und Formeln.

Rituale des Todes

Der Tod bedeutet zugleich die Trennung von einem geliebten Menschen und eine Verunreinigung für die Lebenden, die es zu beseitigen gilt, indem man den Toten würdevoll bestattet und ihm religiöse Ehrerbietungen zuteil werden lässt. Die Bestattungsrituale sind bis ins Detail gesetzlich geregelt.

Die Bestattungsfeierlichkeiten

Für die Griechen ist es von größter Bedeutung, dem Toten die Dienste zu erweisen, die es ihm ermöglichen, ins Jenseits hinüberzuwechseln. Die schlimmste Strafe für einen Kriminellen besteht darin, ihm die Grabstätte zu verwehren. Kaum hat der Mensch sein Leben ausgehaucht, da schließt man ihm die Augen und legt ihm als Fährgeld eine Münze in den Mund, mit der er Charon das Übersetzen über den Acheron bezahlen wird. Die Frauen des Hauses waschen den Leichnam, salben ihn mit duftenden Ölen ein und kleiden ihn in weiße Gewänder. Dann wird er im Vestibül, von der Straße aus sichtbar, aufgebahrt. Um ihn herum stellt man Opfergaben auf. Diese Aufbahrung dauert einen Tag, an dem Verwandte und Bekannte Abschied nehmen können. An der Tür des Hauses waschen die Besucher ihre Hände. Rund um das Totenbett ertönt das laute Klagen der Frauen, die sich zum Zeichen der Trauer ihre mit Asche bedeckten Haare ausreißen. Am Tag nach der Aufbahrung wird der Tote von Männern auf einer Bahre oder auf einem von Pferden oder Maultieren gezogenen Wagen zur Begräbnisstätte gebracht. Dem Trauerzug, den ein Flötenspieler begleitet, geht eine Frau mit einem Gefäß mit Wasser für die Waschungen voran. Der Trauerzug muss vor Sonnenaufgang an der Begräbnisstätte angekommen sein, damit das Gestirn nicht vom Anblick des Leichnams beschmutzt wird. Nur männliche Familienmitglieder und die engsten Verwandten haben das Recht, dem Toten das letzte Geleit zu geben. Der Körper wird normalerweise begraben, seltener eingeäschert, und wird mit Opfergaben und seiner persönlichen Habe in das Grab gelegt. Kleine Kinder werden mit ihrem Spielzeug, Frauen mit ihrem Schmuck bestattet. Die Zeremonie endet mit Libationen und Opfern. Schließlich findet sich die Familie im Haus des Verstorbenen zu einem Totenmahl ein. Nach der Beerdigung trifft sie sich noch dreimal im Monat an der Grabstätte, um erneut Opfer niederzulegen und ein Gedenkmahl abzuhalten.

Der Verstorbene wurde vor seinem Tod dargestellt. Zuweilen ließ ein Mann, wenn er fühlte, dass sein Ende nahte, die Mitglieder seiner Familie und seine nächsten Freunde kommen, um von ihnen Abschied zu nehmen. (Attische Grabstele, um 375–350 v. Chr.)

Gräber und Monumente

Die Grabstätten befinden sich immer außerhalb der Städte, entlang der Straßen. In Athen liegt der größte Friedhof jenseits der Stadtmauern, auf der anderen Seite des Kerameikos. Über dem Grab erhebt sich ein Hügel, auf dem man entweder ein großes Gefäß oder eine Stele platziert. Darauf ist der Tote auf einem Relief in Begleitung eines Mitglieds seiner Familie, eines Sklaven oder eines Haustieres dargestellt. Zudem erinnert ein in Verse abgefasstes Epitaph an die Identität des Verstorbenen. Manche reichen Familien lassen für ihre Lieben auch kleine Grabbauten errichten. Die Gesetzgeber achten jedoch streng darauf, dass der Luxus der Bestattungsrituale nicht zu sehr ausufert und setzen den Preis der verschiedenen, für die Bestattung notwendigen Gegenstände fest. Wenn die Ausgaben für die Bestattung den von der Stadt festgesetzten Betrag für das Begräbnis übersteigen, muss ein Bußgeld gezahlt werden. Es gibt in den Städten auch eine öffentliche Begräbnisstätte, in der für das Vaterland gefallene Soldaten einen Ehrenplatz erhalten. An Geburts- und Todestagen statten die Familien den Grabstätten Besuche ab, um der Toten mit Trankopfern und anderen Gaben zu gedenken.

Neben den Klagefrauen dürfen nur die nächsten Verwandten des Toten den Trauerzug begleiten. (Wandmalerei aus dem sog. Grab der Tänzerinnen, Apulien, spätes 5. Jh. v. Chr.)

Das Schattenreich und andere göttliche Gefilde

Für die Griechen sind die Verstorbenen unfassbare Schatten, die im Reich der Toten ein trauriges Dasein fristen. Es ist eine feuchte, dunkle Welt, in der Hades und Persephone herrschen. Der Übergang vom Diesseits ins Jenseits vollzieht sich in zwei Etappen: Zuerst muss der Tote im Reich des Hades angenommen werden und sich dem Richter stellen, der über sein Schicksal entscheidet. Um in die Unterwelt zu gelangen, muss der Verstorbene zwei Flüsse überqueren, den Styx mit vergiftetem Wasser und den Acheron, der als eine Moorlandschaft dargestellt wird. Kerberos, ein Furcht erregender Hund mit drei Köpfen, versucht ihn am Voranschreiten zu hindern. Der Tote muss sich von Charon, einem abstoßenden Greis, über den Archeron setzen lassen, der für diesen Dienst eine Obole verlangt. Wer nicht zahlen kann, irrt auf ewige Zeiten vor den Toren der Unterwelt umher. Daher spielt die Familie des Verstorbenen eine bedeutende Rolle, denn nur ein Familienmitglied wird die unentbehrliche Münze in seinem Mund platzieren. In der Totenwelt muss sich die Seele des Toten den Richtern Minos, Aiakos und Rhadamanthys stellen. Je nachdem wie deren Urteil ausfällt, wird er zu den Verdammten im Schattenreich stoßen oder ewig höllischen Qualen ausgesetzt sein. Nur wenigen ist es vergönnt, sich in den göttlichen Gefilden, einer sonnenüberfluteten Blumenwiese, zu tummeln.

Ein Erbe, der die Rituale treu befolgt (Isaios)

„Ich, sein Adoptivsohn, habe Menekles zu Lebzeiten [...] gepflegt und habe meinem kleinen Sohn seinen Namen gegeben, damit sein *oikos* nicht anonym bleibt. Nach seinem Tod habe ich ihn auf eine ihm und mir würdige Art bestattet, und ich errichtete ihm ein schönes Grabmal und vollzog sowohl die Gedenkfeier am neunten Tag als auch alle anderen Zeremonien am Grab auf die bestmögliche Art, sodass ich von allen Mitgliedern meines Demos gelobt wurde."

Isaios, II (*Zum Besitz des Menekles*)

Der Klagefrau folgt der von einem Pferd gezogene Wagen, eine Art Kastenwagen, auf dem der Tote liegt. Dahinter schreiten die Männer seiner Familie. (Attisch-schwarzfigurige Kantharos, um 500 v. Chr.)

Arbeit und Handel

Die Ratschschläge Hesiods aus dem 7. Jh. v. Chr. zeugen von den Strapazen der Feldarbeit.

„Aufgepasst aber, sobald du vernimmst die Stimme des Kranichs, der aus den Wolken herab alljährlich sein Schreien lässt hören. Der gibt das Zeichen zur Saat, und die Zeit des Regens im Winter kündet er an. Da trifft es ins Herz, wenn dann ein Gespann fehlt. Reichlich sind da im Stall die gehörnten Rinder zu füttern. [...] Also, sobald für die Menschen die Arbeit des Pflügens bevorsteht, heißt es ans Werk zu geh'n, du selbst mit den Knechten gemeinsam, gleich, ob es feucht oder trocken, zur Zeit des Pflügens zu pflügen, eifrig früh schon am Tag, damit sich die Äcker dir füllen. Pflüge im Frühjahr – im Sommer noch einmal, bringt niemals dir Schaden. [...] Erst ein Gebet an die reine Demeter und Zeus in der Erde, dass die geheiligte Frucht der Demeter schwer sei vor Reife, eh du mit Pflügen beginnst und sobald du das Ende des Pflugsterz' nimmst in die Hand und triffst mit der Peitsche den Nacken der Rinder, die an den Riemen den Holzpflock anziehen. Aber dahinter mache ein Jungknecht mit Hacke den Vögeln es schwierig zu picken, wenn er den Samen mit Erde bedeckt."

Hesiod, *Werke und Tage*

Die Tätigkeit in der Landwirtschaft gilt als die vornehmste, doch nur Bürger haben ein Recht auf Grundbesitz, deshalb werden handwerkliche und kaufmännische Berufe nicht nur von Griechen, sondern vielfach von in der Polis lebenden Fremden ausgeübt. Beim Thunfischhändler. (Detail eines rotfigurigen Kraters, 380/370 v. Chr.)

Arbeiten

Wer gezwungen ist zu arbeiten, wird zwar von der Elite verachtet, doch die Arbeit selbst ist nicht verpönt. Nicht nur Sklaven, Heloten und Metöken, sondern auch viele Griechen müssen arbeiten, um ihren Lebensunterhalt zu bestreiten. In den Städten gibt es viele spezialisierte Handwerker – aber auch Arbeitslose.

Arbeiten ja – aber wozu?

Für die Griechen ist die Arbeit als solche nicht entehrend, doch sie bemängeln, dass sie den Arbeitenden in ein Abhängigkeitsverhältnis zwingt. Sie machen keinen Unterschied zwischen dem selbstständigen Handwerker und dem Arbeiter, der seinem Herrn gehorcht. In beiden Fällen hängt der Mann, um seinen Lebensunterhalt zu bestreiten, von anderen ab. Erst nach und nach tauchen feine Unterschiede auf zwischen der landwirtschaftlichen Tätigkeit, die Xenophon positiv bewertet, „denn die Beschäftigung mit ihr (der Landwirtschaft) scheint ein gewisses Wohlbefinden zu bereiten, zugleich eine Mehrung des Vermögens und Übung des Körpers mit sich zu bringen", und den handwerklichen Berufen, die laut Aristoteles „dem Körper schaden, dem Geist keine Muße lassen und ihm jede Möglichkeit der Erhebung entziehen". Doch Sokrates führt einem Freund, der seine 14-köpfige Familie nicht mehr ausreichend ernähren kann, die Zweckmäßigkeit einer bezahlten Arbeit wie folgt vor Augen: „So weißt du demnach nicht, dass Nausikydes mit nur einem von diesen Gewerben, der Mehlherstellung, nicht nur sich selbst und seine Sklaven ernährt, sondern überdies noch viele Schweine und Rinder. [...] Dass Kyrebos mit der Brotbäckerei seinen gesamten Haushalt unterhält und dabei gut lebt, dass Demeas aus Kollytos mit der Herstellung von Mänteln [...] und die meisten Megarer durch die Produktion von Alltagsgewändern sich den Lebensunterhalt verschaffen?"

Die Lehrlinge werden häufig mit den vorbereitenden Arbeitsgängen betraut. Dieser junge Töpfer trägt vor dem Brennen die Glasur auf einen Krater auf. (Detail eines attisch-rotfigurigen Kraters, um 450 v. Chr.)

Die Arbeitsbedingungen

Vieles wird zu Hause, ohne irgendein Zutun von außen, angefertigt: Die Stoffe und die Gewänder werden von den Frauen hergestellt und sie kneten und backen auch ihr Brot selbst. Im Handwerk und Handel arbeiten sowohl freie Männer, Metöken und Freigelassene als auch Sklaven. In einer Werkstatt oder einem Laden, auf einer Baustelle oder den Feldern – überall arbeiten Männer aus unterschiedlichen sozialen Verhältnissen Seite an Seite, ohne dass zwischen ihnen irgendeine Rivalität bestünde. Doch mit den undankbarsten Arbeiten werden meistens die Sklaven betraut, die dafür nicht entlohnt werden. Freie Männer ohne besondere Qualifikation werden für einen Tag, einen Monat oder seltener für ein ganzes Jahr angeworben. Ihr Lohn beträgt ungefähr eine Drachme pro Tag, was es ihnen zwar ermöglicht, zu überleben, doch kaum eine mehrköpfige Familie zu ernähren. In Griechenland gibt es keine Gesetzgebung, die den Lohn und die Arbeitsbedingungen regelt, alles hängt also vom guten Willen beider Parteien ab. Viele Arbeiter sind zwar frei, besitzen jedoch keinerlei Ausbildung und müssen jede sich bietende Arbeit annehmen. Sie werden je nach Bedarf für alle möglichen anfallenden Tätigkeiten eingestellt. Das spezialisierte Handwerk entwickelt sich nur in den großen Städten. Aufgrund der großen Nachfrage kann ein Arbeiter hier ausschließlich in dem Bereich arbeiten, in dem er am kompetentesten ist, und es gibt tatsächlich hoch spezialisierte Fachleute. So „fertigt dieser Handwerker Schuhe für Männer an und jener solche für Damen, der eine näht das Leder, während ein anderer es lediglich zuschneidet, einer bearbeitet das Oberleder, ein anderer fügt nur die verschiedenen Teile der Schuhe zusammen". Auf dem Land dagegen sind es „die gleichen Arbeiter, die die Betten, die Türen und die Pflüge zimmern, dazu auch noch Häuser bauen und dabei können sie sich noch glücklich schätzen, wenn sie mit so vielen Berufen, genug Kunden finden, um sich zu ernähren!".

Wie entkommt man der Sklaverei?

Eine der wenigen Möglichkeiten für einen Sklaven, seinem Schicksal zu entkommen, ist die Flucht. Dabei nimmt er jedoch das Risiko in Kauf, eingefangen und schwer bestraft zu werden. Als die Spartaner während des Peloponnesischen Krieges die Festung von Dekeleia besetzen, nutzen 20 000 Sklaven – darunter diejenigen, die in den Silberbergwerken von Laurion arbeiten – die Gelegenheit und fliehen in die von den Spartanern besetzten Gebiete. Diese Massenflucht löst in Athen, das nun auf die Einkünfte aus seinen Bergwerken verzichten muss, eine schwere Krise aus, denn aus Laurion stammt das Metall, aus dem die Münzen geprägt werden.

Während die einen arbeiten, machen es sich die anderen bequem. Die Reichen verbringen ihre Zeit in der Palästra, speisen bei Freunden, diskutieren und philosophieren oder sie führen Krieg. (Attisch-rotfigurige Schale, um 490 v. Chr.)

Große Bauprojekte als Mittel gegen die Arbeitslosigkeit

In ganz Griechenland gibt es Arbeitslose, vor allem aber in Athen, wo sie sich auf dem Kolonos Agoreios, in der Nähe der Agora zusammenfinden und darauf warten, dass vielleicht jemand kommt und ihnen für den Tag Arbeit gibt. Mehr als in anderen Städten stellt die Arbeitslosigkeit zur Zeit des Perikles in Athen ein echtes Problem dar. Er weigert sich, die Untätigen ohne Gegenleistung für den Staat zu unterhalten und sucht nach einem Ausweg, wie dieser Überschuss an Arbeitskräften reduziert werden kann. Schließlich beschließt der Rat der 500 unter seinem Einfluss, den Wiederaufbau der in den Perserkriegen zerstörten Bauwerke in Angriff zu nehmen. Dieses Wiederaufbauprogramm erfordert die Zusammenarbeit aller Berufszweige, der Transportunternehmer (Kapitäne oder Fuhrunternehmer), der Bauhandwerker (Zimmerleute, Steinmetze etc.), Künstler (Bildhauer, Maler, Vergolder etc.) und vieler anderer handwerklicher Berufe (z. B. Weber, Seiler, Sattler usw.). Darüber hinaus sind, wie Perikles in einer Rede darlegt, alle Kategorien in der Hierarchie der Handwerker gefragt, vom Bauleiter und Facharbeiter bis hin zum einfachen Handlanger.

Die Zeit

Die Arbeitszeit hängt in Griechenland vom „Kultkalender" ab, denn an den meisten religiösen Feiertagen wird nicht gearbeitet. Die Zahl dieser ungleichmäßig über das Jahr verteilten arbeitsfreien Tage schätzt man zwischen 60 und 100 pro Jahr.

Dank der Wasseruhr ist es möglich, die Zeit sowohl am Tag als auch in der Nacht zu messen. (Klepsydra aus Terrakotta, Athen, um 400 v. Chr.)

Die Zeiteinteilung

An Werktagen wird mit der Arbeit sehr früh morgens begonnen, manchmal sogar schon vor Sonnenaufgang: „So gewaltig war er (der Hahn), [...] dass heut noch, wenn mit dem Tag er sein Morgenlied kräht, die Schlafenden [...] aufspringen und rasch an die Arbeit geh'n, die Töpfer, die Schmiede, die Gerber, Mehlhändler, Barbiere und Schneider und Schuh- und Harfen- und Schildfabrikanten, in die Schlappschuh' fahren [...] und rennen." Die Arbeit dauert, nur kurz von einer leichten Vesper unterbrochen, wenn die Sonne am höchsten steht, bis Sonnenuntergang. Der Tag wird als die Zeit zwischen Sonnenauf- und -untergang definiert und theoretisch in zwölf Stunden unterteilt, deren Dauer je nach Jahreszeit variiert. Die Griechen kennen keine Zeiteinteilung in Minuten und Sekunden. Normalerweise stört sie dies in ihrem täglichen Leben kaum, denn sie begnügen sich damit, recht vage Zeitangaben zu machen – „bei Tagesanbruch", „zur Marktzeit", „am Nachmittag", „bei Sonnenuntergang" etc. –, um ein Treffen zu vereinbaren oder ein Ereignis zeitlich einzuordnen. Doch gibt es durchaus Instrumente, die es ermöglichen, die Tageszeit genauer zu ermitteln. Mitte des 5. Jh. v. Chr. errichtet der berühmte Geometer und Astronom Meton in Athen auf der Pnyx, dem Versammlungsort der *ekklesia*, eine Sonnenuhr bzw. einen Gnomon. Seine Funktionsweise ist sehr einfach: Ein auf einer horizontalen Fläche vertikal aufgerichteter Stab gibt durch die Länge seines Schattens die Sonnenzeit an. Nun ist es möglich, sich z. B. zum Abendessen zu verabreden, „wenn der Schatten zehn Füße beträgt". Bei Gerichtsverhandlungen oder öffentlichen Versammlungen misst man die Zeit auch mit Wasseruhren, die aus einem mit einer Gradeinteilung versehenen Gefäß bestehen, dessen Wasser sich durch eine kleine Öffnung regelmäßig in ein anderes Gefäß entleert.

Dem Kalender fehlt es an Präzision

Den Griechen fällt es schwer, ein Jahr mit 365 Tagen festzulegen. Sie kombinieren den Sonnen- und Mondzyklus und teilen das Jahr in zwölf Monate mit abwechselnd 29 und 30 Tagen ein. Da sich hieraus nur 354 Tage ergeben, schiebt man von Zeit zu Zeit einen dreizehnten Monat ein, um sich dem Sonnenkalender anzupassen. In Athen wird dieser nach dem Monat Posideon eingefügt. Aus der schrittweisen Verschiebung der Tage im Vergleich zum Kalender ergeben sich Probleme, speziell beim Kultkalender. Deshalb betraut die Volksversammlung Athens am Ende des 5. Jh. v. Chr. einen gewissen Nikomachos mit der Nachbesserung des Kalenders. Sein in Bronze eingravierter Kalender wird auf der Agora ausgestellt, doch auch er ist unbefriedigend und das Problem kann trotz der Bemühungen mehrerer namhafter Wissenschaftler wie Meton nicht gelöst werden. Wie dem auch sei, der erste Tag eines jeden Monats wird mit Neumond verbunden und gehört zu den heiligsten Tagen. Die zwölf Monate sind in drei Dekaden zu zehn Tagen aufgeteilt, die man annähernd als der „beginnende Monat“, die „Mitte des Monats“ und der „schließende Monat“ bezeichnet. So verabredet man ein Treffen am „fünften Tag der Mitte des Monats“, d. h. am 15. des Monats. In der letzten Dekade zählt man von hinten, vom zehnten zum ersten Tag. Auf dem Land bleibt die „natürliche“ Zeit die Grundlage für die Arbeit auf den Feldern: man beschneidet die Reben, wenn die Schwalben kommen und den Frühling ankündigen; die Aussaat beginnt man, wenn der Ruf des Kranichs den nahenden Winter ankündigt; mit der Ernte wird begonnen, wenn am Himmel die Pleiaden auftauchen, und das Erscheinen des Sirius weißt darauf hin, dass es Zeit ist, Holz zu fällen.

Der Kalender legt zahlreiche religiöse Feste fest. In Athen sind es sogar über 120 Tage, an denen nicht gearbeitet wird, damit das Volk den Prozessionen beiwohnen kann; z. B. wenn die Efeu bekränzten Mänaden zu Ehren des Gottes Dionysos defilieren. (Attisch-rotfiguriger Stamnos, 420/410 v. Chr.)

Eine Verabredung treffen

Jede Stadt hat ihren Kalender und das Jahr beginnt nicht überall zur selben Zeit. In Theben beginnt es mit der Winter- und in Athen mit der Sommersonnenwende, in Sparta dagegen mit der Herbst-Tagundnachtgleiche. Um ein Jahr zu benennen, kann man ihm den Namen eines Beamten, des Archonten Eponymos in Athen, des Vorsitzenden der Ephoren in Sparta oder, wie in Argos, den der amtierenden Herapriesterin geben. Hier werden die Monate mit einer Zahl bezeichnet, dort mit dem Namen des wichtigsten Festes. Die Monatsnamen ändern sich dementsprechend von Ort zu Ort. So heißt in Athen der erste Monat des Jahres, unser Juli, *Hekatombaion* und in Delphi *Apellaios*. Ein Ereignis zeitlich einzuordnen erweist sich daher als schwierig. Für den Peloponnesischen Krieg gibt Thukydides z. B. Folgendes an: „[...] in Argos war Chrysis das achtundvierzigste Jahr Priesterin, in Sparta Ainesias Ephor, in Athen Pythodoros [...], Archon in Athen, zehn Monate nach der Schlacht bei Poteidaia, da mit Frühlingsbeginn begab es sich, [...]“. Im 4. Jh. v. Chr. erfindet Timaios eine neue Art, die Zeit zu berechnen. Er teilt sie nach den Olympiaden ein, wobei der Zeitraum zwischen zwei Olympiaden vier Jahre beträgt und die erste 776 v. Chr. stattfand. So sagt man, dass die Schlacht von Salamis im ersten Jahr der 75. Olympiade stattfand, d. h. 480 v. Chr.

Der Bauernstand

Die Landwirtschaft nimmt im Leben der Griechen einen vorrangigen Platz ein. Sie liefert nicht nur die Nahrungsmittel, sondern auch einen großen Teil der Rohstoffe für das Handwerk. Bis zu 80 Prozent der Bevölkerung sind in diesem Bereich tätig.

Der Lohn der Mühe

„Nie wird man hören: ‚Denn es ist nicht die Kenntnis oder Unkenntnis der landwirtschaftlichen Dinge, welche die einen reich, die anderen arm macht. Und du wirst auch niemals hören, jemand habe Bankrott gemacht, weil er als Sämann nicht gleichmäßig säte oder die Baumreihen nicht richtig pflanzte, [...] seinen Boden nicht kannte, [...] Weinstöcke in unfruchtbares Land pflanzte, [...] nicht beachtete, dass es für die Saat gut ist, die Brache vorher zu bearbeiten, oder dass es günstig für das Land ist, Dünger beizumischen.' Sondern viel eher kann man hören: ‚Der Mann erntet von seinem Acker kein Getreide, weil er sich nicht darum kümmert, wie man bei ihm sät und wie der Mist bearbeitet wird. Auch Wein hat er keinen, denn er kümmert sich nicht darum, wie man die Weinstöcke pflanzt und wie die vorhandenen tragen. Ebenso hat er kein Öl und keine Feigen. Er kümmert sich nicht darum und müht sich nicht, wie sie stehen.'"

Xenophon, *Oikonomikos*

Land besitzen

Grundbesitzer zu sein, gilt in Griechenland als der ideale soziale Status. Fremde und Sklaven sind von dem Recht auf Grundbesitz allerdings ausgeschlossen – wobei dieser in zahlreichen Stadtstaaten eine Grundvoraussetzung ist, um das Bürgerrecht zu erlangen. Die landwirtschaftlichen Betriebe, die nur selten mehr als etwa 5 ha ausmachen, werden von der Familie und ein paar Sklaven bewirtschaftet. Letztere teilen das Leben ihrer Herren, wohnen in deren Haus und essen an deren Tisch. In der Erntezeit stellt man zusätzlich ein paar freie Männer ohne Arbeit und eigenen Besitz ein. Doch nicht alle Bauern sind *autourgoi*, „ihr Land selbst Bestellende". So besitzt in Sparta zwar jeder Bürger ein Stück Land von 10 bis 18 ha, den *kleros*, doch bewirtschaften lässt er es von seinen Heloten. Auch in anderen Regionen Griechenlands, beispielsweise in Thasos, findet man beachtliche, sogar bis zu 100 ha große landwirtschaftliche Betriebe. Auf Attika, wo es an fruchtbarem Land mangelt, sind die Ländereien dagegen nicht größer als 30 ha. Im Laufe der Jahrhunderte konzentriert sich der Boden allmählich in den Händen weniger Großgrundbesitzer: So besitzt im 4. Jh. v. Chr. ein Zehntel der Bürger Attikas fast ein Drittel der bewirtschafteten Fläche. Neben diesen privaten landwirtschaftlichen Gütern findet man auch öffentliche oder heilige Ländereien, die dem Staat oder den Heiligtümern gehören. Diese werden meistens durch öffentliche Ausschreibung an Privatpersonen verpachtet.

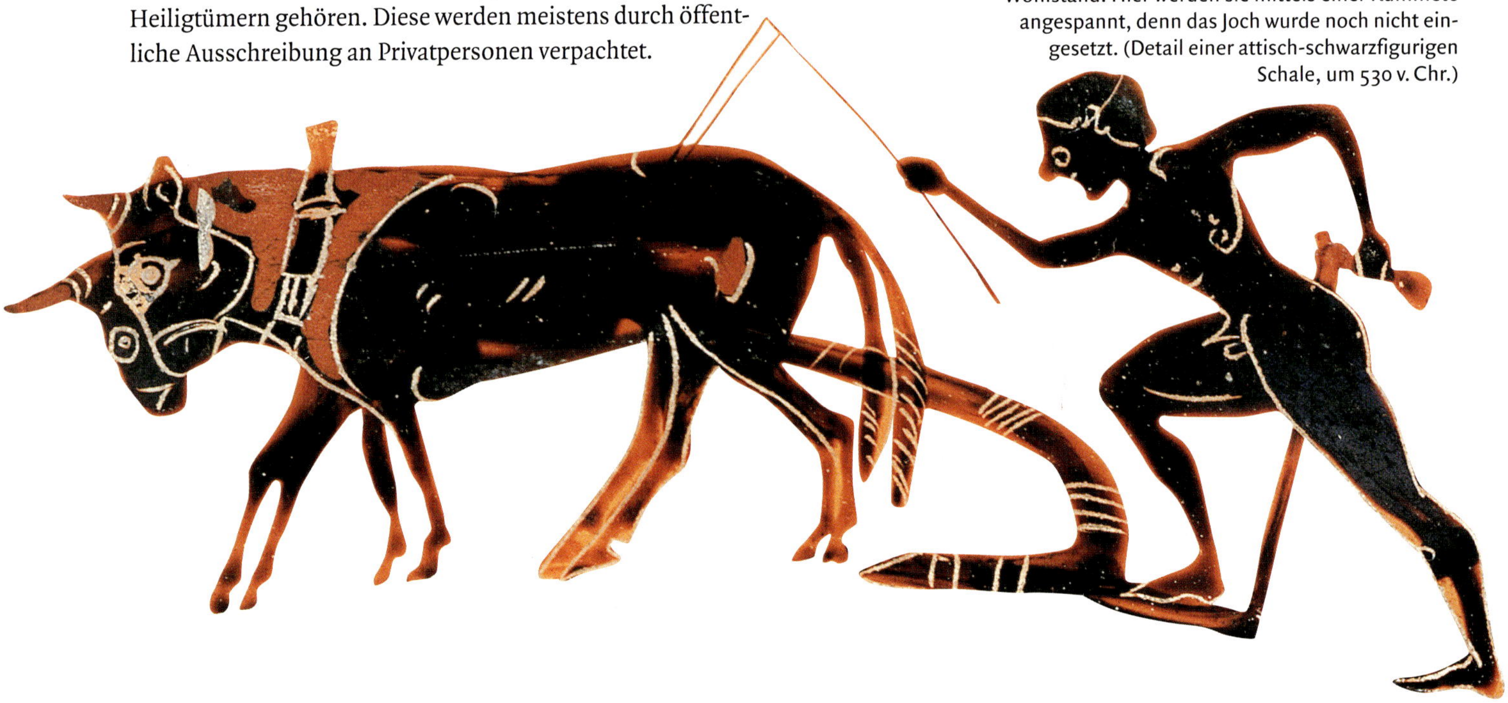

Der Pflug wird von Rindern gezogen. Zwei Rinder zu besitzen zeugt jedoch bereits von einem gewissen Wohlstand. Hier werden sie mittels einer Kummete angespannt, denn das Joch wurde noch nicht eingesetzt. (Detail einer attisch-schwarzfigurigen Schale, um 530 v. Chr.)

Selbstversorger

Guter Ackerboden ist selten und seine Bewirtschaftung dementsprechend intensiv. In vielen Landstrichen und insbesondere auf den Inseln der Ägäis legt man an den Hängen Terrassenfelder an, um neue Anbauflächen zu gewinnen. Der Wassermangel stellt ein großes Problem dar, weshalb Sammelbecken und Zisternen angelegt werden müssen, von denen aus das Wasser über Rinnen auf die Felder geleitet werden kann. Andernorts ist man hingegen bemüht, sumpfige Böden zu entwässern, um das Land nutzbar zu machen. Mit den enormen Mengen an Steinen, die dabei anfallen, werden die Felder oft mit Mäuerchen eingegrenzt und die Wege gesäumt. Dies alles erfordert große und fortwährende Anstrengungen von den Bauern, die häufig gemeinsam erbracht werden. Die Höfe umfassen in der Regel ein paar Morgen Getreide, Reben, Olivenhaine und Obstgärten. Die Existenz der Kleinbauern ist allerdings prekär: Wenn die Pflanzungen durch ungünstige Wetterbedingungen, starke Gewitter oder lange Trockenheit zerstört werden, dann ist die Gefahr groß, dass die Reserven knapp werden und die Familie Hunger leiden muss. Die verarmten Bauern ziehen in die Städte und vergrößern dort die Zahl der Not leidenden Bevölkerung. Doch wenn die Natur es mit den Menschen gut meint, können sie ein bescheidenes, von der Außenwelt fast unabhängiges Leben führen. Von den in der Sonne getrockneten Lehmziegeln für den Hausbau bis zu den landwirtschaftlichen Gerätschaften aus Holz, vom irdenen Geschirr bis zu den Lederriemen und Schläuchen für den Wein – fast alles, was sie zum täglichen Leben benötigen, stellen sie mit einfachsten Mitteln selbst her. Die Frauen spinnen die Wolle der Schafe und verarbeiten sie anschließend auf ihrem Webstuhl zu Kleidung und Decken. Abgesehen von Salz, Mehl und ein paar Metallwaren, muss der Kleinbauer kaum etwas hinzukaufen.

Wer kein Gespann besitzt, muss den Boden mit einer Hacke bearbeiten, während die Säer die Saat mit einer ausholenden Geste in die Furchen werfen. (Detail einer attisch-schwarzfigurigen Schale, um 530 v. Chr.)

Einen großen Besitz sein Eigen nennen

Ischomachos nach zu urteilen, der Hauptperson einer Abhandlung Xenophons über die Landwirtschaft, können die reichen Großgrundbesitzer ihr Eigentum sehr viel mehr genießen. Ischomachos hat von seinem Vater Land geerbt, das dieser nach dem Peloponnesischen Krieg günstig erstanden hatte. Er ist der perfekte Repräsentant der wohlhabenden Grundbesitzer, die Ende des 5. Jh. v. Chr. in Erscheinung treten, die, obwohl sie in Athen wohnen, ihren Ländereien, die sie täglich besuchen, sehr verbunden sind. Das rührt nicht zuletzt daher, dass sie einen Teil ihres Einkommens durch den Verkauf der Erzeugnisse dieser Betriebe beziehen. Ischomachos kennt sich hervorragend mit den landwirtschaftlichen Techniken aus und überwacht höchstpersönlich die Arbeit seiner zahlreichen Sklaven, Männer für die Feldarbeit, Frauen für die Hausarbeit und das Weben. Um sie selbst auszubilden, hat er Sklaven ohne besondere Erfahrung ausgesucht. Diese werden eher gut behandelt und erhalten gelegentlich sogar kleine Belohnungen. Allerdings lässt Ischomachos zwei getrennte Schlafsäle bauen, denn er möchte vermeiden, dass sich Sklavenpaare bilden, aus denen Kinder hervorgehen würden, die mit der auf Rentabilität ausgerichteten Bewirtschaftung unvereinbar wären. Um seinen Betrieb zu führen, hat Ischomachos zwei Gehilfen ausgewählt, die zwar ebenfalls aus untergeordneten Verhältnissen stammen, denen er aber sein volles Vertrauen schenkt: Der Gutsverwalter, der die Arbeit der Männer auf den Feldern überwacht und die Hausverwalterin, die dem Haushalt vorsteht. Bei seinen täglichen Besuchen kontrolliert er persönlich das bestellte Land, überprüft den Viehbestand in den Ställen und versichert sich des guten Zustandes der Geräte in den Schuppen. Seine Frau überwacht die Arbeit der Hausverwalterin, die von den Mägden ausgeführten Arbeiten und kümmert sich bei Bedarf um krankes Personal.

Weinlese und Olivenernte

Der Weinbau ist eine mühsame Arbeit, denn die Rebstöcke müssen beschnitten, der Boden muss gedüngt werden usw. Wein wird vor allem auf sonnenverwöhnten Böden angebaut. Die größte Sorge der Winzer ist es, besonders süßen Wein zu keltern. Damit die Trauben mehr Sonne bekommen, entblättert man die Reben, sobald sich die Trauben gebildet haben, und lässt sie an Kletterhilfen der Sonne entgegenwachsen. Mitte September kommt die Zeit der Weinlese mit ihren ausgelassenen Festen. Vom Klang des *aulos* begleitet, werden die Reben geerntet, und nach beendeter Arbeit wetteifern die jungen Leute in Geschicklichkeitsspielen miteinander. Um den Wein zu keltern, werden die Trauben von den Männern mit den Füßen in einem Holztrog zerstampft. Dieser hat einen geneigten Boden, damit der Saft durch einen Schlitz austreten und in ein darunter befindliches Gefäß laufen kann. Ein Musiker begleitet mit seiner Flöte das rhythmische Stampfen der Winzergesellen. In manchen Gegenden wird auch „Strohwein“ gekeltert: Hierbei werden die Trauben zehn Tage lang der Sonne ausgesetzt, dann fünf Tage lang in den Schatten gestellt und am sechsten Tag schließlich gekeltert. – Die Olivenbäume säumen meist die Wege oder stehen inmitten der Felder. Es dauert 15 Jahre bis die Bäume Früchte tragen und auch dann sind sie meistens nur alle zwei Jahre wirklich ertragreich. Die grünen Oliven werden von September bis Oktober mit der Hand oder langen Schilfstangen geerntet, die schwarzen in den darauf folgenden Monaten. Gepresst werden sie in einer Presse mit an einer Holzbohle hängenden, mit Steinen beschwerten Säcken. Um den Druck noch zu verstärken, hängen sich die Männer mit ihrem ganzen Gewicht an die Balken. Das so gewonnene Öl dient sowohl der Zubereitung von Speisen als auch der Körperpflege.

Die Olivenernte ist eine wichtige Tätigkeit, denn das Öl findet nicht nur in der Küche Verwendung, sondern man reibt sich in der Palästra damit auch den Körper ein. (Attisch-schwarzfigurige Amphora, um 520 v. Chr.)

Ziegen sind zweifellos die der mediterranen Vegetation Südgriechenlands am besten angepassten Tiere. Aus diesem Grund bilden sie den Hauptbestandteil der Herden. Sie liefern Milch und Fleisch, während die Schafe hauptsächlich wegen ihrer Wolle gezüchtet werden. (Bronze-Statuette, 5. Jh. v. Chr.)

Getreideanbau

Im Altertum werden in Griechenland Weizen, *pyros*, und Gerste, *krithe*, angebaut. Letztere steht der Wintergerste nahe, die schnell reift und ertragreich ist. Zudem baut man auch Weichen Weizen an, der aber als schlecht gereifter Weizen gilt, weshalb er nicht so stark verbreitet ist. Außerdem pflanzt man zwei Sorten Hirse an und in feuchteren Gegenden Flachs für die Herstellung des Leinens. Die griechischen Bauern lassen ihre Felder jedes zweite Jahr brachliegen, damit sich der Boden erholen kann. Um den Ertrag zu verbessern, verteilen sie auf dem Land den Dung ihres Viehs, seltener Kalk oder Salpeter; sehr verbreitet ist auch das Absengen. Um die Erde zu lockern, werden die Felder mehrmals jährlich gepflügt, im Frühling und im Sommer – eventuell noch einmal im Herbst, vor der Aussaat. Man bedient sich eines Holzpfluges, der von Rindern, Eseln oder Maultieren gezogen wird. Geerntet wird zu Beginn der heißen Jahreszeit, wobei man das Getreide mit kleinen Sicheln abmäht. Das Korn wird auf einer großen, gepflasterten Tenne von Maultieren gedroschen. Hierzu werden die Tiere an einen Pflock in der Mitte der Tenne angebunden, um den sie stundenlang kreisen, bis die Garben zertreten sind. Danach braucht das Korn nur noch in die Vorratsgefäße gefüllt zu werden.

Viehzucht

In allen landwirtschaftlichen Betrieben wird für den Eigenverbrauch Vieh gezüchtet – ein paar Schweine, Geflügel, Hühner und Gänse. Aufgrund der geografischen Verhältnisse ist die Viehzucht im großen Stil in Griechenland jedoch kaum verbreitet. Da nur wenige Regionen über ausgedehnte Weideflächen verfügen, finden große Pferde- und Rinderherden lediglich in Thessalien, Epirus und Boiotien ausreichend Nahrung. Hier gibt es auf die Viehzucht spezialisierte Großgrundbesitzer, denen riesige Weideflächen zur Verfügung stehen, wie z. B. Eubolos von Elateia in Phokis, der mehr als 220 Rinder und Pferde sein Eigen nennt. In den bergigen Regionen liefern zahlreiche Schaf- und Ziegenherden Fleisch, Käse und Wolle. Im Frühling führen die Hirten die Herden auf die Hochweiden, und wenn die kalte Jahreszeit naht, ziehen sie wieder in die Ebenen an der Küste. Konflikte mit den Landwirten sind beim Auf- und Abtrieb unvermeidlich. Durch zwischenstaatliche Abkommen und zuweilen auch mittels Abgabe von Wegegeld versucht man, den Durchzug der Herden zu regulieren. Pferde und Rinder, Ziegen und Schafe, sie alle werden auf großen Weiden gehalten, einen Stall kennen diese Tiere nicht; es sind widerstandsfähige, kleinwüchsige Rassen.

Dieser kleine Hahn aus der Gegend von Troja (Türkei) zeugt davon, dass die wohl aus Indien stammenden Hühner zu dieser Zeit bereits verbreitet sind. (Terrakotta-Statuette, Ende 6. Jh. v. Chr.)

Das Handwerk

Die griechischen Handwerker arbeiten vor allem in kleinen Werkstätten mit wenigen Angestellten. Doch manche reichen Griechen gründen gewissermaßen industrielle Unternehmen, in denen zahlreiche Arbeiter tätig sind.

Die Werkstätten

Die Handwerker arbeiten in Werkstätten, die oft auch als Laden dienen. Sie konzentrieren sich hauptsächlich in den größeren Orten und sind entweder in einem unabhängigen Gebäude oder im Haus der Familie untergebracht, wo sie ein oder zwei Räume im Erdgeschoss einnehmen. In den Städten sind sie vorwiegend nach Zünften in Stadtviertel gruppiert, manchmal liegen sie auch außerhalb der Stadtmauern. In den kleinen Werkstätten kennt der Meister die Geheimnisse seines Metiers, er stellt ein paar Arbeiter ein, Freie oder Sklaven, Bürger oder Metöken, und gibt sein Unternehmen an seinen Sohn oder einen kompetenten Angestellten weiter. In vielen Betrieben wird die Arbeit vom Klang der Flöte oder dem gemeinsamen Gesang begleitet. Gegen Ende des 5. Jh. v. Chr. kommen größere Betriebe auf, in denen mehrere Dutzend Arbeiter beschäftigt sind. Der Vater des Redners Lysias, der aus Syrakus gebürtige Metöke Kephalos, betreibt in Athen z. B. eine große Waffenschmiede, in der 120 Sklaven arbeiten. Der Vater des Demosthenes hat ein Drittel seines Vermögens in zwei Fabriken investiert, eine Messer- und eine Bettenfabrik, in denen er insgesamt über 50 Arbeiter beschäftigt. Der Stratege Iphikrates ist der Sohn eines Mannes, der durch das Schusterhandwerk zu Reichtum gelangt ist. Es sind sogar Fälle von selbstständigen Sklaven bekannt, wie Midas, der eine Parfümerie leitet. In diesen großen Werkstätten, in denen das Handwerk zur Industrie geworden ist, arbeitet der Besitzer nicht mehr selbst, sondern überträgt seine Verantwortung einem Verwalter.

In Hitze und Lärm

Das Metallhandwerk zählt zu den bedeutendsten Berufszweigen Griechenlands. Durch eine komplizierte Abfolge von Erhitzungsphasen gewinnen die Gießer aus dem Erz nach und nach das Metall. Die meistverwendeten Metalle sind Bronze, eine Kupfer-Zinn-Legierung, und Eisen. In den Schmiedewerkstätten wird der Rohstoff in Schmelzöfen erhitzt, denen mit einem Blasebalg, aus einer auf ein Rohr montierten Ziegenhaut, Luft zugeführt wird. Danach wird der Rohling mit Werkzeugen bearbeitet, die auch uns noch geläufig sind, wie dem Amboss mit zwei Hörnern, dem langstieligen Fäustel, dem Doppelkopfhammer, Zangen, Sticheln, Stempeln etc. Die Einzelteile werden mit Nägeln und Nieten zusammengefügt. In den Schmieden herrscht fortwährend glühende Hitze und die Männer arbeiten häufig nackt. Eines der wichtigsten Erzeugnisse der Schmieden sind Waffen. So sind die Werkstätten meistens auf Schwerter, Helme oder Harnische spezialisiert. Vom Vater des Lysias und dem reichen Bankier Pasion ist bekannt, dass sie Werkstätten besitzen, in denen Schilde hergestellt werden.

Die Töpferei, ein Kunsthandwerk

Das bedeutendste Handwerk bleibt jedoch die Töpferei, da praktisch alle Gefäße aus Ton gefertigt sind. Die Vielfalt der Formen ist beeindruckend und reicht von großen Krügen für die Aufbewahrung der Nahrungsmittel bis zum Tischgeschirr. Der Reichtum Athens beruht zum Teil auf der Berühmtheit seiner Töpfer, die im Kerameikos arbeiten. Der Ton, den sie verwenden, stammt aus den Tonlagern in der Ebene am Kap Kolias, ca. 10 km von der Stadt entfernt. Um dem Material eine intensivere Farbe zu verleihen, fügt man ihm von der Insel Keos importierten roten Ocker bei. Der Töpfer formt sein Gefäß auf der Töpferscheibe, einer einfachen, von Hand angetriebenen Platte, anschließend lässt er es in der Sonne trocknen. Nun ist der Maler an der Reihe, der es dekorieren wird. Zunächst glättet dieser die Oberfläche und überzieht sie dann mit einem Tonschlicker, der Engobe, bevor er die Figuren darauf zeichnet. Nur die teuersten Stücke werden mit aufwendigen Szenen verziert. Die Töpfer und die Vasenmaler sind stolz auf ihre Arbeit und signieren daher gern ihre Werke. Anschließend versehen sie die Oberfläche noch mit einem Überzug aus Eisenoxid, dann werden die Gefäße in kuppelförmigen Ziegelöfen gebrannt. Um den Brand zu kontrollieren, verwendet der Töpfer kleine Musterscherben, die er regelmäßig durch eine seitliche Öffnung dem Ofen entnimmt.

Ein von seinem Vater oder Liebhaber begleiteter Jüngling lässt sich in einer Schusterwerkstatt eine Sohle für eine Sandale maßanfertigen. (Attisch-schwarzfigurige Pelike, um 500/490 v. Chr.)

Der Schreiner Boitenos lässt auf seinem Grab stolz die Werkzeuge seiner Kunst, Zirkel und Winkeleisen, Beitel und Hobel, darstellen. (Grabstele, hellenistische Zeit)

Das Bauhandwerk

Die Arbeiter des Bauhandwerks, Steinmetze, Zimmerleute, Ziegelbrenner usw., werden von den Stadtstaaten angeworben, um öffentliche Bauwerke wie Stadtmauern und Tempel zu errichten. Sie erhalten einen angemessenen Lohn in Naturalien (Nahrung und Kleidung) und zusätzlich eine Drachme pro Tag. Die Trupps arbeiten unter Leitung eines *architekton*. Dieser schlägt dem Auftraggeber normalerweise ein Modell aus Holz oder Ton, das *paradeigma*, des zu errichtenden Gebäudes vor. Hiervon ausgehend muss er das Modell anschließend maßstabsgerecht reproduzieren. Um die Maße zu berechnen und zu überprüfen, verfügen die griechischen Baumeister über allerhand Gerätschaften, wie Lot, Winkeleisen, Zirkel und Wasserwaage. Ihnen stehen zudem Hebemaschinen, Ladebäume, Kräne und Seilwinden zur Verfügung. Wenn die Mauern höher werden, errichtet man Holzgerüste. Jede Zunft hat ihre eigenen Werkzeuge, darunter von einem Bogen angetriebene Stangenbohrer, alle möglichen Arten von Meißeln und Beiteln, um die Umrisse zu zeichnen und die Motive aus dem Stein herauszuarbeiten u. v. a. m.

Bergwerke und Steinbrüche

Die Bergwerke und die Steinbrüche, die den Reichtum der Städte ausmachen, fordern von den Arbeitern einen hohen Preis, denn die Arbeit ist beschwerlich und äußerst gefährlich.

Die Vermietung von Sklaven – ein einträgliches Geschäft

Manche Sklavenbesitzer vermieten ihre Leute an die Konzessionäre der Bergwerke und verdienen an diesem Geschäft sehr gut. Xenophon beklagt, dass sich diese Privatleute auf Kosten des Staates bereichern:
„[...] dass Nikias, der Sohn des Nikeratos, früher in den Silbergruben 1000 Sklaven besaß, die er dem Thraker Sosias unter der Bedingung vermietete, dass er von jedem täglich einen Obolos Reingewinn bezahle, die Sklavenzahl aber stets auf derselben Höhe halte. Auch Hipponikos besaß 600 Sklaven, die in derselben Weise überlassen wurden und täglich eine Mine Reingewinn einbrachten, und Philemonides hatte 300, die eine halbe Mine einbrachten. [...] Denn auch gegenwärtig gibt es in den Silbergruben viele Sklaven, die auf diese Weise überlassen werden. Da nun das geschieht [...], so wäre lediglich neu, wenn ebenso wie die Privatleute, die sich aus Sklavenbesitz ein nie versiegendes Einkommen verschafft haben, auch der Staat eigene Sklaven besäße, bis auf jeden Athener drei kämen."

Xenophon, *Peri poron*

Die Bergwerke des Laurion haben Athen reich gemacht. Sie liefern der Stadt das Silber für die Münzen, deren Rückseite die Eule, das heilige Tier der Athena, zeigt. (Silbertetradrachme, Athen, um 470 v. Chr.)

Der Abbau von Bodenschätzen

Einige Stadtstaaten verdanken ihren Reichtum dem Abbau der Erzvorkommen; in Lakonien und auf Euboia gibt es Eisen, auf Thasos Gold und auf Zypern und in Chalkis Kupfer. Athen besitzt mit seinen Bleierzvorkommen in Laurion und dem Silber in Maroneia die größten Bergwerke Griechenlands. Hier sind über 20 000 Bergleute tätig. Zu den Erzadern gelangen die Bergleute über Schächte, die bis in eine Tiefe von 100 m hinabreichen! Die Stollen sind in dieser Tiefe sehr eng, nur 0,60 bis 1 m hoch. Sie sind mit Holzpfeilern oder Erzsäulen, die die Bergleute vor Ort stehen lassen, unzureichend abgestützt. Die Einsturzgefahr ist groß, denn die Holzstützen werden gestohlen und verkauft; und um den Profit zu steigern, zwingen skrupellose Konzessionäre ihre Arbeiter, die Erzsäulen abzubauen. Die Belüftung in diesen sehr schmalen Stollen ist äußerst schlecht. Um die Luftzufuhr zu verbessern, gräbt man manchmal zwei Schächte und schafft einen Luftzug, indem man in einem von beiden ein Feuer anzündet. Eine der größten Gefahren ist die Überflutung der Stollen mit Wasser, sie bedeutet zudem das Ende des Abbaus.

Die Steinbrüche

Die Ausbeutung der Steinbrüche weist große Gemeinsamkeiten mit der Ausbeutung der Bergwerke auf, denn auch sie wird entweder im Tagebau oder in unterirdischen Stollen betrieben. So wird z. B. der berühmte weiße, sehr feinkörnige Marmor auf der Insel Paros abgebaut. Auf dem Pentelikon, in der Nähe von Athen, kann man bis in 1000 m Höhe noch heute die Spuren von 25 gestuften Steinbrüchen erkennen. Jeder Steinbrecher arbeitet auf einer Stufe, die er in großen Blöcken abbauen muss. Er markiert drei Kerben auf den Seiten und der Rückwand des freizulegenden Blockes, und von diesen Markierungen ausgehend, trennt er ihn mit seinem Pickel vom Felsen. Er gibt dem Block bereits grob die Form seiner zukünftigen Verwendung – z. B. einer Säule, einer Säulentrommel oder eines Kapitells. Auf beiden Seiten des Blockes arbeitet der Steinbrecher Zapfen ein, mittels derer er den Stein anheben kann, die aber später wieder abgeschliffen werden. Anschließend muss der Block vom Steinbruch ins Tal transportiert werden. Dazu platzieren ihn die Arbeiter auf einer schiefen Ebene auf Rundstämme, die von einer Seilwinde zurückgehalten werden. Von hier aus werden die Steine dann auf Karren bis zur Baustelle geschafft. Dort behauen und polieren andere Arbeiter die Blöcke und verbinden sie mithilfe von Bleiklammern.

Kaum von einer Öllampe beleuchtet, nackt, um die Hitze zu ertragen, bauen die Bergleute unter schwierigen Bedingungen den Ton für die Töpferei ab. Ein Kind füllt einen Korb und eine Frau bringt ihn nach oben. (Votivtafel, Penteskouphia bei Korinth, um 570 v. Chr.)

In der Hölle des Bergwerkes

Die Gruben sind Staatsbesitz und werden von diesem gegen ein Entgelt und einen prozentualen Anteil an dem abgebauten Erz an Konzessionäre verpachtet. Die Privatleute, die vom Staat den Zuschlag für die Ausbeutung der Bergwerke erhalten haben, beschäftigen zwei Kategorien von Arbeitern: die, die das Erz abbauen und die, die es bearbeiten. Größtenteils sind es Sklaven, die unter härtesten Bedingungen arbeiten und bei denen es sich wohl um die bedauernswertesten Menschen ganz Griechenlands handelt. So schreibt Diodor von Sizilien Folgendes über sie: „Diese Unglücklichen denken, dass die Zukunft immer noch furchtbarer ist als die Gegenwart und sie erwarten den Tod, den sie mehr ersehnen als das Leben." Es wird in Tag- und Nachtschichten gearbeitet, wobei eine Schicht ungefähr zehn Stunden dauert, während derer „die Drohungen des Aufsehers und die Schläge sie ununterbrochen zwingen, zu arbeiten". Der Bergmann arbeitet liegend, nackt oder nur dürftig mit einem Schurz bekleidet. Er bricht die Ader mit einem Keil und einem Hammer an und baut das Erz dann mit seinem Pickel ab. Als Beleuchtung stellt er eine kleine Blei- oder Tonlampe in eine Felsnische oder hängt eine Amphore, in der ein Docht taucht, an die Decke. Hinter dem Bergmann sammeln seine Gehilfen, oft Frauen oder Kinder, das Erz in Körben oder Säcken ein und schaffen es hinauf ans Tageslicht. Dort nehmen andere Arbeiter das Erz entgegen, um es zu bearbeiten: Sie zerstoßen es in Mörsern, waschen es in Becken und verflüssigen es in Schmelzöfen. Das so gewonnene Metall wird in Barren gegossen. Die 15 kg schweren Barren von Laurion werden mit ihrem Markenzeichen gekennzeichnet, bevor sie nach Athen gebracht und dort zu Münzen verarbeitet werden.

Die Bergleute sind Sklaven, die das Erz in den Tiefen der Erde abbauen, ohne jede Hoffnung, ihrem grausamen Schicksal entkommen zu können. (Innenbild einer attisch-rotfigurigen Schale, um 490 v. Chr.)

Silber

Die ersten Münzen sollen im 7. Jh. v. Chr. in griechischen Städten Kleinasiens geprägt worden sein und verbreiten sich langsam im folgenden Jahrhundert. Jede Stadt beginnt nun ihre eigenen Münzen zu prägen und Geldwechsler und Bankiers vermehren sich rasend schnell.

Die Vielfalt der Münzen

Auf dem Land betreibt man auch weiterhin Tauschhandel, um sich mit dem Notwendigsten zu versorgen. So tauscht der Bauer beim Hirten z. B. einen Sack Korn oder einen Schlauch Wein gegen ein Lamm ein. Doch seit dem 6. Jh. v. Chr. beginnen die Stadtstaaten mit der Prägung ihrer Münzen. Hierfür legt der Münzer ein rundes Metallstück, den Schrötling, zwischen zwei Metallstempel, in denen die Bilder der Vorder- und Rückseite der Münze konkav ausgespart sind. Mit einem kräftigen Hammerschlag prägt er das Motiv und stanzt die Münze zugleich aus. Diese Münzen zirkulieren im Prinzip nur in der Polis, in der sie geprägt wurden, doch manche sind in ganz Griechenland zu finden: z. B. die „athenischen Eulen", die überall angenommen werden. Wegen der Vielfalt der Münzen findet man auf dem Markt die nun unentbehrlichen Geldwechsler. Die folgende Anekdote verdeutlicht, wie es die Münzvielfalt unehrlichen Händlern ermöglicht, ihre Kunden zu hintergehen: Ein Kunde gibt einem Händler aus Athen, der ihm einen prächtigen Fisch für zehn Obolen anbietet, attische Obolen. Doch der Fischhändler nimmt das Geld nicht an und gibt vor, der Preis verstünde sich in aiginetischen Obolen – zu einem höheren Wechselkurs, versteht sich.

Jede Polis prägt ihre Münzen mit dem Bildnis ihrer Schutzgottheit: Athen mit der Göttin Athena, Metapont mit Poseidon, Gela mit einem Stier mit Menschenkopf, der die Inkarnation des Flussgottes Gelas ist und der Stadt ihren Namen gab. (Silbermünze, Metapont, um 500 v. Chr. Oben: silberner Didrachme, Gela, um 466 v. Chr.)

Lebenshaltungskosten

In Athen braucht man zum Leben mindestens ein bis drei Obolen – eine Portion gekochtes Fleisch kostet eine halbe Obole. Mit einem mittleren Einkommen von einer Drachme, bzw. sechs Obolen, kann ein Arbeiter seinen Lebensunterhalt zwar bestreiten, doch er ist weit davon entfernt, sich einen Sklaven leisten zu können, der mindestens 70 Drachmen kostet; und von einem schönen Haus, das 3000 Drachmen kostet, kann er nur träumen ...

Münzwerte

In Griechenland sind fast nur Silbermünzen im Umlauf, obwohl es auch Goldmünzen gibt, die sog. Dareiken, deren Bezeichnung auf den Perserkönig Dareios I. zurückgeht. Seit dem 4. Jh. v. Chr. sind außerdem kleine Bronzemünzen verbreitet, die jedoch nur im lokalen Handel und für kleinere Transaktionen verwendet werden. Man trägt sie übrigens im Mund, wenn man auf den Markt geht. Abgesehen von der Obole und der Drachme, die sechs Obolen entspricht, gibt es eine ganze Palette von Münzwerten: Es gibt u. a. Münzen von $^1/_8$, $^1/_4$, $^1/_2$ Obole und im Wert von zwei, drei oder vier Obolen, außerdem die Drachme und die zwei, vier und zehn Drachmen entsprechenden Münzen. Die gängigen Münzen tragen meistens auf einer Seite das Symbol der Stadt, in der sie geprägt wurden: eine Eule für Athen, eine Schildkröte für Aigina, einen Delphin für Delphi, einen Thunfisch für Kyzikos etc. Für große Summen behilft man sich mit Rechnungseinheiten, für die es keine Münzen gibt: die Mine, die 100 Drachmen entspricht, und das Talent, welches 60 Minen, also 6000 Drachmen entspricht.

Die griechischen Künstler stellen gern amüsante Wiederholungen dar. Auf dieser Amphora ist der Kauf einer Amphora abgebildet – gegen eine mit kleinen Münzen gefüllte Börse. (Attisch-rotfigurige Amphora, um 460/450 v. Chr.)

Die Bankiers

Bei größeren Transaktionen wenden sich die Griechen an Bankiers, d. h. an Privatleute, die für ihre Kundschaft drei Funktionen ausüben: Sie gewähren gegen Zinsen Kredit, sind Geldwechsler und verwalten Ersparnisse. Die Bankiers, deren Name *trapezites* auf den langen Tisch zurückzuführen ist, hinter dem sie stehen, gehen ihren Geschäften auf den Märkten nach. Wenn ihnen das Geld ausgeht, dann machen sie Bankrott (von banco rotto, das „zerbrochener Tisch" bedeutet) und stoßen ihren Tisch um. Ihr Reichtum verleiht diesen Männern Ansehen, selbst wenn sie – wie mehrheitlich – Metöken oder Freigelassene sind. Unter den wohlhabendsten Bankiers Athens findet man z. B. den ehemaligen Sklaven, Pasion, der zuerst der Vertrauensmann seiner Gebieter ist und schließlich sogar deren Nachfolge antritt. Seine Bank gehört zu den bekanntesten in ganz Griechenland und sein Ansehen ist so groß, dass ihm sogar das Bürgerrecht verliehen wird. Das Kapital einer Bank besteht aus dem Besitz ihres Inhabers, zu welchem das Geld kommt, das in der Institution hinterlegt wird. Die Bankiers gewähren Privatleuten Kredit und erheben hierfür Zinsen von 10 bis 30 Prozent, die monatlich bei Neumond zu zahlen sind. Ihre Kunden können bei ihnen auch ihr Geld deponieren. Außerdem nimmt die Bank Kautionen entgegen, die bei einem Prozess hinterlegt werden müssen. Wechsel sind selten, das Kapital zirkuliert eher in Form von Münzen. Um die Berechnungen zu vereinfachen, benutzen die Bankangestellten einen Abakus, eine Art Rechenbrett, das in Spalten nach Einheiten, Zehnern und Hunderten aufgeteilt ist. Auf diesen Spalten verrücken sie Marken oder Kugeln mit verschiedenen Werten, mit denen sie sogar komplizierte Berechnungen durchführen können.

Die Schwankungen des Geldwertes

Der folgende Dialog in *Die Weibervolksversammlung* von Aristophanes zeugt davon, dass das Geld von Spekulationen nicht verschont bleibt.

„Und (denkst du) an das Kupfergelddekret, das man erließ?"
(Daraufhin der Nachbar:)
„Mir hat sich das Gepräge fest eingeprägt.
Denn von verkauften Trauben bracht ich
das Maul voll Kupfermünzen heim:
Nun ging ich auf den Markt, um Mehl zu kaufen,
und wie ich schon den Mehlsack unterhielt,
da rief der Herold aus:
‚Die Kupfermünzen sind nicht mehr gültig;
's gilt nur Silbergeld!'"

Der Handel

Der Handel nimmt bei den Griechen einen hohen Stellenwert ein. Man handelt mit allem und jedem, sowohl innerhalb des Stadtstaates als auch auf internationalem Niveau. Das ist dank der Beziehungen, die mit den Kolonien von Spanien bis zum Schwarzen Meer und vom französischen Marseille bis Naukratis in Ägypten unterhalten werden, möglich.

Die Händler besitzen Lager, in denen sich alle möglichen Waren stapeln. Hier wiegen die Angestellten Stoffe, vielleicht bevor diese auf Handelsschiffe verladen werden. (Detail einer attisch-schwarzfigurigen Oinochoe, um 510/500 v. Chr.)

Der lokale Warentausch

Alles, was man für das tägliche Leben benötigt, kann man auf den Märkten, bzw. auf den öffentlichen Plätzen der Städte finden. In Athen wird den Händlern entsprechend der Ware, die sie verkaufen, ein Standort auf der Agora zugeteilt, daher sagt man: Ich gehe „zum Quark" oder „zum Fisch". Man kann Stände finden, auf denen die Bauern Attikas die Waren ihrer Landwirtschaft feilbieten, daneben spezialisierte Lebensmittelstände (Bäckereien, Fleischereien, Obst- und Gemüsehändler), etwas weiter Kleidungs-, Schuh- und verschiedene Töpferstände. Fischer kommen aus dem Piräus, um hier ihren Fang anzubieten, wobei Thunfisch und Goldbrasse oder kleine Fische zum Ausbacken besonders beliebt sind. Von weiter her kommen Männer mit Wild, Vögeln oder Hasen. Frauen verkaufen vor allem Blumen und Kränze, Parfüm und allen möglichen Krimskrams. Über den berühmten Dichter Euripides hat man oft gespottet, weil seine Mutter ja auf der Agora Kräuter verkaufte. Einmal im Monat, bei Vollmond, wird der Sklavenmarkt abgehalten, auf dem man Diener für das Haus oder Arbeiter für die Werkstatt erstehen kann. Nachdem die Händler eine Gebühr entrichtet haben, um ihre vielfältigen Waren verkaufen zu dürfen, stellen sie sich unter einem Zeltdach oder in einer Bretter- oder Schilfhütte unter. Man trifft sowohl Erzeuger wie auch Wiederverkäufer an. Die *agoranomoi*, Marktaufseher, gehen ihren Pflichten nach, indem sie für Ordnung sorgen und gegebenenfalls Streit schlichten.

Ein Tag auf dem Markt

Der Markt beginnt im Morgengrauen. Normalerweise übernimmt der Mann das Einkaufen, denn eine achtbare Frau und wohlerzogene Jugendliche würden sich nie an diesem volkstümlichen Ort aufhalten, wo sie alle möglichen Individuen antreffen könnten. Auf dem ganzen Markt herrscht fröhliches Treiben, indem sich die Schreie von Händlern und Tieren mit Auseinandersetzungen zwischen Verkäufern und Käufern mischen, die sich über Qualität und Preis der Waren uneinig sind. Diese Hektik entspricht nicht immer dem Geschmack der Bauern, die sich hierher begeben: „Dann seufz ich [...], fluche der Stadt und denke: wär' ich nur daheim, auf meinem Dorf; dort hör ich niemals: ‚Kauft, kauft Kohlen, Essig, Öl!' Da wächst in Fülle all das von selbst und ohne ‚Kauft!'-Geschrei." Nachmittags, wenn die Händler ihre Geschäfte längst gemacht haben, sieht man noch die Neugierigen, nur so, zum Vergnügen, umherschlendern.

Um Streitereien auf der Agora zu vermeiden, haben Athen und andere Poleis offizielle Maßeinheiten für Flüssigkeiten und Getreide eingeführt. Das größte Maß (links) fasst drei *choinix* bzw. ungefähr 3 l. Die Aufschrift *demosion* zeichnet es als staatlich anerkanntes Maß aus.

Wie viel darf es sein?

Um die Produkte zu messen und zu wiegen, besitzt jeder Stadtstaat sein eigenes System, was unvermeidlich zu Auseinandersetzungen zwischen Händlern und Kunden verschiedener Städte führt. Als Hohlmaß gilt die *kotyle*, die je nachdem 0,20 bis 0,30 l beträgt. In Athen ist die *kotyle* zwar die Basiseinheit, doch man multipliziert sie, um weitere Maße zu erhalten. Da ist der *chous*, mit dem Flüssigkeiten gemessen werden, der etwas mehr als 3 l beträgt, und der *metretes* mit etwas über 39 l; das Korn wird in *choinix* gemessen, einer Maßeinheit die ungefähr 1 l entspricht, und in *medimnos*, exakt 52,41 l. Diese Maße haben die Form von Tongefäßen. Die gleiche Vielfalt ist auch bei den Gewichten zu beobachten. Um die Waren auf ihrer Waage zu wiegen, benutzen die Händler Bronze- oder Tongewichte, die auf einer ihrer Seiten das Symbol ihres Wertes angeben, nach dem sie auch benannt werden. So gibt es zwischen der „Schildkröte", die 228 g wiegt, und dem „Knöchel" von 915 g, die „Amphore" mit 305 g und den „Delphin" mit 457 g. Diese Maße und Gewichte werden von den Beamten, den *metronomoi*, streng kontrolliert. Sie begeben sich zu den Händlern, um zu überprüfen, ob sie die Gewichte gefälscht haben. Ist dies der Fall, wird den Betrügern eine Geldstrafe auferlegt.

Der Außenhandel

Nicht nur auf den lokalen und regionalen Märkten wird Handel getrieben, ein beträchtlicher Teil der Waren wird rund um das Mittelmeer gehandelt. Die griechischen Kolonien, von Marseille in der Provence bis Naukratis in Ägypten, von Kyrene in Afrika bis Olbia an der Schwarzmeer-Küste in der Ukraine, begünstigen den Handel mit allen nur erdenklichen Gütern: Getreide, Wein, Öl, Wolle, Häuten, Holz, Steinen, Metall, aber auch Werkzeug, Waffen, Kleidung, Papyrus, Töpferwaren u. v. a. m. – ohne die Luxusgüter wie Elfenbein, Perlen und Sklaven zu vergessen. Dank seiner politischen Allianzen und Flotte ist Athen zu dieser Zeit die größte Handelsmacht ganz Griechenlands. Der Piräus, in dem sich die Routen aus allen Herrenländer kreuzen, ist ein Transit- und Vertriebszentrum für Waren „aus aller Welt". Hier trifft man Großhändler oder *emporoi* an, richtige Geschäftsleute, die Expeditionen in ferne Länder ausrüsten. Sie beschaffen die Fracht und arbeiten mit den *naukleiroi*, den Reedern, zusammen, die die Schiffe bereitstellen. Von der Aussicht auf Profit angezogen, legen auch reiche Bürger ihr Kapital in diese Art von Geschäften an. Die Seedarlehen können 20 bis 30 Prozent Gewinn einbringen – sofern das Schiff nicht untergeht und den Piraten entkommt.

Land und Reisen

Landkarten stellen in Griechenland eine Ausnahme dar. Und wenn man zu dieser Zeit eine Landkarte zu Gesicht bekommt, dann ist es schwierig, die Verbindung zu der Welt herzustellen, die man kennt. Aristophanes hat in seinem 423 v. Chr. vorgestellten Stück *Die Wolken* folgende Geschichte in Szene gesetzt: STREPSIADES, ein Bauer, begibt sich in die Schule, in die er seinen Sohn schicken möchte. Er folgt den Scholaren, die sich zurückziehen, bis an die Schwelle, und erblickt ein astronomisches Gerät.

STREPSIADES. Bei allen Göttern, sprich, was ist denn das?
SCHÜLER DES SOKRATES. Astronomie, mein Freund!
STREPSIADES auf andere Instrumente deutend. Und dieses da?
SCHÜLER. Geometrie.
STREPSIADES. Wofür ist das denn gut?
SCHÜLER. Um Land zu messen.
STREPSIADES. Wie? Verlostes Land?
SCHÜLER. Land überhaupt, das Erdreich.
STREPSIADES. Ganz charmant! Das ist doch
was fürs Volk, erklecklich praktisch.
SCHÜLER auf eine Landkarte zeigend.
Hier ist die ganze Erde: siehst Du Athen?
STREPSIADES. Das soll Athen sein? Seh mir einer an!
Wo sitzt denn da auch nur ein einz'ger Richter?
SCHÜLER. Verlass dich drauf, hier siehst du Attika!
STREPSIADES. Wo sind denn meine Landsleut in Kikynna?
SCHÜLER. Da drinnen stecken sie! Sieh her,
daneben liegt auch Euboia, hier, lang hingestreckt.
STREPSIADES. Weiß schon: wir und Perikles
streckten's hin. – Wo ist denn Lakedaimon?
SCHÜLER. Wo? Da, hier!
STREPSIADES kopfschüttelnd. So nah bei uns? –
Studiert doch ernstlich drauf, dass ihr das Nest da weg-
schafft weit von uns!
SCHÜLER. Du Narr, das geht nicht.

Das Meer ist für die griechische Welt von großer Bedeutung, einerseits als Verkehrs- und Handelsweg, andererseits verbindet es auch die Kolonien von Marseille bis Olbia am Schwarzen Meer miteinander. (Detail einer attisch-schwarzfigurigen Oinochoe, um 500 v. Chr.)

Landschaften

Das Territorium der Griechen besteht aus zwei voneinander untrennbaren Elementen, den Bergen und dem Meer. Doch die Harmonie und die Lieblichkeit dieser Landschaft täuschen, denn von Zeit zu Zeit wird sie von furchtbaren Katastrophen, Erdbeben und Flutwellen, heimgesucht.

Wie zahlreiche andere Gottheiten symbolisiert auch Athena eine Region Griechenlands: Attika, die Athen ihren Namen gab. (Weihrelief, Marmor, um 460 v. Chr.)

Die Sicht der Griechen wird meistens von Bergen begrenzt. Nur auf dem Meer kann der Blick in die Unendlichkeit schweifen, die das Verlangen nach Abenteuer und Handel erweckt.

Berge und Meer

Das kontinentale Griechenland liegt im Süden der Balkanhalbinsel und besteht zu 80 Prozent aus kleinen Bergmassiven, von denen das bedeutendste das Pindos-Gebirge ist, das Epirus von Thessalien trennt. Die Gipfel sind nie sehr hoch, denn der Olymp, auf dem die Götter wohnen, liegt bei 2985 m und der Parnass, der Aufenthaltsort der Musen, bei 2457 m. Auch wenn diese Berge nicht sonderlich hoch sind, so können ihre Hänge dennoch sehr schroff abfallen und Schwindel erregende Steilhänge bilden. Am Fuß dieser Kämme liegen kleine, voneinander isolierte Täler, in denen sich die griechischen Stadtstaaten herausbilden – beispielsweise Sparta in der lakonischen und Theben in der boiotischen Ebene. Andere Poleis, wie z. B. Korinth, bestehen nur aus einem schmalen Küstenstreifen. Die Berge mit ihren verschneiten Gipfeln und vor allem das Meer bilden die vertraute Kulisse aller Griechen. Davon zeugt ein Ausdruck des Geografen Strabon, der auf jemanden zutrifft, der so tut, als wüsste er etwas nicht, was er in Wirklichkeit sehr wohl weiß: „Noch ein Kreter, der noch nie das Meer gesehen hat!" Wo man sich auf dem griechischen Festland auch befinden mag, nie ist die Küste weiter als 90 km entfernt. Aber auch auf See behält man das Land stets in Sicht. Zu dem von den Griechen besiedelten Raum gehören nämlich außerdem die zahllosen Inseln der Ägäis – es sind über 400 an der Zahl – von Thasos bis Lesbos, von Samos bis Kithira, dazu Euboia, die sich parallel zur Küste Attikas erstreckt, und Kreta, die große Insel im Süden. Sogar in Kleinasien, in Süditalien und auf Sizilien sind die für die griechische Landschaft so kennzeichnenden Berge und das Meer allgegenwärtig. Diese geografische Beschaffenheit hat ihre Konsequenzen: Die Abkapselung der Täler, wie auch die Zerstreutheit der Inseln begünstigt die Zersplitterung der Gemeinschaften in kleine, von einem unabhängigen Geist belebte Einheiten.

Ein mildes Klima

Das Klima Griechenlands hat sich seit der Antike kaum verändert. Die Jahreszeiten unterliegen nach wie vor dem regelmäßigen Rhythmus, der – außer im Norden, wo es schneien kann – von milden Wintern bestimmt wird, von einem kurzen Frühling und dem Beginn der heißen Jahreszeit im Mai. Im Sommer kann das Thermometer bis auf 40 Grad klettern. Auf den Inseln und an den Küsten bringen die frische Brise vom Meer und der Meltemi aus Norden etwas Abkühlung. Die Griechen leiden oft unter Trockenheit, denn im Juli und August kann der Regen ganz ausbleiben. Flüsse, die ganzjährig Wasser führen, wie der Acheloos in Akarnanien, sind eine Ausnahme. Meistens plätschern die Wasserläufe nur als dünne Rinnsale dahin, wie z. B. der Mäander, der sich durch Kleinasien windet. Unterirdisch fließt das Wasser aber sehr wohl und die berühmteste der zahlreichen Quellen ist zweifellos die Kastalia-Quelle in Delphi, die Apollon und später auch den Musen geweiht war. Andererseits findet man große Wasserflächen wie z. B. den Stymphalischen See in Arkadien und den heute verschwundenen Kopaïs-See in Boiotien. Der Herbst – eigentlich eher ein milder Spätsommer – dauert bis zu den ersten Regenfällen im November, die die Rückkehr des Winters ankündigen. Natürlich gibt es aber auch regionale Unterschiede. Attika ist z. B. berühmt für seine gesunde, trockene und vor allem viel besungene reine Luft.

Naturkatastrophen

Griechenland wird häufig von Erdbeben erschüttert und unterliegt Phänomenen vulkanischen Ursprungs. Die Verschiebungen der Erdkruste können für die Bevölkerung äußerst dramatische Folgen haben. So fordert im Jahr 462 v. Chr. ein Erdbeben, das Lakonien heimsucht und Sparta verwüstet, an die 20 000 Opfer. Diese Katastrophe veranlasst die Heloten dazu, sich gegen die Spartaner zu erheben, die später zehn Jahre kämpfen müssen, um sie erneut zu unterwerfen. An den Küsten werden die Erdbeben häufig zudem von hohen Flutwellen begleitet. Als im Jahr 426 v. Chr. Erdstöße Euboia und den Malischen Golf heimsuchen, verwüstet eine Flutwelle die Insel Atalante, von der ein Teil endgültig im Meer versinkt. Eine Triere, die gerade im Hafen gebaut wurde, soll von den Wassermassen über die Stadtmauer hinweggehoben worden sein. Bei derselben Katastrophe wird die Stadt Scarpheia im Malischen Golf vollständig zerstört – hier soll es 1700 Opfer gegeben haben. Doch das furchtbarste Unheil in der griechischen Geschichte, das sich im Jahr 373 v. Chr. im Golf von Korinth ereignet, löscht zwei Städte von der Karte aus: Boura wird in den Abgrund gerissen und Helike wird von einer riesigen Flutwelle verschlungen. Zweitausend Retter, die vor Ort entsendet werden, um den Opfern zu Hilfe zu kommen, können nicht einmal die Toten bergen. Helike und sein prächtiger Poseidontempel ruhen seither in den Tiefen des Meeres, und nur die Taucher bekommen auf dem Meeresgrund noch die verstreuten Reste der Häuser und Stadtmauern zu Gesicht. Es wird erzählt, dass die prachtvolle Bronzestatue des Poseidon in ihrem feuchten Gefängnis nach wie vor aufrecht steht, und dass die Netze der Fischer sich in dem Seepferd verfangen, das der Gott noch immer in seiner Hand hält.

Unberührte Natur

Bäume und Blumen, Insekten, Vögel und alle möglichen anderen Tiere gehören zu einer Umwelt, die auch uns noch vertraut ist. Doch an den Grenzen der chora, *dem kultivierten Land, beginnt im wenig einladenden Gestrüpp der Macchia und den zerklüfteten Bergregionen das Reich der wilden Tiere.*

Der Delphin ist den Seeleuten, deren Fahrten er häufig begleitet, vertraut. (Attisch-schwarzfiguriger Krater, um 580/570 v. Chr.)

Mediterrane Vegetation

Jenseits der Felder trifft man in der griechischen Landschaft drei mediterrane Vegetationstypen an: die Macchia, ein manchmal undurchdringliches, 1 bis 2 m hohes Gestrüpp und dichtes Strauchwerk. In ihm gedeihen Erdbeerbäume, Buchsbäume, Mönchspfeffer, Wacholder, Mastixbäume, Rhamnus, Myrten, Therebinthen, wilde Olivenbäume und Steineichen. Die zweite typische Landschaft, die Mittelmeerheide, ist weniger hochbewachsen und zeichnet sich durch ihre große Vielfalt an aromatisch duftenden Kräutern aus, wie beispielsweise Lavendel, Majoran, Melisse, Rosmarin, Bohnenkraut, Salbei und Feldthymian. Und schließlich die Wiesen, die, je nach Jahreszeit, mit Gräsern, wildem Gemüse, Blumen, darunter Affodill, Herbstzeitlose, Krokusse, Hyazinthen, verschiedenen Lilienarten, Rittersporn und Pfingstrosen übersät sind. Überall blühen Blumen, sogar auf den Feldern zwischen dem Getreide wachsen Siegwurz und Kornrade. Entlang der Wasserläufe sprießen unter Oleander, Erlen, Weiden und Tamarisken gelbe Schwertlilien aus dem Boden, während sumpfige Gebiete, wie die Ebene von Marathon, von Schilf bedeckt sind. In den Wäldern findet man Anemonen und Geißblatt. Das griechische Festland – und mehr noch die Inseln – ist durch den großen Holzbedarf der Menschen bereits stark abgeholzt. So leben die Bewohner von Acharnai, dem größten Demos von Athen, ausschließlich vom Handel mit Holzkohle, die die Köhler an den Hängen des Parnass herstellen. Johannisbrotbäume, Zypressen, Eiben, Lorbeer, Zürgelbäume, Pistazien, Trauben- und Steineichen sind indessen auch heute noch weit verbreitet. Auf den Ausläufern des Pindos-Gebriges gibt es zudem große Wälder mit Aleppokiefern, Buchen, Kastanien und Eichen.

Wie der Hase gehört auch der Igel zur vertrauten Tierwelt der Griechen. (Igelförmiges Gefäß, korinthischer Stil, 6. Jh. v. Chr.)

An den Grenzen der Zivilisation

Sobald sie sich von den bebauten Feldern entfernen, stehen die Griechen einer unberührten Natur gegenüber, die nur von Hirten, Holzfällern und Jägern durchstreift wird. Auch manche marginalen Kulte zeugen von einer Vorliebe für diese unwirtlichen Orte. Artemis, die scheue Göttin der Jagd, besitzt in diesen Gebieten, jenseits der zivilisierten Welt, sehr alte Heiligtümer. Die Bacchantinnen, Anhängerinnen des Dionysos, dessen Heimat das unwirtliche Pangaion-Gebirge in Makedonien ist, verstoßen, durch ihre schrecklichen Riten, die sie an fast unzugänglichen Orten zelebrieren, gegen jegliche Regeln der Vernunft. Doch in diese von der Zivilisation unberührten Regionen haben sich auch wilde Tiere, Bären und Wölfe zurückgezogen. Insbesondere der bergige und waldreiche Norden des griechischen Festlandes bietet gefährlichen Raubtieren nahezu unberührten Lebensraum. Laut Xenophon kann man auf dem Pangaion-Gebirgszug, in der Nähe von Amphipolis, sogar noch Löwen, Panther, Geparden und Luchse antreffen. Manche Tiere werden jedoch nur gefürchtet, weil man sie eigentlich nicht kennt. Dies ist der Fall der Wisente, die in Thrakien noch in großen Herden leben und von denen erzählt wird, dass sie Reisende anfallen.

Die Tierfabeln

Die lange währende Nähe der Griechen zu den wilden Tieren hat es ihnen ermöglicht, ihr Wesen zu ergründen. Daher haben sie schon früh, von deren Verhalten inspiriert, zahlreiche Erzählungen geschaffen, bei denen Adler, Raben, Frösche, Hasen, Löwen, Wölfe, Mäuse etc. in Szene gesetzt werden, um eine Moral zu erteilen. Diese im 5. Jh. v. Chr. sehr verbreiteten Fabeln werden dem Dichter Äsop zugeschrieben. Manche von ihnen, wie *Der Rabe und der Fuchs*, *Der Wolf und das Lamm*, *Der Löwe und die Maus*, *Die Taube und die Ameise* haben die Jahrhunderte überdauert und wurden von La Fontaine im 17. Jh. wieder aufgenommen.

Die Häufigkeit der Tierszenen als Vasendekor, hier zwei Raubvögel, die über einem Hasen kreisen, zeugt von der Nähe der ungezähmten Tierwelt. (Detail einer schwarzfigurigen Vase, um 530 v. Chr.)

Eine überaus artenreiche Fauna

In der griechischen Landschaft summt, brummt und zirpt es von unzähligen Insekten, u. a. von den in diesem sog. anakreontischen Lied besungenen Zikaden: „Dich preisen glücklich wir, Zikade, weil du auf ragendem Geäst von einem Tröpfchen Tau dich nährst und wie ein König singst.“ Auf dem Boden kriechen Schlangen, vor allem die Natter, die den nach dem Heilgott Äskulap benannten Stab ziert, und Skorpione und Taranteln bedrohen den Menschen mit ihrem Stachel. Auf dem Land wimmelt es von Wald- und Feldmäusen – die Ratte kommt zu dieser Zeit in Griechenland noch nicht vor –, Hasen hoppeln zwar überall herum, doch Kaninchen sucht man hier vergebens. Dachse, Wiesel, Steinmarder, Füchse, Biber und Fischotter sind weit verbreitet. Jäger haben u. a. die Wahl zwischen Wildschweinen und Hirschen. In Griechenland zählt man auch mehrere hundert Vogelarten, darunter zahlreiche Zugvögel. Auf den Wasserflächen gesellen sich Enten, Gänse und Krickenten zu den Kormoranen, Möwen und Pelikanen, zu den Störchen, Kranichen und Reihern. Während Stein-, Schreiadler und Geier von den Luftströmen getragen, sich elegant über die Gipfel der Berge gleiten lassen, ertönt in den Wäldern der Ruf des Kuckucks, das Gurren der Turteltaube, das Hacken des Grünspechtes u. a. m. Über den Feldern und der Heide ziehen Sperlinge, Lerchen, Grasmücken, Drosseln, Schwalben, Amseln, Nachtigallen und Rotkehlchen täglich ihre Kreise.

Zur See fahren

Dem Unwetter und den Piraten zum Trotz durchkreuzen die Griechen auf ihren Schiffen das Mittelmeer und natürlich die Ägäis. Obwohl sie vor allem an den Küsten entlang fahren, wagen sich auch einige Seefahrer auf die hohe See hinaus.

Die Orientierung auf See

Um sich auf See zu orientieren, verfügen die Griechen weder über einen Kompass noch über einen Sextanten. Sie verlassen sich ausschließlich auf die Winde, die Strömungen, die Position der Sonne und der Sterne. Bei bedecktem Himmel ziehen sie sich meistens in eine Reede zurück und die Boote bleiben möglichst in Küstennähe. Der Mut der Seefahrer, die Kreta oder Ägypten direkt anfahren, wird allseits bewundert. Die Seeleute kennen die gefährlichen Passagen, wie das Kap Maleas, die äußerste Spitze der Peloponnes. Bevor sie sich in der Straße von Messina zwischen die Klippen wagen, oder wenn sie zwischen den Symplegaden, den „Zusammenschlagenden“ Felseninseln am Eingang des Bosporus, die sich einander nähern sollen, um die Schiffe zu zertrümmern, hindurch müssen, dann erbitten sie den Schutz der Götter. Auch der Euripos von Chalkis, die Passage zwischen dem griechischen Festland und Euboia ist berüchtigt, denn die Strömung wechselt sieben Mal am Tag und sieben Mal in der Nacht! Sich auf die Winde zu verlassen, ist ebenfalls sehr gewagt. Herodot erzählt von dem Missgeschick, das einem Schiff aus Samos widerfuhr: „Sie [...] hielten zu auf Ägypten, wurden aber von ihrem Kurs durch einen Ostwind abgetrieben. Und sie fuhren [...] durch die Säulen des Herakles (die Straße von Gibraltar) [...].“ Im östlichen Mittelmeer hütet man sich vor allem vor dem Meltemi, einem Wind, der sehr unregelmäßig aus dem Norden bläst und die Seefahrer daran hindert, bestimmte Richtungen einzuschlagen. Günstig ist es, ab Frühling bis zum Erscheinen der Pleiaden im Herbst in See zu stechen. Zwischen Oktober und April ist das Meer „geschlossen“, in dieser Zeit wagt man sich normalerweise nicht auf das Meer hinaus.

Wenn der Wind sich legt, gilt es, allein durch die Kraft der Arme vorwärts zu kommen. Die Ruderer schaffen maximal 45 Ruderschläge pro Minute, was aber äußerst anstrengend ist und nicht lange durchgehalten werden kann. (Detail eines attisch-rotfigurigen Stamnos, 450 v. Chr.)

Die dickbauchigen Handelsschiffe (links) unterscheiden sich deutlich von den spitzen, mit einem Sporn ausgestatteten Kriegsschiffen (rechts). (Detail einer attisch-schwarzfigurigen Schale, um 520/500 bzw. spätes 6. Jh. v. Chr.)

Der „Diolkos" von Korinth

Um den Peloponnes nicht umfahren zu müssen, bauen die Griechen auf dem Isthmus von Korinth zwischen dem Ägäischen und dem Ionischen Meer eine „Schiffsbahn". Der *Diolkos* ist zunächst eine mit Holzbohlen, später mit Steinplatten bedeckte Rillenschleifbahn, auf der Boote von der einen auf die andere Seite gelangen. Die Schiffe werden an Land gezogen und auf Wagen gehievt, die von Eseln oder Pferden gezogen werden.

Die Schiffe

Die runden und schweren Handelsschiffe unterscheiden sich deutlich von den leichten, spitz zulaufenden Kriegsschiffen. Aus Tannen-, Zypressen- oder Lärchenholz gebaut, sind sie im Gegensatz zu den Kriegsschiffen nicht mit einem Bronzesporn am Bug ausgestattet, sie besitzen ein Deck und hinten sogar ein Deckhaus. Doch die Konstruktionstechniken sind die gleichen: Man beginnt damit, Planken mit verdübelten Zapfen und Zapfenlöchern zusammenzufügen. Dann werden zur Stabilisierung des Ganzen auf der Innenseite Spanten angebracht. Wenn die Zimmerleute die Planken zusammengefügt haben, werden diese mit Teer kalfatert. Schließlich wird, bevor man das Boot vom Stapel lässt, der Bug mit dem Bildnis eines Gottes versehen, der Boot und Mannschaft schützen soll. Der große Mast trägt ein rechteckiges Segel aus Leinen, das mit Seehund- oder Hyänenleder eingefasst ist, um Blitze fern zu halten. Das Segel ist an einer Rahe aus Zypressenholz befestigt, die Taue werden durch Ringe bis zum Heck geführt. Um das Segel einzuholen, braucht man nur gleichzeitig an diesen Tauen zu ziehen. Der Steuermann lenkt das Boot mit einem oder mit zwei Rudern. Ein geschickt manövriertes, von einem guten Notos, dem Südwind, getriebenes Handelsschiff kann in zwölf Stunden 34 Seemeilen zurücklegen, was einer Durchschnittsgeschwindigkeit von 2,8 Knoten entspricht. Die Mannschaft greift nur in bestimmten Situationen zu den Rudern, z. B. bei Gegenwind, um ein Kap zu umfahren, sich von der Küste fern zu halten oder um einen Platz für die Nacht zu erreichen. Am Bug ist der Anker befestigt, übrigens eine Erfindung der Griechen, denn sie haben begonnen, große, mit Holzspitzen gespickte Steine und später mit Blei und Steinen beschwerte Eisenstücke ins Meer zu werfen.

Auf dem Seeweg

Da viele Schiffe sich auf die Küstenschifffahrt beschränken und sich nicht sehr weit vom Ufer entfernen, verkehren sie überwiegend tagsüber. Sobald die Nacht hereinbricht, wirft man entweder in einem Hafen oder in einer kleinen Bucht den Anker aus. Wenn die Städte über keine geeignete Reede verfügen, dann legen sie einen künstlichen Hafen an, indem sie Molen ins Meer bauen lassen. Bei Einbruch der Nacht werden Fackeln angezündet, die den Schiffen den Weg weisen. An der zerklüfteten Küste Griechenlands finden kleine Boote auch in den zahlreichen seichten Buchten Schutz während der Nacht. Dann ziehen die Matrosen ihr Boot ganz einfach auf den Strand und legen sich zur Ruhe. Da es keine Personenschifffahrt in unserem Sinne gibt, schiffen sich die Passagiere auf den Handelsschiffen ein. Der Preis für eine Überfahrt ist bescheiden: zwei Obolen von Athen nach Korinth, zwei Drachmen bis nach Ägypten. Allerdings ist eine Seereise immer mit Gefahren verbunden. Da fürchtet man zunächst natürlich die Unwetter, die urplötzlich aufkommen können, aber auch die Piraten, die an den Küsten ihr Unwesen treiben und nachts auf den Riffs Feuer anzünden, um die Seeleute in einen vermeintlichen Hafen zu locken. Mehr als an der Ladung sind die Piraten an den Menschen interessiert – diese verkaufen sie nämlich auf dem Sklavenmarkt.

Auf dem Landweg

Die Griechen, die sich hauptsächlich auf dem Meer fortbewegen, haben sich nicht sonderlich um ihr Straßennetz bemüht. Dennoch trifft man viele Reisende aus allen sozialen Schichten und Berufssparten an, die sich überwiegend zu Fuß fortbewegen.

Der Esel eignet sich hervorragend für den Transport von Waren. (Terrakotta-Statuette aus Tanagra, Boiotien, Ende 6. Jh. v. Chr.)

Die meisten Verkehrswege im alten Griechenland ähneln diesem steinigen Weg, der von Delphi zum Parnass-Gebirge führt.

Steinige Wege

Die griechischen Reisenden wissen, dass sie, um sich von einem Ort zum anderen zu begeben, kein gut ausgebautes Straßennetz vorfinden werden. Die Geografie des Landes, mit seinen nur von wenigen Pässen durchzogenen Bergketten und isolierten Ebenen, macht den Bau großer Verbindungsstraßen unmöglich, und jedermann weiß, dass es wesentlich bequemer ist, an Bord eines Schiffes zu reisen. Die meisten Straßen sind genau genommen nur staubige, steinige, von der Beschaffenheit des Terrains und den Wasserstellen bestimmte Wege, die zudem noch die privaten Grundbesitze zu umgehen haben. Sie durchziehen das Land und schlängeln sich dabei oftmals gemächlich durch die Täler. Sollten sie aber doch einmal eine Anhöhe überwinden müssen, werden Stufen in den Fels gehauen. Auf Reste solcher Stufen kann man auch heute noch in der Umgebung von Mantineia stoßen. Meistens folgen die Wege an den Berghängen oder in den Flussbetten aber den gleichen Routen wie die Viehherden, wenn sie auf die Hochweiden getrieben werden. Die Wasserläufe werden normalerweise über Furten überquert. Deshalb kann ein Hochwasser führender Fluss die Reisenden zwingen, lange Umwege in Kauf zu nehmen. Auf größeren Flüssen lassen sich Menschen und Tiere von einem Fährmann gegen ein Entgelt auf einem Boot oder Floß übersetzen. Es gibt zwar hin und wieder einfache Holzstege, doch die Griechen kennen noch nicht die Technik der Rundbögen, die es ihnen ermöglicht hätte, mithilfe größerer Brücken breite Wasserläufe zu überwinden.

Die „Prozessionsstraßen"

Einfache, steinige Wege machen den überwiegenden Teil der Straßen aus, doch es gibt auch Ausnahmen. An erster Stelle die Prozessionsstraßen, auf denen die Gläubigen ein großes Heiligtum erreichen. Für die Pilgerströme oder religiösen Prozessionen werden streckenweise richtige Straßen angelegt, gepflastert und instand gehalten. Auf einer dieser Straßen findet jedes Jahr anlässlich der Großen Mysterien die Prozession von Athen nach Eleusis statt, das sind 20 km. Auf dem strahlenförmig um Olympia angelegten Straßennetz erreichen die Pilger und Athleten aus ganz Griechenland die heilige Stätte. An den Eingängen der Städte werden diese „Prozessionsstraßen" auf Kosten des Staates oder reicher Bürger unterhalten. Doch die Instandhaltung der restlichen Strecken geht auf Kosten der Anrainer und lässt dementsprechend zu wünschen übrig. Wirtschaftliche Gesichtspunkte veranlassen in mehreren Fällen den Bau eines gut ausgebauten Straßennetzes zu den Häfen. Auf einigen dieser Straßen legt man richtig gehende Schienen an, bzw. einige Zentimeter breite Karrenspuren, deren Abstand der Spurbreite der Räder eines Wagens entspricht. Es gibt sogar zweispurige Abschnitte, die das Aneinandervorbeifahren erleichtern. Allerdings ist keine dieser Straßen breiter als 4 m. Meilensteine oder Schilder, die irgendeine Richtung angeben, existieren nicht. Der Zwölf-Götter-Altar auf der Agora in Athen dient jedoch als Ausgangspunkt, um die Entfernung der Stadt zu verschiedenen Punkten in anderen Gegenden zu berechnen.

Nachtquartiere für Pilger

Es gibt in den großen panhellenischen Heiligtümern einige ordentliche Herbergen, die für die Pilger gebaut werden und der Kontrolle von Priestern unterstehen. In Epidauros, wo die Mehrzahl der Kundschaft aus Kranken besteht, die hierher kommen, um Heilung für irgendwelche Leiden zu suchen, hat man ein großes Gästehaus mit 160 Zimmern in vier Gebäudetrakten errichtet. In Platäa, wo sich ein Heraheiligtum befindet, haben die Thebaner einen großen Komplex mit 60 m Seitenlänge und zwei Stockwerken mit Zimmern geschaffen. Diese Gebäude, die auf spezifische Bedürfnisse zugeschnitten sind, stellen jedoch Ausnahmen dar.

Auf den Straßen trifft man auch auf umherziehende Künstler wie diese *aulos*-spielende Frau. (Attisch-rotfigurige Schale des Brygos-Malers, um 490 v. Chr.)

Wo kann man schlafen und essen?

Es gibt in der griechischen Welt kaum Herbergen. Um zu übernachten und eine Mahlzeit zu sich zu nehmen, können die Reisenden praktisch nur auf die Gastfreundlichkeit der Bewohner der durchreisten Regionen hoffen. Da die Gastfreundschaft bei den Griechen aber als heilige Pflicht gilt, kann man sicher sein, dass weder der Städter noch der Bauer dem müden Reisenden ein Nachtlager und eine Mahlzeit verwehrt. In den großen Städten bestimmt der Staat nämlich unter den reichen Bürgern einen *proxenes*, der es als eine Ehre ansieht, die durchreisenden Fremden aufzunehmen. So nimmt der Athener Alkibiades die Bewohner Spartas auf, die sich in der Stadt aufhalten. – Hat der Reisende wider Erwarten keinen Gastgeber gefunden, so schläft er unter freiem Himmel, in eine Decke gehüllt, manchmal auch unter einer Säulenhalle, die ihn gegebenenfalls vor ungünstiger Witterung schützt. Dann begnügt er sich mit der kargen Mahlzeit, die er in seinem Gepäck mitgenommen hat, Oliven, Fladen und Zwiebeln, oder er ersteht in einer der seltenen Herbergen eine dürftige warme Mahlzeit. Viele Reisende meiden jedoch diese Häuser, die oft Prostituierte beherbergen, denn sie sind für ihren mangelnden Komfort und Schmutz bekannt.

Eine Flut von Reisenden

Eine Reise auf dem Landweg ist in Griechenland sehr beschwerlich, dennoch trifft man auf den Straßen viele Reisende aus allen sozialen Schichten an: in der Stadt wohnende Gutsbesitzer, die sich regelmäßig auf ihre Güter begeben, um die Arbeit ihrer Bediensteten zu überwachen, Bauern, die mit den Produkten ihrer Landwirtschaft beladen auf den Markt ziehen, um sie dort zu verkaufen, auch Händler auf Geschäftsreise – und sehr viele Pilger. Die einen begeben sich in das Heiligtum eines Heilgottes, um Genesung von einer Krankheit zu erbitten, andere wiederum wollen ein Orakel befragen. Die in einem Kultkomplex zelebrierten Feste, die Panathenäen von Athen, die Mysterien von Eleusis, die sportlichen Wettkämpfe von Olympia, Korinth oder Delphi ziehen ebenfalls große Menschenmassen an. Man kann auf den Straßen auch alle möglichen Künstler, Theatertruppen, Sänger und Musiker auf Tournee antreffen, und all die, die das Volk in Stadt und Land auf irgendeine Weise unterhalten, wie beispielsweise Zauberkünstler, Akrobaten, Dompteure, Astrologen und Wahrsager. Auch Intellektuelle, Philosophen und Redner sind unterwegs, um Vorträge zu halten und ihre Ideen zu verbreiten, und berühmte Ärzte begeben sich, nicht selten von weit her gerufen, an das Krankenbett eines reichen Patienten. Schließlich trifft man auf offizielle oder private Kuriere, die Neuigkeiten und Botschaften von einer Stadt in die andere überbringen. Aus welchem Grund man aber auch unterwegs ist, jede Reise bietet Gelegenheit, neue Bekanntschaften zu machen und mit den Weggenossen Informationen und Ansichten auszutauschen.

Gut zu Fuß

Die Griechen sind gut zu Fuß und fähig, über 20 km pro Tag zurückzulegen. Sokrates antwortet einem Mann, der vor der Vorstellung zurückschreckt, eine Reise von Athen nach Olympia, bzw. etwas über 300 km, zu unternehmen: „Warum hast du Angst? Auch hier läufst du praktisch den ganzen Tag lang! Wenn du dort hingehst, wirst du laufen, dann isst du zu Mittag, dann wieder laufen, und du isst zu Abend und ruhst dich aus. Weißt du, dass du, wenn du die Strecken zusammenrechnen würdest, die du hier in fünf oder sechs Tagen zurücklegst, auf diese Entfernung kommen würdest?" Der Reisende, der sich zu Fuß auf den Weg macht, achtet auf bequeme, den Umständen angepasste Kleidung: eine *exomis*, einen Reisemantel für schlechtes Wetter, und feste Schnürstiefel. Auf dem Kopf trägt er eine Filzkappe oder manchmal einen *petasos*, einen breitkrempigen Hut, der ihn vor der Sonne ebenso schützt wie vor Regen. In der Hand hält er einen dicken Stock, um sich beim Laufen aufzustützen und sich gegebenenfalls gegen streunende Hunde oder – allerdings seltener – wilde Tiere zu verteidigen. Oft folgt ihm ein Sklave mit Gepäck und Decke, die er benötigt, wenn er sich ausruht. Frühmorgens, nachdem er den Göttern ein Opfer dargebracht hat, begibt er sich auf den Weg und macht in der Mittagshitze an einer Quelle unter einem Baum Rast. Aber er ist sich der Gefahr wohl bewusst, denn so wie die Piraten auf dem Meer, so treiben auf dem Land die Straßenräuber ihr Unwesen. Die Reisenden fürchten die Schluchten in den Bergen, wo die Übeltäter sich verbergen, um sie anzugreifen und auszurauben. Unmittelbar um die heiligen Stätten ist es jedoch noch gefährlicher, denn es wimmelt hier von Wegelagerern, die von dem Silber und den Opfergaben angezogen sind, die die Pilger bei sich tragen, um sie den Göttern darzubringen. Deshalb trifft man nur wenige Alleinreisende an, die meisten tun sich zusammen, um sich den Gefahren der Reise gemeinsam zu stellen.

Nur die Reichsten können sich ein Pferd leisten – mit dem sie sich dementsprechend stolz zeigen. (Grabstele des Philochares und der Timagora, Marmor, Athen, Anfang 4. Jh. v. Chr.)

Das Pferd bleibt vor allem dem Krieg vorbehalten. Hier ein Reiter mit einem *petasos* und zwei Speeren. (Attisch-rotfigurige Schale, um 500/490 v. Chr.)

Reittiere und Wagen

Privatpersonen aus dem Mittelstand bewegen sich nur selten zu Pferd fort, denn dieses Tier ist dem Krieg oder den Reisen bedeutender Persönlichkeiten vorbehalten. Die Reiter reiten ohne Sattel, auf einer Decke oder einem Tierfell. Sie haben auch keine Steigbügel und das Pferd ist nicht beschlagen. Das Tier wird mit einer, eventuell mit Spitzen gespickten Metalltrense geführt! Zudem ist es mit einem ledernen Pferdegeschirr ausgerüstet, das man seit Ende des 5. Jh. v. Chr. mit kleinen Metallscheiben verziert. Die Pferde sind feurig, und um zu vermeiden, dass sie beißen, legt man ihnen Beißkörbe um. Auf den Straßen trifft man wesentlich häufiger Maultiere und Esel an, die geritten werden oder das Gepäck tragen. Als Transportmittel für schwere Lasten über kürzere Entfernungen, wie z. B. Bauholz für Schiffe, benutzen die Griechen vierrädrige, von Rindern oder Maultieren gezogene Karren. Der Zustand der Straßen erleichtert die Verwendung von Wagen für den Personentransport nicht unbedingt und nur wenige Griechen besitzen ein eigenes Fuhrwerk. Es gibt jedoch leichte, zweirädrige Modelle mit drei geschlossenen Seiten aus Korbgeflecht, die aber kein Dach haben, weshalb man sich bei schlechtem Wetter damit begnügt, ein Tuch über die Köpfe der Passagiere zu spannen. Für den Transport von Kranken, alten Menschen oder Frauen kann man auch eine Art Tragsessel oder eine Sänfte aus Korbgeflecht benutzen. Es gilt jedoch als verachtungswürdig, wenn ein gesunder Mann sich auf diese Weise tragen lässt. So wird beispielsweise Demosthenes von seinen politischen Gegnern vorgeworfen, sich derart fortzubewegen, wenn er sich von Athen zum Piräus begibt.

Bei entsprechenden Straßenverhältnissen kann man auch bequem auf einem Wagen reisen. (Votivtafel, Terrakotta, Metapont, Italien, um 575/550 v. Chr.)

Die Kolonien

Seit dem 8. Jh. v. Chr. drängt eine Expansionsbewegung die Griechen über die Meere zu fahren, wo sie zahlreiche Kolonien gründen – im Westen über das Mittelmeer bis nach Spanien und im Osten über das Schwarze Meer bis zur Krim.

Großgriechenland

Als Folge der Berichte von Entdeckungsreisen, wie der von Iason angeführten Expedition der Argonauten, die sie auf der Suche nach dem Goldenen Vlies bis nach Georgien führt, stürzen sich die griechischen Stadtstaaten in eine Expansionspolitik rund um das Mittelmeer. Zunächst richten sie sich gen Süditalien und Sizilien, wo die Korinther 734 v. Chr. eine der ersten griechischen Kolonien, Syrakus, gründen. 706 v. Chr. folgen die spartanischen Siedler mit der Gründung von Tarent. Im folgenden Jahrhundert beschleunigt und verbreitet sich die Bewegung. Jetzt sind die Städte Ioniens an den Küsten der Türkei an der Reihe, das Abenteuer zu wagen. So wird Milet an die 60 Kolonien gründen, u. a. Abydos auf den Dardanellen, Kysikos am Marmarameer, Sinope, die Heimat des Diogenes am Schwarzen Meer, aber auch Naukratis in Ägypten und Sybaris in Italien. Die Bewohner Phokaias, im Golf von Izmir, wagen sich bis an die Küsten Frankreichs und Spaniens vor, wo sie um 600 v. Chr. den Grundstein für Marseille und kurze Zeit später für Ampurias legen. Die Kolonien selbst sind wiederum Mutterstätte weiterer Kolonien, so gründen die Bewohner Sybaris' beispielsweise Poseidonia, Paestum. Von Kroton nach Kyme, von Neapel nach Metapont, die griechische Präsenz an den Küsten Süditaliens ist im 5. Jh. v. Chr. so bedeutend, dass man diese Region gewöhnlich als Megale Hellas, Großgriechenland, bezeichnet. Die Kühnsten wagen sich bis an die entferntesten Küsten des Schwarzen Meeres, in das Land der Skythen vor, und gründen Kolonien „am Ende der Welt", wie Olbia, an der Mündung des Bug, Chersonesos auf der Krim, Pantikapaion am Asowschen Meer.

Von Barbaren umgeben

Man unterscheidet zwei Arten von Kolonien: Handelsniederlassungen, wie Ampurias in Spanien oder Naukratis in Ägypten, und die auf Besiedlung ausgerichteten Niederlassungen in Süditalien und auf Sizilien. Die Kolonien sind nicht sehr ausgedehnt, denn die Griechen beschränken sich oft auf einen 15 km breiten Küstenstreifen. Über diese Grenze hinaus wagen sich nur Abenteurer und Händler. Die Griechen wählen den Ort, an dem sie sich niederlassen, immer sehr sorgfältig aus. Er sollte einen geschützten Hafen und eine leicht zu verteidigende Anhöhe aufweisen, eine Insel unweit des Festlandes oder eine Halbinsel sein, die man mit einer Mauer schützen kann, möglichst mit einer Erhebung in der Nähe. Die Griechen siedeln sich häufig in bereits bewohnten Gebieten an, die sie den vor Ort ansässigen Völkern manchmal sogar mit Gewalt abringen müssen. Doch diese sind nur selten stark genug, um sich den überlegenen Eindringlingen zu widersetzen. Nachdem die „Einheimischen" besiegt sind, bauen die Siedler eine Stadt und legen Felder an. Die Eroberung liefert Sklaven für die Feldarbeit und Frauen, die den Griechen Kinder gebären. Schon nach wenigen Generationen haben sich die Einheimischen mit den Eroberern vollständig vermischt. Die Griechen bringen ihre Technik, Bewässerung, Töpferei, Kunst und Schrift mit. Das lateinische Alphabet leitet sich direkt aus dem der Siedler von Cumae ab. – Doch es lauern auch gefährliche Feinde, die Karthager z. B., die unmöglich die Konkurrenz akzeptieren können, die ihren eigenen, an den Küsten des westlichen Mittelmeeres und insbesondere auf Sizilien etablierten Handelsniederlassungen durch die griechischen Kolonien entsteht. Während des 5. und 4. Jh. v. Chr. werden auf Sizilien blutige Konflikte ausgetragen: Im Jahr 406 v. Chr. wird Akragas, laut Pindar „die schönste aller Städte der Lebenden", vollständig zerstört.

Von den Küsten der Türkei bis nach Italien haben die Griechen durch Städtegründungen ihre Zivilisation verbreitet. Ruinen wie hier der sog. Tempel C von Selinunt auf Sizilien zeugen noch von der vergangenen Pracht. (um 550 v. Chr.)

Wie viele Kolonien prägt auch Marseille/Massilia seine eigenen Münzen.
Oben: Artemis, Schutzgöttin der Stadt; unten: die Rückseite der Münze mit einem Löwen und der Inschrift MASSA. (Silberdrachme, Marseille, 4. Jh. v. Chr.)

Die Kolonien begünstigen den Handel. Das Silphion, eine nach Anis duftende, für die Herstellung von Parfüms verwendete Wurzel, bringt Kyrene in Libyen Reichtum. (Lakonische Schale, um 560 v. Chr.)

Warum gründet man eine Kolonie?

Die Gründe, fern von zu Hause eine neue Heimat zu suchen, sind zahlreich: Die Siedler können ihr Land aus Armut verlassen, die Gründe können politischer Natur sein oder einfach dem Wunsch entsprechen, sich zu bereichern. Wenn eine Polis ihre Bevölkerung nicht mehr ernähren kann, dann sind die Menschen zum Aufbruch gezwungen, wie die Bewohner der Insel Thera, die vor einer katastrophalen Dürre fliehen und Kyrene an der libyschen Küste gründen. Für lange Überlegungen oder Vorbereitungen bleibt kaum Zeit, wenn die Stadt Feinden in die Hände fällt. Dann geht es nur noch darum, sein Leben zu retten und der Sklaverei zu entkommen. Mitte des 6. Jh. v. Chr. verwüsten die Perser die Küste Kleinasiens und die Bewohner von Kolophon, Phokaia und anderer Städte müssen fliehen. Die ersten werden Siris in Süditalien gründen, die zweiten lassen sich in Aléria auf Korsika nieder. Das Exil kann jedoch – wie bereits erwähnt – auch politische Gründe haben: Entweder entschließt sich eine Partei ihre Polis zu verlassen, weil diese sich in der Hand der Gegner befindet, oder aber, weil man bestrebt ist, die Macht seiner Heimat auszuweiten. Perikles entsendet beispielsweise 444 v. Chr. athenische Bürger nach Süditalien, die Thurioi gründen. Die Siedler nehmen die Kulte und Institutionen ihrer Heimat mit sich, und auch wenn die *apoikiai* oder „Städte fern von zu Hause" unabhängig sind, brechen sie die privilegierten Bindungen, die sie mit der Mutterstadt unterhalten, niemals vollständig ab. Sie fragen beispielsweise um Rat bei einer wichtigen Entscheidung oder bitten um militärische Unterstützung, wenn Gefahr droht.

Die Welt

Für die Griechen beschränkt sich die Welt auf den Mittelmeerraum, in dem zwei große Kulturen eine vorherrschende Rolle spielen, Ägypten und Persien. Jenseits davon stellt man sich die Erde als eine von einem riesigen Ozean umgebene, flache Scheibe vor.

Die Griechen und das Meer

Wie Platon in seinem Dialog *Phaidon* schreibt, siedeln die Griechen um das Mittelmeer wie die Frösche um einen Tümpel. 499 v. Chr. schlägt Aristagoras in Sparta vor, bis zur Hauptstadt der Perser zu marschieren, um die griechischen Städte Ioniens zu retten. Als er ankündigt, dass der Marsch drei Monate dauern würde, antwortet man ihm: „Fremder aus Milet, verlasse Sparta noch vor Sonnenuntergang. Denn das ist nichts, womit man Gehör findet bei Lakedaimoniern, dass du sie einen Weg von drei Monaten vom Meer hinweg führen willst." Das Meer ist vertraut und demzufolge beruhigend. Die Griechen wissen, dass es ihnen jederzeit ermöglicht, nach Hause zurückzukehren, selbst wenn die Reise wie bei Odysseus lang sein kann. Als eine von Xenophon angeführte Armee von Söldnern vom Euphrat durch Kurdistan und Armenien zieht und schließlich an den Ufern des Schwarzen Meeres ankommt, löst dies einen einzigen Freudenschrei aus: „Thalassa!, Thalassa!" „Da beginnen alle zu laufen [...]. Als alle Soldaten auf dem Gipfel angekommen sind, umarmen sie einander [...] mit Tränen in den Augen."

Von einem Ende der Erde bis ans andere

Für die Mehrzahl der Griechen beschränkt sich ihre Welt auf das Gebiet ihrer Polis und das ihrer Nachbarn. Darüber hinaus bildet das griechische Festland das Zentrum ihres Universums. Sagt man von Delphi nicht, es sei „der Nabel der Welt"? Doch der griechische Raum schließt auch die Inseln der Ägäis und die ionischen Städte im Osten, Kreta im Süden und Großgriechenland im Westen ein. Obwohl die Griechen wissen, dass es jenseits der „Säulen des Herakles", d. h. Gibraltars und Ceutas, einen Ozean gibt, sind nur wenige bis hierher vorgedrungen. Die Angst, das Ende der Welt zu erreichen, ist nämlich groß und die Phönizier widersetzen sich der Durchfahrt durch die Meerenge vehement, um ihr Handelsmonopol mit der Stadt Tartessos und ihrem Umland zu behaupten, wo sie an der Stelle des heutigen Cadiz ein Kontor besitzen. Am anderen Ende der Welt liegen die griechischen Kolonien an den äußersten Küsten des Schwarzen Meeres, an der Grenze zu einer fremden Welt, aus der nur von den Skythen verbreitete Gerüchte vordringen. So soll es im Norden ein Land geben, in dem „die Kälte acht von zwölf Monaten unerträglich sei" und wo die Menschen angeblich sechs Monate lang am Stück schlafen – möglicherweise eine Anspielung auf die Polarnacht.

Ägypten – das Land der Wissenschaft

Seit dem 7. Jh. v. Chr. haben die Pharaonen die Niederlassung von Händlern in Naukratis zugelassen und griechische Söldner angeworben, um ihre Armeen zu stärken. Die Söldner, die Psammetich II. 591 v. Chr. auf seiner Expedition in den Sudan begleiten, hinterlassen in Abu Simbel mehrere Graffiti. Doch Ägypten wird vor allem als das Land der Wissenschaft und Weisheit geschätzt und von vielen großen Männern Griechenlands – u. a. Hippokrates, Pythagoras, Solon – bereist. In seinen *Historien* bemüht sich Herodot, alles aufzuzählen, was Griechenland Ägypten verdankt, seine Götter, Riten, sein Handwerk, seine Kenntnisse. Insbesondere veranschaulicht er anhand der folgenden Anekdote die lange Geschichte, auf die diese Kultur zurückblicken kann: Einem Griechen, der sich brüstet, als 16. Ahnen einen Gott zu haben, zeigen die ägyptischen Priester eine Folge von 345 Statuen von Priestern, die ihr Amt vom Vater auf den Sohn vererbt hatten.

Wie die Abenteuer von Odysseus erzählen auch die von Theseus (hier bei der Landung in Delos) von der Erkundung des Mittelmeeres durch die Griechen. (Detail eines attisch-schwarzfigurigen Kraters, sog. François-Vase, um 575 v. Chr.)

Persien, eine bedrohliche Macht

Während Ägypten bewundert wird, ist Persien Gegenstand erbitterter Feindseligkeit. Es ist ein riesiges Reich, das sich vom Tal des Indus im Osten bis nach Libyen im Westen erstreckt. Um 560 v. Chr. geraten die griechischen Städte Kleinasiens unter die Herrschaft der Lyder und nach der Niederlage Kroisos' unter die der Perser. In den ersten Jahren des 5. Jh. v. Chr. richtet Dareios I. seine Truppen gegen Griechenland, nachdem er die Revolte der ionischen Städte niedergeschlagen hat. Die Niederlage bei Marathon bereitet dem Feldzug zwar ein jähes Ende, doch zehn Jahre später setzt sich sein Nachfolger Xerxes an die Spitze einer zweiten Expedition. Dieses Mal handelt es sich um eine regelrechte Invasion. Ganz Griechenland mobilisiert sich und schafft es, durch die Siege von Salamis und Platäa, die Invasion endgültig zu stoppen. Herodot, der „Vater der Geschichtsschreibung", berichtet in der Zeit um 450 v. Chr. in seinen *Historien* von diesen Perserkriegen, „damit die Zeit nicht die Geschehnisse aufhebt und die großen vollbrachten Heldentaten [...] nicht in Vergessenheit geraten".

Die Perser waren gefährliche Eroberer. (Fries der Bogenschützen aus dem Palast des Artaxerxes II., Susa, 5. Jh. v. Chr.)

Wie groß ist die Welt? – Was ist das Universum?

Seit dem 6. Jh. v. Chr. haben wissensdurstige Griechen versucht, die sie umgebenden Länder zu erfassen: Nach Hekataios aus Milet ist Herodot bestrebt, in seiner *Oikoumene* die ganze bewohnte Erde zu beschreiben, und wendet sich zunächst den Sitten der Völker zu, auf die er bei seinen Reisen stößt. Andere kartografieren die Welt: 499 v. Chr. wird eine Bronzetafel erwähnt, auf der „der Umriss der ganzen Erde eingeritzt war und das ganze Meer und alle Flüsse". Zur gleichen Zeit bemühen sich Wissenschaftler, das Universum zu ergründen, ohne sich auf die Mythen zu beziehen. Nach den Pionieren Thales und Anaximandros behaupten die Pythagoreer, die Erde sei rund. Im 5. Jh. v. Chr. erklärt Anaxagoras aus Klazomenai, dass der Mond von der Sonne bestrahlt wird und die Eklipsen dadurch entstehen, dass sie aneinander vorbeiziehen. Ein Jahrhundert später behauptet Herakleides Pontikos, die Erde drehe sich um sich selbst. Im 3. Jh. v. Chr. schlägt Aristarchos aus Samos ein Modell vor, bei dem sich die Erde um sich selbst und um die Sonne dreht.

Armee und Krieg

Thukydides beschreibt die Schlacht von Delion, an der Sokrates 424 v. Chr. teilnimmt, mit folgenden Worten:

„Als nun die Reihen aufgestellt waren und schon aufeinander stoßen wollten, ging der Feldherr Hippokrates mit gutem Zuspruch dem Heer entlang [...]. Als Hippokrates [...] bis zur Mitte des Heeres gelangt war – für das übrige reichte es nicht mehr –, da hatte Pagondas die Seinigen auch hier noch einmal in aller Kürze angespornt, und nun griffen sie mit dem Anruf an Apollon den Hügel herunter an; die Athener gingen ebenfalls vor; im Laufschritt trafen sie aufeinander. Die beiden Enden der Heere kamen nicht ins Gemenge, aus dem gleichen Hindernis: Wildbäche trennten sie; aber die Übrigen prallten aufeinander in heftigem Kampf und Schildgestoß. Die Boiotier von der Linken bis zur Mitte wichen vor den Athenern, die dort ihre Feinde hart bedrängten, vor allem die Thespier; denn nach dem Rückzug der Nachbarrotten, eng umzingelt, wurden die Thespier, soweit sie standhielten, im Handgemenge niedergehauen, ja die Athener, die in der Wirrnis der Umzingelung sich nicht erkannten, erschlugen sogar einige ihrer eigenen Leute."

Thukydides, *Geschichte des Peleponnesischen Krieges*

Kampf zu Wasser und zu Land. (Detail einer attisch-schwarzfigurigen Hydria, um 560/550 v. Chr.)

Landstreitkräfte

Um in den Krieg zu ziehen, stellen die griechischen Stadtstaaten vor allem Fußtruppen mit schwerer Ausrüstung auf. Die Leichtbewaffneten und die Kavallerie dienen zunächst nur als Hilfstruppen.

Bei den Griechen kämpft die Kavallerie an den Flanken und die Infanterie im Zentrum. (Attisch-schwarzfigurige Amphora, um 550 v. Chr.)

Die Hopliten

Seit dem 7. Jh. v. Chr. setzen sich die griechischen Truppen vornehmlich aus Fußvolk zusammen. Dieses ist in Sektionen, Kompanien und Regimenter eingeteilt, wobei die Zahl der Krieger dieser Einheiten immer ein Vielfaches von zehn beträgt. Das Herz dieser Einheiten ist der Hoplit, dessen Name auf das *hoplon* zurückgeht, den Schild, den jeder dieser Krieger am linken Arm trägt. Er kämpft nicht allein, sondern in einer sehr kompakten Formation, der Phalanx. Die Männer stehen in mehreren Reihen nebeneinander. Der Abstand zwischen zwei Reihen beträgt nicht einmal einen Meter. So schützen die Schilde beim Angriff nicht nur ihre Träger, sondern ebenfalls deren linken Nachbarn. Die Schlagkraft dieser Formation beruht vor allem auf ihrem Zusammenhalt: die Krieger müssen im Gleichschritt marschieren, im gleichen Rhythmus angreifen und „immer an ihrem Platz bleiben". Disziplin und beherrschter Mut gelten deshalb als die Haupttugenden eines guten Hopliten. Über ihre praktische Dimension hinaus spiegelt diese kollektive Vorgehensweise auf Kosten der Kampfeswut des Einzelnen das Gleichheitsideal wider, das die Gemeinschaft der griechischen Bürger beseelt.

Die Leichtbewaffneten und die „Artillerie"

Bei ihren Feldzügen in Thrakien im 5. Jh. v. Chr. haben die Griechen einen neuen Typus des Infanteristen kennen gelernt. Seine Ausrüstung ist leichter als die des Hopliten und er trägt einen kleinen, mondsichelförmigen Schild, die *pelte*. In Athen sollen die ersten Einheiten Leichtbewaffneter, Peltasten genannt, von dem Strategen Iphikrates Anfang des 4. Jh. v. Chr. aufgestellt worden sein. Ihre Rolle besteht zunächst nur darin, Hinterhalte vorzubereiten, den Feind zu bedrängen und seine Verbindungswege abzuschneiden. Die niedrigen Kosten der Ausrüstung begünstigen die Entfaltung dieser Waffengattung, so dass die Peltasten im 4. Jh. v. Chr. schließlich die Hälfte der Truppen ausmachen. Man sieht sie nun auf den Schlachtfeldern, wo sie sogar gegen die Hopliten eingesetzt werden. Daneben gibt es leichte Fußtruppen mit Wurfwaffen; Stein- und Speerwerfer, Schleuderer und Bogenschützen sind oft Söldner, denn diese Waffengattungen, die auf Entfernung töten, genießen kein hohes Ansehen. Manchmal kommt man vor Beginn der Kampfhandlungen sogar überein, ihren Einsatz zu verbieten! Dennoch gewinnt diese „Artillerie" auf dem Schlachtfeld zunehmend an Bedeutung und es werden Armeekorps aufgestellt, die den Vormarsch einer Phalanx stoppen können, oder diese von rechts, der von den Schilden ungeschützten Seite, unter Beschuss nehmen, um deren Reihen aufzulösen.

Die Kavallerie

Obwohl das Fußvolk das Gros der Truppen ausmacht, verfügen die Poleis auch über eine Kavallerie. Diese ist besonders bedeutend in den Regionen, in denen weite Weideflächen die Pferdezucht begünstigen, wie Thessalien oder Boiotien in Griechenland, aber auch in Süditalien und auf Sizilien, wo sie Tausende von Männern zählt. Anderswo ist sie dagegen relativ unbedeutend. So verfügt Athen um 477 v. Chr. nur über ca. 300 Reiter, 438 v. Chr. sind es nicht mehr als 1000, und diese Zahl erreicht die Stadt auch nur, weil sie die Reiter subventioniert, indem sie ihnen eine Entschädigung für die Unterhaltung der Tiere zugesteht. Nun werden die Pferde regelmäßig begutachtet und bei schlechter Pflege wird die Unterstützung gestrichen. Auch in Sparta werden die berittenen Einheiten nur gering geschätzt, denn erst 424 v. Chr. stellt die Stadt eine bescheidene Kavallerie von ca. 700 Reitern auf. Im Allgemeinen beschränkt sich die offensive Rolle der Reiter auf Handstreiche und auf die Verfolgung des Feindes nach der Schlacht. Die Aufgabe der *prodromoi*, der berittenen Kundschafter, erweist sich dagegen als überaus wichtig, denn sie sichern den Schutz der Truppen auf dem Vormarsch und die Aufrechterhaltung der Übermittlung von Nachrichten.

Kommandos mit eingeschränkter Vollmacht

Mit der Führung der Truppen werden Generäle oder *strategoi* betraut. In den demokratischen Poleis werden sie von der Bürgerversammlung gewählt, d. h. faktisch von den Soldaten. In Athen ist ihr Amt das einzige, das entlohnt wird. Die Generäle werden für ein Jahr eingesetzt und können wieder gewählt werden. Perikles beispielsweise hat das Amt zwischen 443 und 430 v. Chr. 13 Jahre lang inne. Die Feldherren stammen aus den reichsten Familien und müssen Befehlserfahrung auf unteren Graden nachweisen. Kleon, ein unerfahrener Gerber, der 425 v. Chr. Stratege wird, stellt eine Ausnahme dar. Die Reiterei wird von zwei *hipparchoi* befehligt. Auf dem Terrain ist die Macht dieser Befehlshaber jedoch begrenzt, hauptsächlich in Konflikten zwischen Koalitionen. Hier werden die Entscheidungen vom Rat der Strategen der jeweiligen Bündnisstaaten gefällt. Insbesondere unterstehen die Feldherren der strengen Kontrolle der Bürgerversammlung. Sie legt die Kriegsführung im Detail fest. Sie nicht zu befolgen heißt, das Risiko einzugehen, seines Amtes enthoben zu werden. Dieses Missgeschick ereilt zwischen 431 und 322 v. Chr. 28 athenische Generäle; die Hälfte von ihnen wird sogar zum Tode verurteilt, fünf davon in Abwesenheit. Um diesem Risiko zu entgehen, lassen die Feldherren sich den Titel *strategos autokrator* erteilen, d. h. „der im Feldzug unbeschränkte Vollmacht genießt". Dies entbindet sie jedoch nicht von der Pflicht, das erwartete Resultat zu erzielen.

Die Lanze ist die wichtigste Waffe des Fußsoldaten. Mit ihr stürmt er zum Angriff oder versucht er, den Angriff des Feindes abzuwehren. (Tafel aus Terrakotta, um 510/500 v. Chr.)

Rekrutierung und Ausbildung

Die Verteidigung des Territoriums oder der Interessen der Gemeinschaft obliegt in erster Linie den Bürgern. Mehr als eine Pflicht ist sie eine Ehre, denn sie zeugt von der Stellung, die man in der Gesellschaft einnimmt.

Ein dem Vermögen entsprechender Beitrag

Die militärische Rolle des Bürgers hängt von seinem Vermögen ab, denn jeder hat für seine Ausrüstung selbst aufzukommen. Die eines Hopliten ist z. B. aufwendig, sie kostet an die 100 athenische Drachmen, was etwa drei Monatseinkommen eines Handwerkers entspricht. Die ärmsten und zahlenmäßig stärksten Bürger Athens gehören der vierten und letzten Klasse, den *thetes*, an. Sie haben nur ihre Arme zu bieten und dienen vor allem als Ruderer auf den Kriegsschiffen. Seit Ende des 5. Jh. v. Chr. stellen sie ebenfalls den größten Teil der Leichtbewaffneten, die Peltasten. Die edelste Waffengattung ist die schwere Infanterie. Sie setzt sich vornehmlich aus Mitgliedern der dritten Klasse, den *zeugitai*, zusammen. Vielleicht spielt ihr Name, der u. a. Joch bedeutet, auf ihre geschlossene Kampflinie an, in der die Männer wie die Rinder unter einem Joch zusammenstehen? Die Reichsten treten in die Kavallerie ein, denn sie haben die Mittel, Pferde zu züchten und zu unterhalten. Diese Aufteilung findet sich nicht nur in Athen, sondern auch in anderen Stadtstaaten wieder. In Sparta sieht die Sache jedoch anders aus, hier sind alle Bürger Hopliten, denn nur die Hopliten können Bürger sein.

Die Elitetruppen

Zur Unterstützung der Hopliten bilden Stadtstaaten wie Elis und Megara u. a. m. seit dem 5. Jh. v. Chr. mit Bürgern eine Art Eliteeinheit. Die Anzahl der Krieger dieser Einheiten ist immer begrenzt und verleiht ihnen ihren Namen: die „Tausend" aus Argos, die „Sechshundert" aus Syrakus und die um 378 v. Chr. durch die „Heilige Schar" ersetzten „Dreihundert" aus Theben. Diese Männer werden immer sorgfältigst ausgewählt. In Sparta obliegt die Rekrutierung drei Beamten, die eine Liste von 300 Männern erstellen und für jeden die Gründe seiner Wahl festhalten. Diese „Auserwählten", *hippeis* genannt, werden auf Kosten der Stadt ausgebildet und manchmal sogar vollständig unterhalten. In diesem Sinne können sie als Berufssoldaten angesehen werden. Wegen ihrer hervorragenden Fähigkeiten im Kampf setzt man diese Truppen nur in gewichtigen Momenten ein, bei Entscheidungsschlachten oder in kritischen Situationen, und opfert sie dennoch manchmal bis auf den letzten Mann: Die „Heilige Schar" von Theben wird 338 v. Chr. bei der Schlacht von Chaironeia vollständig ausgelöscht.

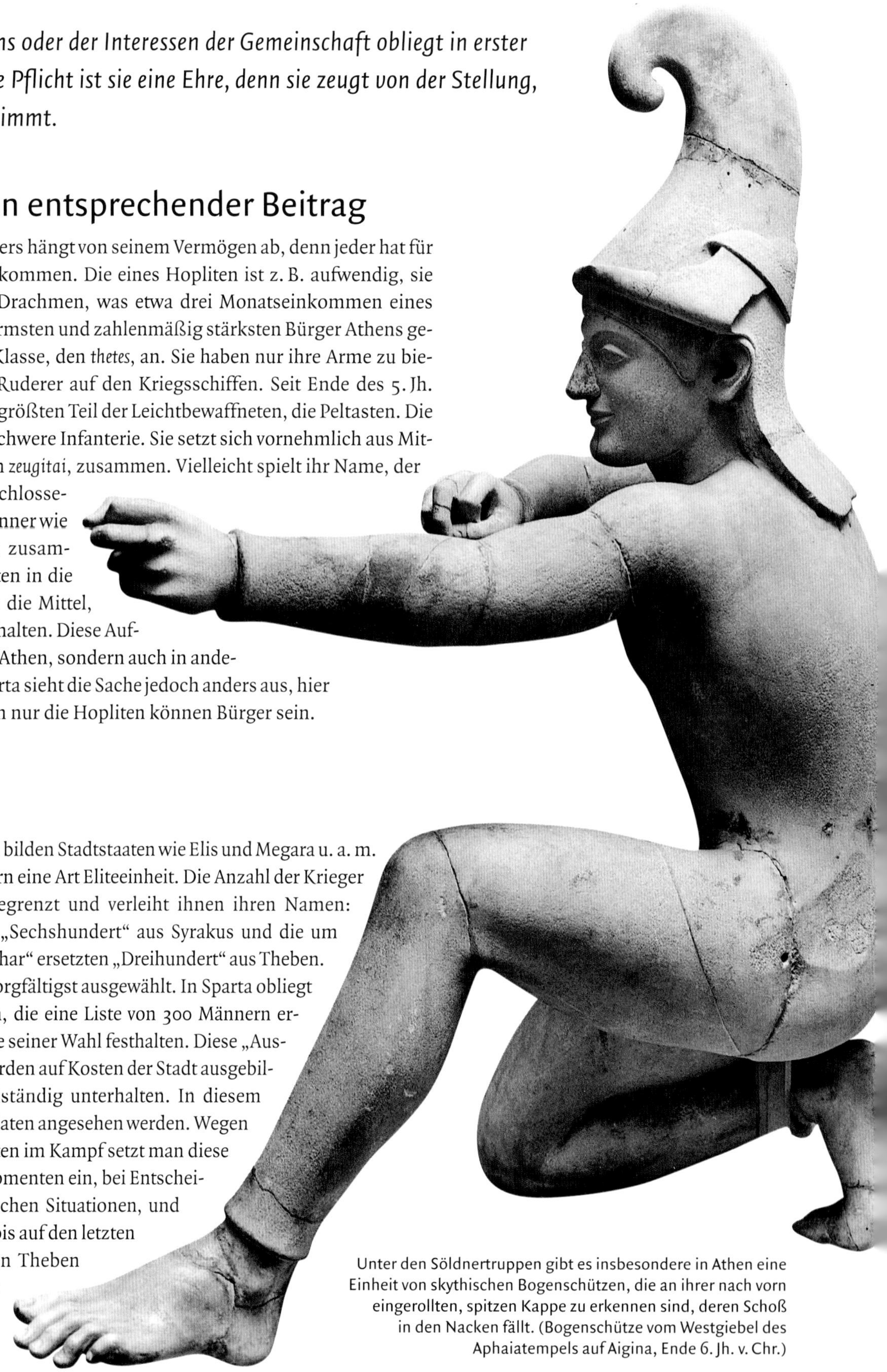

Unter den Söldnertruppen gibt es insbesondere in Athen eine Einheit von skythischen Bogenschützen, die an ihrer nach vorn eingerollten, spitzen Kappe zu erkennen sind, deren Schoß in den Nacken fällt. (Bogenschütze vom Westgiebel des Aphaiatempels auf Aigina, Ende 6. Jh. v. Chr.)

Der Mangel an Bürger-Soldaten

Zunächst besitzen nur die Bürger das Recht, Waffen zu tragen, doch ihre Zahl reicht nicht immer aus, um einem Feind entgegenzutreten. Es müssen also wehrfähige Männer gefunden werden, weshalb in zahlreichen Stadtstaaten auch die hier wohnhaften Fremden zum Militärdienst verpflichtet werden. Wie die Bürger dienen sie ihrem Besitz entsprechend in den verschiedenen Einheiten. Obwohl sie nicht an der Ephebie teilnehmen, können sie als Hopliten dienen. 460 v. Chr. nehmen neben 10 000 Bürgern 3000 Metöken an einem athenischen Feldzug teil. Einige, darunter auch Xenophon, kritisieren es, Seite an Seite mit „Barbaren" kämpfen zu müssen. In Sparta ist das Problem des Kriegermangels, infolge der Geburtenkontrolle und der sehr restriktiven Definition des Bürgerrechtes, besonders akut. Während die Stadt 479 v. Chr. noch 5000 Hopliten in die Schlacht von Platäa entsendet, kann sie 371 v. Chr. bei der Schlacht von Leuktra nur noch 700 Bürger aufbieten! Die Polis rekrutiert daher die freien Männer an den äußersten Grenzen Lakoniens, die Periöken und die rechtlosen Heloten. Erstere werden Hopliten, die Heloten können nur als Leichtbewaffnete dienen, sie stellen in der Schlacht von Platäa aber immerhin 35 000 Mann – sieben Mal mehr als die spartanischen Bürger! Manche von ihnen erlangen im Kampf ihre Freiheit. Bei einer Invasion wird das ganze Volk mobilisiert, selbst die Sklaven werden bewaffnet.

Söldner – unbeliebt, doch unentbehrlich

Zur Verstärkung ihrer Truppen werben die Stadtstaaten auch Söldner an. Meistens stammen diese aus armen Gegenden, deren Boden sie nicht ernähren kann. Doch man trifft unter ihnen auch zahlreiche Verbannte und Abenteurer an, die sich Ruhm und Reichtum erhoffen. Während im 5. Jh. v. Chr. in der griechischen Welt noch relativ selten Söldner eingesetzt werden, ändert sich dies im folgenden Jahrhundert. Nun schätzt man ihre Zahl auf mehrere Zehntausend, die im Dienst des Dionysios von Syrakus sowie der Städte Athen und Sparta stehen. Einerseits stellen sie zusätzliche Krieger, andererseits bilden sie spezialisierte Kampfeinheiten, u. a. Bogenschützen aus Kreta, Schleuderer aus Rhodos, Speerwerfer aus Thrakien. Anstatt sich einzeln zu verdingen, vermieten die Söldner ihre Dienste in formierten Kontingenten mit einem Führer an ihrer Spitze. Sie erhalten einen vorab ausgehandelten Sold. Einem Hopliten stehen 400 v. Chr. fünf Obolen pro Tag zu, doch die Nebeneinnahmen machen den Unterschied aus – die Zulagen und besonders das Plündern, das die einzige Möglichkeit der Bereicherung bietet. Der Ruf der Söldner ist schlecht. Man wirft ihnen vor, selbst Heiligtümer anzugreifen oder sich in den Dienst von Tyrannen zu stellen; und wenn der Sold ausbleibt, nicht zu zögern, sich gegen ihren Arbeitgeber zu wenden.

Der Abschied eines Kriegers. Neben ihm stehen sein Vater, ein junger Sklave, der ihm die Leber eines Tieres reicht, um daraus die Zukunft zu lesen, seine Frau und ein skythischer Krieger. (Attisch-rotfigurige Amphora, um 500 v. Chr.)

Dieser Ephebe ist wohl dabei sein Schwert umzuhängen, um auf Spähtrupp zu gehen. Zu seinen Füßen liegen sein Schild und sein Helm. (Innenbild einer attisch-rotfigurigen Schale, um 520/510 v. Chr.)

Der Militärdienst

Für die Söhne der Bürger beginnt das Erlernen des Kriegerberufes meistens schon in der frühen Kindheit mit den verschiedensten körperlichen Übungen. Doch erst als Jugendlicher wird der Knabe zu einer Art Militärdienst, der Ephebie, einberufen. In Athen beginnt die Ephebie im 4. Jh. v. Chr. mit 18 Jahren und dauert zwei Jahre. Die *neotatoi* oder „Jüngsten" werden in ihrem Verwaltungsbezirk, dem Demos, einberufen. Zunächst wird überprüft, ob sie tatsächlich das Recht haben, in die Bürgerschaft aufgenommen zu werden. Nachdem diese Formalität erledigt ist, wählt der Rat des Demos die Betreuer des Jahrgangs und deren Verantwortlichen, den *kosmetes*. Nachdem sie den Tempeln ihrer Polis einen Besuch abgestattet haben, werden die Epheben vom Staat unterhalten. Im ersten Jahr werden sie in die Grenzfestungen von Attika geschickt und erhalten eine militärische Ausbildung unter der Anleitung von Waffenmeistern. Am Ende dieser Grundausbildung versammeln sie sich zu einer großen öffentlichen Zeremonie und stellen sich in einer Parade vor. Schließlich müssen sie einen Eid leisten, sowohl als Soldaten wie auch als Bürger. Nun händigt man ihnen als Symbol ihres neuen Status eine Lanze und einen Schild aus. Im zweiten Jahr schickt man sie dann in die Grenzfestungen Attikas, wo man sie als *peripoloi*, „Umherziehende", bezeichnet. Nach Beendigung dieser Ausbildung werden die Epheben Soldaten-Bürger.

Der Eid der athenischen Epheben

„Ich werde nicht entehren die heiligen Waffen und werde nicht verlassen meinen Kampfgenossen, wo auch immer ich stehe. Ich werde kämpfen für den Schutz der Heiligtümer und unverletzlichen Orte und werde nicht geringer übergeben das Vaterland, sondern größer und besser, sowohl mit meinen Kräften als auch zusammen mit allen, [...]. Zeugen meines Eides sind die Götter Aglauros, Hestia, Enyo, Enyalios, Ares und Athena Areia, Zeus, [...], die Grenzen des Vaterlandes, (dessen) Weizen, Gerste, Weinstöcke, Olivenbäume, Feigenbäume."

Sog. *Eid von Platäa* aus dem 4. Jh. v. Chr.

Die Dauer der militärischen Pflichten

Es sind überwiegend die Männer im Alter zwischen 20 und 50 Jahren, die jederzeit einberufen werden können, um in den Kampf zu ziehen, sofern sie nicht als untauglich freigestellt sind. In Athen besteht die Rolle der *presbytatoi* oder „Ältesten" allerdings nur darin, nach Art einer Miliz die Festungen des Landes zu verteidigen. In Sparta scheint es dagegen keine Altersgrenze gegeben zu haben, um in den Kampf zu ziehen, denn ein gewisser Hippodamos wird 364 v. Chr. im Alter von 80 Jahren auf dem Schlachtfeld getötet!

Die Schnelligkeit der Schwerbewaffneten ist einer der Schlüssel ihres Sieges. Daher organisieren die Griechen auch in Friedenszeiten oft Wettläufe für bewaffnete Hopliten bzw. Hoplitodromien. (Panathenäische Preisamphora, 323/322 v. Chr.)

Ein spartanischer Initiationsritus

Die Ephebie wird in vielen Stadtstaaten nach athenischem Vorbild praktiziert, doch Sparta nimmt wieder einmal eine Sonderstellung ein, denn seine Bürger, die *homoioi* oder „die Gleichen", widmen ihr Leben überwiegend dem Krieg. Ihre militärische Ausbildung beginnt bereits mit sechs Jahren. Mit 18 Jahren wird der spartanische Ephebe Vollzeitsoldat; bis 24 kämpft er in der zweiten Linie, dann bis zum Alter von 30 Jahren in der ersten Linie. Erst jetzt hat der Spartaner das Recht als Vollbürger zu Hause zu leben. Manche Epheben werden für die *krypteia*, einen besonderen Initiationsritus auserwählt, bei dem sie auf sich allein gestellt, nur mit einem Dolch bewaffnet und wenigen Vorräten im Gepäck durchs Land ziehen. Am Tag verstecken sie sich und warten den Moment ab, um ihre unheimliche Mission zu erfüllen, nämlich einzelne Heloten, die sie überraschen können, anzugreifen und zu töten. Wenn diese Prüfung als ein Überlebens- und Spionagetraining angesehen werden kann, wird sie in den Augen der Spartaner auch dadurch gerechtfertigt, bei den Heloten jede Anwandlung eines Aufstandes von vorn herein zu unterbinden. Damit diese Morde nicht von den Göttern verurteilt werden, versäumen es die Oberhäupter der Polis nie, den Heloten symbolisch den Krieg zu erklären, bevor sie eine Gruppe von Epheben aussenden.

Die Spartaner sind auf dem Schlachtfeld leicht zu erkennen. Sie tragen rote Hemden, damit das Blut nicht zu sehen ist, und im Gegensatz zu den anderen Griechen, lange Haare. (Detail des Kraters von Vix, Bronze, um 530/520 v. Chr.)

Exerzierübungen

Die Spartaner, die als hervorragende Krieger gelten, scheinen die Einzigen gewesen zu sein, die den Truppenübungen viel Zeit gewidmet haben. So bewundert Xenophon ihre Fähigkeit, problemlos von einer Formation im Vormarsch in Kolonnen zu einer Kampfformation überzugehen. Darüber hinaus sind sie für ihre Technik des Gegenmarsches, der urplötzlichen Umkehr der Formation, berühmt. In den anderen Poleis scheint dem Exerzieren, außerhalb der Ephebie, wenig Zeit gewidmet worden zu sein. Die Vorbereitung auf den Kampf beruht vor allem auf der individuellen Übermittlung der Erfahrung in den Gymnasien. Man kann sich hierfür an professionelle Ausbilder wenden, die von Polis zu Polis ziehen und gegen ein Entgelt die Feinheiten der *hoplomachia*, des Kampfes mit schweren Waffen, unterrichten. Gleichwohl zählt – mehr als die Beherrschung der Technik – die Solidarität unter den Kriegern, die durch Zeremonien und regelmäßige gemeinsame Mahlzeiten gestärkt wird. In Sparta und Kreta ist die Teilnahme hieran eine tägliche Pflicht. Bis zum Alter von 30 Jahren lebt der Spartaner sowieso ausschließlich im Kreise von Kriegern. In mehreren Stadtstaaten werden die homosexuellen Beziehungen, seien sie platonisch oder nicht, ebenfalls als Stärkung des Zusammenhaltes angesehen. Die „Heilige Schar" von Theben besteht z. B. nur aus Paaren von einem Jüngling und einem Erwachsenen. Was damals den wirklichen Wert eines Kämpfers ausmacht, ist laut Perikles „die Bestimmtheit der Seele, die wir zum Zeitpunkt der Handlung aus uns selbst schöpfen". Die Opferbereitschaft für das Wohl der Gemeinschaft ist wichtiger als die kriegerischen Fähigkeiten, weshalb auch Ehemänner und Familienväter als die besten Soldaten gelten. 480 v. Chr. wählt selbst Sparta solche Männer aus, um die Perser an den Thermopylen aufzuhalten.

Die Ausrüstung des Hopliten

Diese Vasenmalerei lässt den *porpax*, diese Schlaufe, in die der Krieger seinen linken Vorderarm einführt, um seinen Schild festzuhalten, sehr genau erkennen. (Detail eines attisch-rotfigurigen Kraters, um 470/460 v. Chr.)

Bei den Griechen muss sich jeder Soldat selbst ausrüsten, daher kann man nicht von einer Uniform sprechen. Die Ausrüstung der Hopliten erfordert bedeutende finanzielle Mittel und viel Kraft, denn Schild, Brustpanzer, Helm, Beinschienen und Waffen wiegen zusammen an die 30 kg.

Der Schild

Der wichtigste Teil der Ausrüstung eines Soldaten ist der Schild. Der des Hopliten, die *aspis*, ist rund, leicht konvex mit einem flachen Rand. Er wiegt ungefähr 3 kg und sein Durchmesser schwankt, je nach Größe seines Trägers, zwischen 80 cm und 1 m. Er besteht aus kleinen, auf Leder geklebten Holzstückchen. Die Außenseite bildet eine Auflage aus gehämmertem Bronzeblech. Innen wird er durch einen vertikalen, von einem Rand zum anderen reichenden Bronzebügel verstärkt. Die Innenseite ist in ihrer Mitte mit einer Schlaufe versehen, dem *porpax*, in den man den Vorderarm einführt. Die Hand hält einen Ledergriff oder einen am Ende des Schildes angebrachten Strick. Der Schild ist so zugleich am Körper befestigt und kann fest in der Hand gehalten werden. Der *porpax* ist abnehmbar und wird bei den Spartanern in Friedenszeiten aus den Schilden herausgenommen, um diese für eventuelle Aufstände unbenutzbar zu machen. Beim Vormarsch wird der Schild mithilfe von zwei am inneren Rand an Haken befestigten Stricken auf dem Rücken getragen. In frühen Zeiten schmückt ein jeder seinen Schild nach seiner Fasson mit einem Motiv: einer Fliege, einer Wasserschlange, einem Auge etc. Doch gegen Mitte des 5. Jh. v. Chr. führen die Spartaner, um sich im Kampfgewühl besser erkennen zu können, als Erste ein einheitliches Zeichen für alle ein, und zwar den griechischen Buchstaben Lambda – ein umgekehrtes „V". Die anderen Stadtstaaten übernehmen dieses System schon bald: Die Mantineer wählen als Emblem den Dreispitz, die Messenier den Buchstaben „M", die Thebaner eine Keule. Die Athener lehnen diese Neuerung jedoch ab und haben die Konsequenzen zu tragen: Sie bringen sich 424 v. Chr. – unfähig sich in der Hitze eines Gefechtes zu erkennen – gegenseitig um.

Ein Panzer aus Bronze

Um in den Kampf zu ziehen, ist der Schild als Schutz nicht ausreichend. Der Hoplit trägt zudem einen der Form des Brustkörpers angepassten Harnisch aus zwei Bronzeplatten, die auf den Schultern und unter den Armen miteinander verbunden sind. Nach Maß angefertigt, liegen sie eng am Körper an und sind an der Taille glockenartig ausgestellt, um dem Krieger mehr Bewegungsfreiheit zu gewähren. Zu Beginn des 5. Jh. v. Chr. ändert sich diese Form: Von nun an ist der Brustpanzer über den Hüften ausgeschnitten und reicht vorn weiter nach unten, um den Unterleib besser zu schützen. Doch diese Ausrüstung ist nicht nur teuer, sondern auch schwer, daher tauchen jetzt leichtere Brustpanzer aus kleinen schuppenartigen Bronzeplättchen auf. Ein Rock aus Lederstreifen reicht von der Taille bis zu den Schenkeln. Er wird später von dem *perizoma*, einer Art Kilt aus dickem Stoff, ersetzt. Die Beine werden zunächst durch Beinschienen, sog. *knemides*, aus gehämmertem Bronzeblech geschützt. Sie reichen vom Knöchel bis zum Knie, das sie ebenfalls bedecken. Auch hier tendiert man mit dem 5. Jh. v. Chr. zu einer leichteren Ausrüstung, weshalb man von der Verwendung der Beinschienen immer mehr abkommt.

Der Brustpanzer ist für den Hopliten unentbehrlich, um sich beim Zusammenstoß mit dem Gegner zu schützen. (4. Jh. v. Chr.)

Korinthischer Bronzehelm. Der Hoplit schiebt ihn während des Marsches nach hinten. (2. Hälfte 7. Jh. v. Chr.)

Der Kopfschutz

Schließlich sind da noch die Helme zu nennen. Der geläufigste ist bis Mitte des 5. Jh. v. Chr. der sog. „korinthische“ Helm. Er ist vollständig aus Bronze gearbeitet und bedeckt die Ohren, Wangen und Nase, nur für die Augen sind zwei Öffnungen ausgespart; den regionalen Varianten dieses Typs fehlt z. B. das Nasenteil. Doch die hohe Helmzier, die zugleich den Feind beeindrucken, Stöße abwehren und den Rang angeben soll, ist allen Formen gemein. Dieser schwere und unbequeme Helm wird zunächst durch einen leichteren ersetzt, dessen Vorbild in der Fuchsfellmütze der thrakischen Krieger zu suchen ist. Er ist mit einem Visier ausgestattet und seine Wangenstücke können hochgeklappt werden. Seit Ende des 5. Jh. v. Chr. tragen viele griechische Truppen nach dem Vorbild Spartas jedoch einen Helm ganz anderen Stiles: den *pilos*, eine einfache, konische Kappe, die das ganze Gesicht frei lässt.

Faustwaffen

Die Lanze ist zu dieser Zeit die Waffe des Hopliten schlechthin. Der etwa 2 m lange Schaft ist aus Kornelkirschen-, meistens aber aus Eschenholz gefertigt. Die Lanze ist mit einer ungefähr 10 cm langen, lanzettförmigen Eisenspitze versehen. Am anderen Ende kann die Lanze mittels eines bronzenen, zugespitzten Lanzenschuhs in den Boden gestoßen werden. Dadurch wird vermieden, dass der Schaft beschädigt wird, wenn er während der Rast auf dem feuchten Boden zu liegen kommt. An seinem Gürtel trägt der Soldat in einem Futteral ein kurzes, etwa 80 cm langes Schwert, dessen Schneide in der Mitte verdickt ist und dessen Griff von einer Glocke geschützt wird. Im 4. Jh. v. Chr. taucht eine Schwertvariante auf, die wie ein Säbel leicht gekrümmt ist. Die Krieger bedienen sich dieser Waffen nur im Nahkampf, wenn die Lanzen zerbrochen sind und der Angriff fortgeführt werden muss. Die Spartaner, immer bereit sich hervorzutun, benutzen ein wesentlich kürzeres Schwert als die anderen Griechen. Mit dieser Waffe zu kämpfen, ist angeblich eine Sache des Mutes. So wird erzählt, dass eine Frau aus Sparta ihrem Sohn, der sich beschwert, dass dieser Dolch zu kurz sei, erwidert hätte, er solle eben einen Schritt mehr auf den Feind zutun, um die günstigste Entfernung zu haben.

Auf dem Vormarsch

Für die Griechen ist der Kampf eine natürliche, fast permanente Beschäftigung, denn von 490 bis 332 v. Chr. führt Athen im Durchschnitt zwei von drei Jahren Krieg. Doch mit Ausnahme der Perserkriege oder dem Peloponnesischen Krieg sind die Konflikte meistens kurz und isoliert.

Den Krieg erklären

Die Gründe, Krieg zu führen, sind zahlreich, wobei die Hauptursache die Beanstandung von Grenzen und Territorien ist. Doch ein Konflikt kann auch durch die Umkehrung eines Bündnisses ausgelöst werden oder durch eine Vertragsverletzung, manchmal ist auch reine Gewinnsucht der Anlass. Doch der Krieg wird nicht ohne Regeln ausgetragen und der erste Grundsatz besteht darin, ihn in aller Form zu erklären. Bevor man seine Soldaten in den Kampf schickt, müssen die Orakel befragt werden. Die Poleis entsenden Botschafter nach Delphi und nach Dodona. In den demokratischen Stadtstaaten befinden die Bürger über Krieg oder Frieden, in Sparta stimmt das Volk durch Akklamation ab. Doch es kommt auch vor, dass die Tyrannen ihre Untertanen befragen. Nachdem der Krieg beschlossen ist, werden Boten entsandt, um die Gegenpartei offiziell vom Beginn der Kampfhandlungen in Kenntnis zu setzen – und ihr eine letzte Chance zu geben, die ihr vorgeworfenen Verschulden anzuerkennen. Einen Krieg beginnen, ohne ihn angekündigt zu haben, wird als ein schwerwiegendes Vergehen angesehen. Man läuft in diesem Fall Gefahr, einen in den Augen der Götter ungerechtfertigten Krieg zu führen. Dennoch zögern manche nicht, den Feind ohne Vorwarnung zu überfallen. So greifen beispielsweise die Thebaner 431 v. Chr. Platäa überraschend an. Nachdem der Krieg entschieden ist, schreiten die Versammlungen zur Ernennung der Feldherren über und zur Einberufung der wehrfähigen Männer. Wenn Gefahr droht, gelobt man zuweilen feierlich, den Göttern im Falle des Sieges ein Opfer darzubringen.

Auf dieser Vase ist ein griechischer Soldat dargestellt, der einen Perser angreift. Letzterer ist erkennbar an seinem bunten Gewand und vor allem an seiner Hose, wie sie die Reitervölker der Meder, der Perser und der Skythen tragen. (Attisch-rotfigurige Oinochoe, um 410/400 v. Chr.)

Die heiligen Gesetze des Krieges

Um den Sieg heimzutragen ist zwar fast alles erlaubt, doch gibt es auch Grenzen. So wird der Mord an Frauen, Kindern und Greisen allgemein missbilligt, dagegen ist es nicht untersagt, sie in die Sklaverei zu führen. Einige Personenkreise genießen indessen besonderen Schutz. Dies ist zunächst der Fall der Herolde, die ein *kerykeion* oder Heroldsstab tragen. Die Botschafter können sich hingegen nicht immer so glücklich schätzen. So zögert der Sohn des thrakischen Königs 431 v. Chr. nicht, die Gesandten Spartas den Athenern auszuliefern – die sie töten. Priester, Seher und Opferpriester genießen ebenfalls offiziellen Schutz, selbst wenn sie eine Armee im Feldzug begleiten; und da das Theater eine mit dem Dionysoskult in Verbindung stehende, religiöse Institution ist, kommen auch die Schauspieler in den Genuss dieses Privileges. Zudem genießen die Heiligtümer Immunität. Deren Schändung kann einen *casus belli* darstellen. Ein Heiligtum zu besetzen oder zu plündern, ist ein außerordentlich gravierender Akt der Gottlosigkeit und zieht immer schwerwiegende Konsequenzen nach sich. Als im Jahr 356 v. Chr. die Phoker das Heiligtum von Delphi plündern, werden die Schuldigen zum Tode verurteilt, obwohl sie den Tempelschatz zurückgegeben haben. Schließlich wird anlässlich bedeutender Feierlichkeiten, wie der Olympischen Spiele, eine Waffenruhe zwischen allen beteiligten Staaten ausgerufen, um die Teilnehmer und die Pilger zu schützen. Nach der Ausrufung durch die *spondophoroi*, oder „Überbringer des Gottesfriedens“, hätte die Verletzung der Waffenruhe das Verbot des Zugangs zum Heiligtum und eine sehr hohe Geldstrafe zur Folge.

Szenen, auf denen sich griechische Krieger für den Kampf rüsten. Rechts oben schneidet ein Soldat seine Haare, während ein anderer ihm eine Beinschiene reicht. Hier will ein Hoplit gerade seine Rüstung anlegen. (Details einer attisch-rotfigurigen Schale, um 480 v. Chr.)

Gebet, um von den Göttern den Sieg zu erbitten

„Vor den Göttern, den Herren dieses Landes, [...], den Schutzgöttern unserer Städte, unserer Quellen und unserer Flüsse, erkläre ich, dass wenn für uns alles einen guten Ausgang nimmt, wenn unsere Stadt gerettet wird, dann werde ich auf den göttlichen Altären das Blut der Schafe fließen lassen, um unseren Sieg zu feiern. Und mit den Gewändern unserer Feinde, ihren Besitzern genommen, zerrissen von dem Schwert, werde ich die Mauern ihrer heiligen Wohnstätten behängen.“

Ein befestigtes Land

Wenn die Armee das Gebiet der Polis verlässt, werden an der Grenze gewöhnlich Opfer dargebracht. Doch in feindliches Gebiet einzudringen, ist nicht immer leicht, da die Stadtstaaten zahlreiche befestigte Stützpunkte errichten und sich überall verstreut Festungstürme oder *pyrgoi* erheben. Diese sind meistens aus Ziegeln errichtet, rechteckig und können eine Höhe von 12 m erreichen. Seit dem 4. Jh. v. Chr. trifft man sie immer häufiger an. Es existieren zudem kleine Forts oder *phrouria*, in denen Garnisonen von an die 40 Mann stationiert sein können. Sie befinden sich an den Ausgängen der Täler oder können der Küste auf Landzungen vorgelagert sein. Manche Orte sind sogar vollkommen durch eine Mauer oder zumindest einen durch eine Palisade verstärkten Erdwall und einen Graben abgesperrt, wie die 369 v. Chr. auf die Schnelle angelegte Mauer über den Isthmus von Korinth. Schließlich werden, hier und da verteilt, Fluchtburgen angelegt, d. h. befestigte Höhen, auf denen die Landbevölkerung mit ihrem Vieh Zuflucht suchen kann. Die Städte selbst werden oft von Umfassungsmauern geschützt, wie Athen mit seinen „Langen Mauern“. Um diese Verteidigungsmaßnahmen zu umgehen, nehmen Eindringlinge lange Umwege in Kauf, indem sie z. B. über die Berge ziehen, um direkt in das feindliche Gebiet einzufallen. Dabei besteht die ganze Strategie darin, das Land zu besetzen und die Siedlungen mit den verlassenen Ernten unter den Augen ihrer Besitzer zu plündern, in der Hoffnung sie aus ihren geschützten Stellungen hervorzulocken. Dann kann die eigentliche Schlacht beginnen.

Die Schlacht

Die Griechen haben nicht nur das „westliche Modell der Kriegsführung“ erfunden – d. h. die Entscheidung in einer offenen Feldschlacht herbeizuführen, bei der es einen klaren Gewinner und Verlierer gibt –, sondern auch die Poliorketik, die Kunst der Belagerungstechnik, entwickelt.

Grabrelief des Reitersoldaten Dexileos von einem Kenotaph an der Gräberstraße des Kerameikos in Athen. Dexileos, Sohn des Lysanias aus Thorikos, ist 394 v. Chr. im Alter von 20 Jahren in einem Gefecht bei Korinth umgekommen. Obwohl er letztlich besiegt wurde, erscheint er auf dem Relief als Sieger zu Pferde, der seinem zu Boden fallenden Gegner die Lanze in die Brust stößt. (Marmor, 4. Jh. v. Chr.)

Sich für den Kampf rüsten

Jeder Mann trägt einen *gylios*, einen Korb, bei sich, in dem er seinen Proviant für den Feldzug aufbewahrt, einen Teller für das Essen und den *kothon*, einen Becher aus Ton, um Wasser aus einer Quelle zu schöpfen und anschließend daraus zu trinken. Die Hopliten, die die Elite dieser Truppen bilden, werden von ihren Dienern, Sklaven oder Heloten begleitet, die nicht nur alles tragen, was man zur Zubereitung der Mahlzeiten benötigt, sondern auch die schwere Rüstung und die Waffen. In den meisten Fällen bestehen die Kampfhandlungen aus Scharmützeln oder Hinterhalten. Irgendwann treffen die Truppen dann aber doch frontal aufeinander, um eine Entscheidung herbeizuführen. Diese Entscheidungsschlacht findet grundsätzlich nachmittags statt. Erst jetzt greift der Hoplit zu seiner Rüstung. Sein Waffenknecht assistiert ihm beim Anlegen von Brustpanzer, Beinschienen und Helm, dann bewaffnet sich der Hoplit mit Schild und Lanze. Hier muss noch einmal an das beachtliche Gewicht des Ganzen erinnert werden – allein der Brustpanzer wiegt 15 kg! Vor allem aber ist diese Rüstung äußerst unbequem. In der südlichen Frühlings- oder Sommersonne erhitzt sich die Bronze dermaßen, dass man sich die Hand verbrennt, wenn man das Metall berührt. In dieser Hitze sind die Männer schon bald schweißgebadet und verlieren so viel Wasser, dass sie „in Ohnmacht fallen“! Daher sucht man zum Kämpfen den Schatten. Als 480 v. Chr. an den Thermopylen jemand dem Spartaner Dienekes voraussagt, dass die Pfeile der persischen Truppen die Sonne verbergen werden, erwidert er, dies sei nur gut, denn so könne man im Schatten kämpfen.

Attacke!

Nachdem sie gerüstet sind, marschieren die Hopliten in Kolonnen auf den Feind zu. Das Problem einer Phalanx im Vormarsch besteht darin, gruppiert zu bleiben, denn nur ihr Zusammenhalt verleiht ihrem Angriff seine Schlagkraft. Die Spartaner beherrschen diese Technik bis zur Perfektion, sie marschieren gemessenen Schrittes, im Rhythmus der Flöten – man sagt den Spartanern sogar nach, sie „tanzen“ dem Feind entgegen. Um besser spielen zu können, tragen die *aulos*-Spieler die *phorbeia*, eine Mundbinde aus Leder um den Kopf gebunden. Das Terrain zwischen den beiden Armeen wird bewusst freigehalten, damit der Zusammenstoß durch nichts behindert werden kann. Jetzt verspüren die Männer doch Angst, „denn der Glanz ihrer Waffen verleiht den Truppen auf dem Vormarsch ein Furcht einflößendes Aussehen“. Der spartanische Feldherr Agesilaos versteht es, diese psychologische Dimension zu nutzen, und bereitet seine Truppen vor, damit sie „ganz aus Bronze, ganz aus Purpur“ zu sein scheinen. Vor dem Angriff ist es bei den griechischen Truppen üblich, sich mit Wein Mut anzutrinken, und zuweilen ziehen die Männer betrunken in den Kampf. Manche bekommen „Bauchschmerzen und Schwindelanfälle“. Es kommt sogar vor, dass sie sich vor Angst „in die Hose machen“. Bei einem Abstand von 200 m beginnen die feindlichen Phalangen aufeinander zuzustürmen. Mit an die 30 kg Ausrüstung kann dieser Angriff jedoch kaum länger als zwei Minuten dauern.

In der Hitze des Gefechts

Mit 8 km/h, erhobenen Schilden und vorgestreckten Lanzen stürmen die Hopliten der gegnerischen Phalangen aufeinander zu. Um die feindlichen Reihen einzurennen, müssen sie mit aller Macht vorpreschen. Der Zusammenstoß ist furchtbar, laut kracht die Bronze und die Lanzen brechen, wenn die Hopliten, von den nachfolgenden Kameraden vorwärts gedrängt, mit den ersten gegnerischen Reihen zusammenprallen. Eine Lanze durchstößt einen Brustpanzer jedoch nur selten beim ersten Hieb, deshalb versucht man beim Angriff die Leistengegend oder die Schenkel unter dem schützenden Schild zu treffen. Der getroffene Hoplit stürzt nach hinten, die anderen stürmen weiter vor. Der Druck der Phalanx ist manchmal so stark, dass Männer beim Vorpreschen ersticken. Wer fällt, wird zertrampelt. Nachdem die Hopliten die feindlichen Linien durchbrochen haben, kämpfen sie Mann gegen Mann. Mit ihrer Lanze stoßen sie von oben zu und zielen auf Gesicht oder Hals. Diejenigen, deren Lanze gebrochen ist, nehmen ihr Schwert zur Hand, um das „furchtbare Werk“ zu vollenden. Um das Eindringen des Feindes in die eigenen Reihen zu verhindern, muss man dicht neben seinem Nachbarn marschieren, umso mehr als dessen Schild die eigene rechte Seite schützt. In diesem Gewühl und ohrenbetäubenden Lärm, die Sicht durch den Helm behindert, kämpfen die Hopliten in einem unvorstellbaren Durcheinander, voller Schweißgeruch, Geschrei und dem dumpfen Stoß der Hiebe. – Xenophon, der als Hoplit gedient hatte, erinnert sich: „Es war ein Gemetzel, die Waffen trafen krachend aufeinander, die Pfeile zischten inmitten der Rufe um die Ohren: hier schrie man sich Mut zu, [...], anderswo wurden die Götter angefleht.“ Doch es kommt der Moment, in dem eine der beiden Phalangen dem Druck der anderen nicht standhalten kann. Die letzten Reihen treten dann den geordneten Rückzug an oder flüchten Hals über Kopf – die Männer werfen Waffen, Schild und Helm fort und laufen um ihr Leben. Selten sind jene, die den Tod der Schande vorziehen und sich abschlachten lassen wie die Dreihundert bei den Thermopylen 480 v. Chr. oder die „Heilige Schar“ von Theben 338 v. Chr. bei Chaironeia.

Die Spartaner sind berühmt für ihre perfekten Manöver. Sie können blitzschnell von einer Marsch- in eine Kampfformation wechseln. Ein „Gegenmarsch“ ermöglicht, wenn der Feind von hinten angreift, eine koordinierte Umkehr, um ihm mit den besten Soldaten entgegenzutreten. (Detail einer attisch-schwarzfigurigen Vase, 6. Jh. v. Chr.)

Im Steinhagel

Es kommt zwar vor, dass schon der Anblick einer Truppe von Hopliten genügt, um den Feind in die Flucht zu schlagen, doch die Regel ist das nicht. Man bemüht sich also, die Reihen der feindlichen Phalanx mithilfe von Bogenschützen, Schleuderern und Speerwerfern zu sprengen. Diese bedrängen die Hopliten aus der Entfernung, insbesondere deren rechte, nicht von den Schilden geschützte Seite. 394 v. Chr. lassen sich die spartanischen Truppen in der Schlacht von Nemea von 300 kretischen Bogenschützen begleiten, die mit ihren Zwillingsbögen Pfeile bis zu 100 m weit schießen. Manche dieser mit einer dicken Bronzespitze bestückten Pfeile können die leichten Brustpanzer des 4. Jh. v. Chr. durchbohren. Doch der Einsatz von Bogenschützen ist beschränkt, denn sie benötigen über eine Minute, um neu zu spannen. Die Schleuderer können dagegen zwei Kugeln pro Minute werfen! Die eiförmigen Blei-, Bronze- oder Steingeschosse wiegen zwischen 30 und 70 g. Sie tragen Zeichen und Inschriften, wie z. B. eine Keule, einen Skorpion, einen Blitz, den Namen eines Befehlshabers oder eine religiöse Anrufung – oder eine Bitte wie „Saus schnell“, „Schlag zu“, denn ein solches gezielt geschleudertes Geschoss kann den besten Helm auf 40 m Entfernung durchschlagen. Schließlich sind noch die Speerwerfer zu erwähnen, die die gleiche Technik anwenden wie die Sportler bei den Wettkämpfen, die den Speer in einen Lederriemen „hineindrehen“ und so dessen Schleuderwirkung verstärken. Mit seiner gefährlichen Spitze kann er noch auf 50 oder 60 m Verletzungen hervorrufen. Diese Wurfwaffengattungen werden zwar gering geschätzt, doch ihre Wirksamkeit ist unbestritten, da ja selbst Sparta zur Unterstützung seiner Truppen kretische Bogenschützen herbeiruft.

Die Rolle der Kavallerie

Bis zum 5. Jh. v. Chr. spielt die Kavallerie auf dem Schlachtfeld eine untergeordnete Rolle. Auf seine Schnelligkeit und Wendigkeit vertrauend, ist der Reiter nur leicht mit einer Tunika und einer *chlamys*, einem auf der Schulter befestigten Umhang, bekleidet. Auf dem Kopf trägt er einen Helm in Form eines *petasos*, eines kleinen breitkrempigen, aus Thessalien stammenden Hutes, und schützt seine Füße mit hohen Schuhen. Er ist mit zwei Speeren bewaffnet, die er bis zu 90 m weit schleudern kann. Doch nach und nach, unter dem Einfluss der Völker Nordgriechenlands, wächst die Bedeutung der Reiterei. Gemeinsam mit den Peltasten, den Leichtbewaffneten, setzen die Reiter dem Feind zu. Ihre Ausrüstung entwickelt sich entsprechend, denn von nun an trägt der Reiter einen richtigen Helm, meistens boiotischen Typs, einen Waffenhandschuh an der linken Hand und hohe Lederstiefel. Um die Flüchtenden und isolierten Gruppen anzugreifen, kommen zu den Reitern nun noch leicht bewaffnete Fußsoldaten, die *hamippoi*, die hinter dem Reiter aufsitzen und inmitten der durchbrochenen feindlichen Linien abspringen. Nun tauchen auch schwer gepanzerte und mit einer *kamax*, einer ungefähr 2 m langen Lanze, bewaffnete Kavalleriekorps auf. Allerdings wird deren Einsatz dadurch erschwert, dass die Pferde ohne Sattel und Steigbügel geritten werden und es dem Reiter an Stoßkraft fehlt. Dennoch sind die Angriffe der Kavallerie Philipps II. von Makedonien, die den Speer und das Schwert einsetzt und von den Flanken her angreift, äußerst gefährlich. Später werden die Reiter den Erfolg seines Sohnes, Alexanders des Großen, begründen.

Die Trojaner verteidigen sich, indem sie die Griechen mit Steinen bewerfen. Über den mythischen Aspekt hinaus veranschaulicht diese Szene die Schwierigkeit der Belagerer, eine Stadt ohne Belagerungsgerät einzunehmen. (Relief vom Heroon eines lykischen Fürsten in Gölbaşi-Trysa, Türkei, um 380 v. Chr.)

Der Maler stellt hier den Kampf Mann gegen Mann dar, der geführt wird, nachdem eine der feindlichen Linien die andere eingerannt hat. Seltener ist diese Darstellung eines Verletzten (das Blut rinnt aus einer Wunde am Oberschenkel). (Detail eines korinthisch-schwarzfigurigen Kraters, um 600/590 v. Chr.)

Belagerungen

Die Schlachten des Fußvolkes auf offenem Gelände sind zwar die gängigste Form der griechischen Kriegsführung, doch darüber hinaus sollte nicht vergessen werden, dass die Territorien von Festungen übersät sind und es sich als nötig erweisen kann, eine von ihnen zu belagern. Bis Mitte des 5. Jh. v. Chr. ist diese Art der Kriegsführung jedoch wenig verbreitet. Die Gründe hierfür sind zahlreich: So widerstrebt es den Griechen u. a., ihre Truppen über einen längeren Zeitraum an einem Ort zu belassen, dazu kommt, dass sie während der schlechten Jahreszeit die Feindlichkeiten gern aussetzen. Manchmal endet eine Belagerung sogar für die Belagerer mit einer Hungersnot; aus diesem Grund sehen sich die Athener 450 v. Chr. gezwungen, die Belagerung von Kition auf Zypern aufzuheben. Die Angreifer schneiden den Zugang zu der Festung oder Stadt ab und warten darauf, dass es den Belagerten an Nahrungsmitteln und Wasser mangelt und sie sich zu Verhandlungen bereit erklären – doch diese Mittel gelten als unelegant. Eine andere Belagerungstechnik besteht darin, um die Belagerten eine Verschanzung anzulegen. Auf diese Weise umzingeln die Athener 441 v. Chr. die Stadt Samos mit einer dreifachen Blockade aus Erdwällen und Palisaden. Spezielle Geräte zur Erstürmung einer Festung sind praktisch unbekannt. Man verfügt höchstens über kleine Wurfgeschosse, mit denen man eine Mischung aus Schwefel und Pech über die Mauern schleudert, um in der Stadt Feuer zu legen, und primitive Sturmböcke sowie Leitern. Effektive Belagerungstechniken werden erst zu Beginn des 4. Jh. v. Chr. – von den Karthagern inspiriert – auf Sizilien entwickelt. Nun tauchen Katapulte auf, dazu wesentlich perfektioniertere mobile Sturmböcke und fahrbare Belagerungstürme. Insbesondere verbreitet sich nun eine neue Angriffstaktik, die darin besteht, an mehren Punkten zugleich ununterbrochen anzugreifen – wobei die Soldaten sich abwechseln – und dem Feind keine Möglichkeit zum Ausruhen zu lassen. Auch die dicksten Stadtmauern bieten somit keinen Schutz mehr.

Die Marine

Bis Mitte des 6. Jh. v. Chr. verfügen die Griechen nur über Pentekonteren, d. h. über Schiffe, die von 50 Ruderern auf zwei Reihen verteilt, angetrieben werden. Doch um 550 v. Chr. wird ein neuer, viel leistungsfähigerer Schiffstyp entwickelt: die Triere, die das Kriegsschiff der griechischen Flotte schlechthin wird.

Die Triere, ein Kriegsschiff

Die Triere läuft nach vorn spitz zu und misst ungefähr 35 m in der Länge, über 5 m in der Breite und hat nur wenig Tiefgang. Sie ist mit einem abnehmbaren Mast und einem quadratischen Segel ausgerüstet. Doch vor allem ihre 170 Ruderer, die in drei übereinander angeordneten Ruderbänken sitzen, machen ihre Stärke aus. Sie alle bedienen Ruder von einer Länge von ungefähr 4,50 m. Die Ruder der untersten Reihe im Rumpf ragen aus Öffnungen, die vor den Wellen mit Stoff- oder Ledermuffen geschützt sind. Wenn die Männer mit voller Kraft rudern, kann die Triere eine Geschwindigkeit von bis zu zehn Knoten erreichen. Mit dem bronzeummantelten Sporn am Bug auf Höhe der Wasserlinie rammt man die feindlichen Schiffe. Dieses auf der Kraft der Ruderer beruhende Manöver erfordert sehr viel Geschick, denn ist man zu langsam, dann ist der Aufprall ungenügend. Ist man hingegen zu schnell, dann kann man sich vielleicht nicht mehr zurückziehen und geht das Risiko ein, geentert zu werden, oder schlimmer noch, mit dem leckgeschlagenen feindlichen Schiff unterzugehen. Um den Rudertakt anzugeben, singen die Ruderer unter Leitung des *keleustes* zum Klang der Flöte. Zur Mannschaft gehört ebenfalls ein Schiffszimmermann und ein *proreus* oder Untersteuermann, der die Winde, die Gestirne und die Strömungen zu beobachten und den *kybernetes*, der das Ruder führt, von seinen Beobachtung in Kenntnis zu setzen hat. Der *kybernetes* ist faktisch der Kapitän des Schiffes. Schließlich befinden sich auch noch an die zehn Soldaten oder *epibatai* an Bord, die sich bei einer Enterung als überaus nützlich erweisen können.

Eine gut unterhaltene Flotte

Athen ist einer der ersten Stadtstaaten, der unter dem Einfluss Themistokles' eine richtige Kriegsmarine aufstellt. So lässt die Stadt jährlich 20 Trieren bauen und besitzt 480 v. Chr. an die 200 Schiffe. Da sie nicht alle Schiffe selbst ausrüsten kann, verleiht sie diese, als Xerxes versucht, in das Land einzufallen, an andere Städte. Das Prinzip der Finanzierung dieser Flotte ist einfach: Die *ekklesia* entscheidet, wie viele Schiffe gebaut werden sollen und teilt den reichsten Bürgern die Ausrüstung je eines Schiffes zu – im Prinzip betrachten es diese als Ehre, dem Staat eine Triere zu schenken. Die Trierarchie ist somit eine *leiturgische* Pflicht, eine Art Steuer, der die Bürger sich nicht entziehen können, es sei denn, sie gehen das Risiko eines Prozesses und der *antidosis* oder des Besitztausches ein. Trotz einer staatlichen Unterstützung von einem Talent ist die Last dieser Steuer beachtlich, und seit Ende des 5. Jh. v. Chr. ist es erlaubt, dass mehrere Bürger die Kosten gemeinsam tragen. 358 v. Chr. sind 1200 Bürger Athens von der Trierarchie betroffen. Abgesehen vom Bau, müssen die Trierarchen das Schiff auch noch ein Jahr lang unterhalten – und die Trieren sind anfällig. Sie sind sehr leicht gebaut, um Platz für die Ruderer zu schaffen und haben auf See viel auszuhalten. Schon nach wenigen Monaten tritt Wasser ein und sie müssen auf dem Trockendock kalfatert werden. Normalerweise werden die Schiffe auf den Strand gezogen oder auf Felsen, in die man Rillen arbeitet, um das Verkeilen mit Stützbalken zu erleichtern. Die reichsten Stadtstaaten bauen jedoch richtige Trockendocks, wie die im Piräus, in Korinth oder Kyllene, dem Kriegshafen der Eleer. Hier liegen die Trieren in Schiffshäusern – im Piräus gibt es 300 davon – auch alle abnehmbaren Elemente der Ausrüstung, wie Tauwerk, Segel, Ruder, Anker usw., werden hier gelagert.

Vorwiegend treibt der Wind in den Segeln das Schiff an, die Ruderer kommen nur für Manöver zum Einsatz, oder um die Durchschnittsgeschwindigkeit zu steigern, die ca. 5 bis 6 Knoten (10 km/h) beträgt. Hier ist der Bronzesporn, der zwischen 300 und 400 kg wiegt, klar zu erkennen. (Detail einer attisch-schwarzfigurigen Schale, spätes 6. Jh. v. Chr.)

Zum Angriff rudern

Die Kriegsflotte schützt die Küsten oder die Konvois von Handelsschiffen, sie transportiert Truppen oder ermöglicht Plünderungsaktionen in feindlichem Gebiet. Schließlich dient sie auch für Expeditionen mit mehreren hundert Schiffen, denn die Trieren werden von Frachtkähnen, Stall-Schiffen, die bis zu 30 Pferde aufnehmen können, und Schiffen für den Truppentransport begleitet. Meistens bleibt man in Küstennähe und legt pro Tag 40 bis 60 Seemeilen zurück. Am Abend wirft man an einer Flussmündung den Anker aus oder zieht die Schiffe auf einen Strand, wobei man jedoch das Risiko eingeht, vom Meer aus angegriffen zu werden, so wie die Athener 405 v. Chr. in Aigospotamoi: Während die Besatzungen auf der Suche nach Verpflegung sind, bemächtigt Lysandros, der Chef der spartanischen Flotte, sich der Schiffe – nur neun Schiffe können entkommen. Richtige Seeschlachten sind jedoch selten und in jedem Fall werden sie unweit der Küsten ausgetragen. Zudem erfordert eine Seeschlacht eine gewisse Koordination. Am Tag verständigen sich die Schiffe mit Fahnen und nachts mit Lichtsignalen. Die geläufigste Schlachtformation ist der *diekplous*, bei dem die Schiffe in einer Linie vorrücken. Mit hoher Geschwindigkeit durchbrechen sie die feindliche Linie, wobei sie so viele Ruder wie möglich zerstören. Dann wenden sie, kommen zurück und rammen die manövrierunfähigen Schiffe von der Seite. Wenn der Feind in der Überzahl ist, dann bildet man einen Kreis, wie die Griechen, als sie 480 v. Chr. den Persern gegenüberstehen: „Die Hellenen aber richteten auf ein gegebenes Signal hin zuerst die Schiffsschnäbel rundum gegen die Barbaren, indem sie die Hecks in der Mitte zusammenschlossen, auf ein zweites Signal aber gingen sie ans Werk, obschon so stark eingeengt und auch von vorn bedrängt." Der Sieger errichtet am nächstgelegenen Ufer eine Trophäe.

Von den ca. 200 Mann Besatzung einer Triere sind 170 Ruderer. Um seine Flotte von 200 Trieren zu besetzen, musste Athen 34 000 Ruderer rekrutieren! (Relief, Ende 5. Jh. v. Chr.)

Sieg und Niederlage

Für die überlebenden und toten Sieger bedeutet der Krieg Ruhm, doch für die Verlierer kommt er einer Katastrophe gleich. Wenn die Überlebenden nicht massakriert werden, laufen sie Gefahr, in die Sklaverei zu geraten – zweifellos die größte Furcht jedes freien Griechen.

Nach der Schlacht

Nach dem Kampf zeugt das Schlachtfeld von der Brutalität des soeben beendeten Gemetzels. Xenophon berichtet bezüglich der Schlacht von Chaironeia Folgendes: „[...] da, wo sie übereinander gefallen waren, die Erde rot vom Blut; die Leichen von Freunden und Feinden lagen durcheinander, die Schilde in Stücken, die Lanzen gebrochen, die Schwerter ohne Futteral, die einen auf dem Boden, die anderen in den Körpern steckend, und die, die die Hände noch umfassten." Man schätzt allgemein, dass sich ungefähr 10 Prozent der Krieger nach der Schlacht nicht mehr erheben. Da die Phalangen in eng gedrängten Reihen kämpfen, türmen sich die Leichen an der Stelle des Zusammenstoßes oft in regelrechten Haufen. Während die Hopliten sich ausruhen, nehmen die Knechte den Toten ihre Waffen und Brustpanzer ab. Meist hat man keine Zeit, die Toten sofort zu beerdigen und lässt sie mehrere Tage liegen; sie blähen sich auf, verwesen in der Sommerhitze sehr schnell und stinken entsetzlich. Jetzt heißt es, sich rasch um die Überlebenden zu kümmern.

Perforationen des Brustkörpers und Schädelverletzungen sind die schwersten Verwundungen, doch Lanzen- oder Schwertstiche rufen ebenfalls hässliche Wunden an Armen und Beinen hervor, von den Brüchen ganz zu schweigen. Direkt oder indirekt erweisen sich ungefähr 45 Prozent der Verletzungen als tödlich. Viele verbluten, doch auch in den folgenden Tagen sterben, trotz der Anstrengungen der von den Städten angeworbenen Ärzte, noch etliche an Wundstarrkrampf oder Blutvergiftung. Selten sind die alten, narbenübersäten Soldaten, die nach einem kampfreichen Leben ihren wohlverdienten Ruhestand genießen können.

Die Toten ehren

Für jeden Griechen gilt die frei zugestandene Wahl, sein Leben für die Verteidigung seiner Polis und deren Werte zu lassen, als das schönste aller Opfer. Aus diesem Grund dürfen die Gefallenen nie ohne Grabstätte bleiben. Nach der Seeschlacht bei den Arginusen werden die athenischen Strategen, die den Ort verlassen hatten, ohne die Gefallenen zu bergen, zum Tode verurteilt – obwohl sie den Sieg davongetragen hatten. Normalerweise werden die gefallenen Krieger in Gemeinschaftsgräbern beigesetzt. Auf einer Gedenktafel steht ihr Name, ihr Grad und ihre Einheit von folgender Formel begleitet: „Denen, die im Krieg gefallen sind", und ein Epitaph, von denen das berühmteste der Spartaner gedenkt, die am Engpass der Thermopylen fielen: „Fremder, kommst du nach Sparta, verkündige dort, du habest uns hier liegen gesehn, wie das Gesetz es befahl." Wenn die Toten nicht am Ort der Schlacht begraben werden, dann werden sie nach Hause zurückgebracht. In Athen werden die sterblichen Überreste feierlich im *Demosion Sema*, zwischen dem Kerameikos und dem Dipylon-Tor, bestattet. Einer der bedeutendsten Bürger der Stadt hält eine Grabrede, die den exemplarischen Tod der Soldaten, ihren „schönen Tod", rühmt.

Diese marmorne Grabstele wurde für Demokleides, den Sohn des Demetrios errichtet, der 394 v. Chr. als Hoplit in der Seeschlacht von Korinth fiel.

Den Sieg feiern

Um die Stätte des Sieges zu kennzeichnen, errichtet man auf dem Schlachtfeld mit den Helmen, Schilden und Waffen der Feinde eine Trophäe; dieser gibt man zuweilen durch einen Holzrahmen eine menschliche Gestalt. Seit dem 4. Jh. errichtet man ein richtiges Denkmal aus Stein. Nach der Rückkehr müssen die Gelübde, die man, bevor man in den Krieg zog, als Einzelperson oder im Namen der Polis abgelegt hatte, in die Tat umgesetzt werden. Manchmal hat man sich über- oder unterschätzt, wie die Athener, die 480 v. Chr. versprechen, so viele Tiere zu opfern, wie sie Perser töten werden. Das Massaker von Marathon ist so groß, dass ein Kompromiss gefunden werden muss: Sie opfern jährlich „nur" 500 Ziegen und das zehn Jahre lang. – Auch die Heiligtümer werden mit Opfergaben bedacht. Privatpersonen hinterlegen hier mit einer Widmung eingravierte Waffen, die sie dem Feind abgenommenen haben, oder lassen eigens dafür Votivwaffen anfertigen. Man kann auch einer Gottheit, z. B. der Siegesgöttin Nike, eine Statue weihen. Die Poleis schenken den Heiligtümern Sklaven, Land oder Silber. Um die zahlreichen Opfergaben der Bürger aufzubewahren, lassen sie in der Nähe der Heiligtümer Schatzhäuser errichten. In Delphi sind insgesamt 28 solcher Bauten nachgewiesen, darunter das von Athen, Theben, Kyrene, Megara, Korinth, Knidos, Massalia, Sikyon, Siphnos.

Krieger führen zwei Gefangene vor sich her. Sie werden anschließend gegen ein Lösegeld freigelassen oder als Sklaven verkauft, so wie dies Platon widerfahren sein soll. (Attisch-schwarzfigurige Oinochoe, 2. Hälfte 5. Jh. v. Chr.)

Die furchtbaren Folgen der Niederlage

Die Niederlage kann für die betroffenen Städte schreckliche Folgen haben: 494 v. Chr. werden in der Schlacht von Sepeia alle Männer von Argos getötet und die Stadt braucht eine Generation, um ihren Rang erneut behaupten zu können. 415 v. Chr. metzeln die Athener sämtliche Bewohner der Insel Melos nieder, Männer, Frauen und Kinder, und entsenden anschließend 500 Siedler, die deren Platz einnehmen. – Doch diese Ausschreitungen sind nicht die Regel. Es ist zwar erlaubt, all die zu töten, die eine Stadt verteidigt haben, doch im Allgemeinen bringt man die Gefangenen, die man auf dem Schlachtfeld genommen hat, nicht um, sondern in ein Gefängnis, das *demosion*, oder in Steinbrüche, wo sie arbeiten müssen. In den meisten Fällen werden sie gegen ein Lösegeld freigelassen. Doch sie können auch als Sklaven verkauft werden. Das ist das Schlimmste, was einem Bürger widerfahren kann. Die Mitbürger eines Gefangenen sind rechtlich verpflichtet, ihn freizukaufen, sofern es ihre Mittel erlauben. Er muss sein Lösegeld jedoch bis auf die letzte Obole zurückzahlen, außer er stößt auf einen Wohltäter, der aus *philanthropia* handelt. Der Marktwert eines Gefangenen ist sehr unterschiedlich. Kurz nach einer Schlacht sinken die Preise, dann wird ein Gefangener zwischen 100 und 500 Drachmen gehandelt.

Karten

Expansion Griechenlands zur Zeit des Perikles

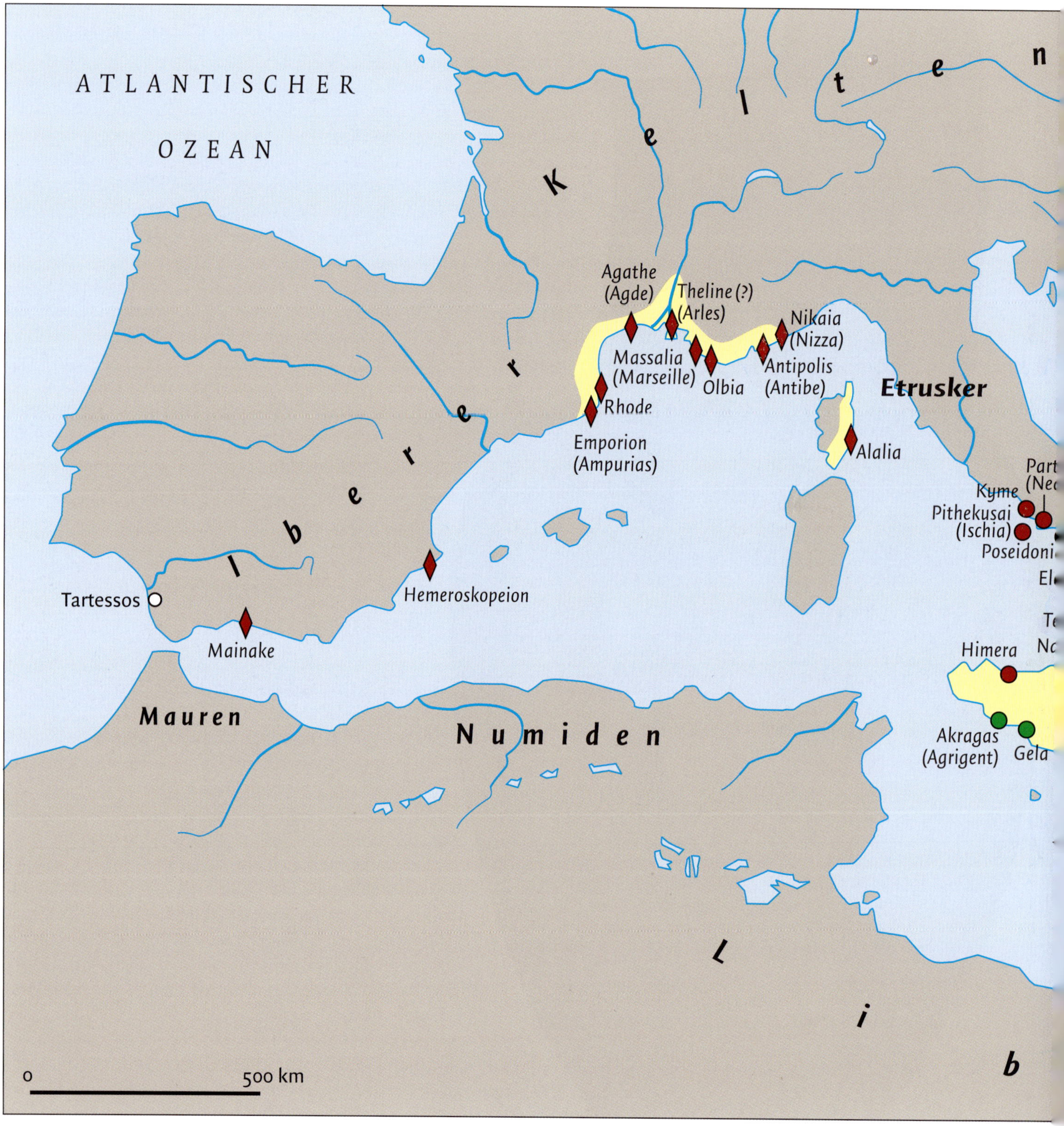

Ionische Kolonien ▲ milesisch
♦ phokäisch
● verschiedenen Ursprungs

Milet Mutterstädte

Dorische K

ien ▲ korinthisch
♦ megarisch
● verschiedenen Ursprungs

Megara Mutterstädte

● **Achäische Kolonien**

○ Handels-
niederlassungen

Griechenland zur Zeit des Perikles

Chronologie

508 v. Chr.
POLITIK – Athen: Durch die Reformen des Kleisthenes wird die Demokratie eingeführt: Schaffung des Rates der 500 und einer Volksversammlung aller Bürger mit neuen Kompetenzen.

499 v. Chr.
MILITÄR – Revolte der griechischen Städte Kleinasiens gegen die Herrschaft der Perser. Dareios I. zerstört Milet, obwohl Milet Unterstützung von Athen bekam: Erste Phase der Perserkriege. Misslungener Feldzug des persischen Generals Mardonios in Makedonien (492 v. Chr.).

495 v. Chr.
LITERATUR – Geburt des Sophokles († 405 v. Chr., 90-jährig).

um 495 v. Chr.
KUNST/ARCHITEKTUR – Aigina. Aphaiatempel, sehr schöne Plastik der spätarchaischen Epoche, leitet den „Strengen Stil" ein. (Giebel in der Glyptothek in München).

490 v. Chr.
MILITÄR – Schlacht bei Marathon. Der Athener Miltiades verhindert die Landung der persischen Flotte Dareios I. Ende des ersten Perserkrieges (491/490 v. Chr.).

um 490 v. Chr.
KUNST – Geburt des Phidias († 431 v. Chr., 59-jährig). Athenischer Bildhauer, Goldschmied und Maler. Ihm wurde die Oberaufsicht beim Bau des Parthenon übertragen. – Athen.
MALEREI – Meister der Vasenmalerei, Maler oder/und Töpfer: Brygos, Makron und Duris.

um 485 v. Chr.
LITERATUR – Erster Wettbewerb für Komödien. Geburt des Gorgias († 380 v. Chr., 105-jährig), des ersten großen griechischen Redners.

484 v. Chr.
LITERATUR – Aischylos, Sieger des Tragödienwettbewerbes.

um 484 v. Chr.
LITERATUR/GESCHICHTE – Geburt Herodots († 425 v. Chr., 59-jährig).

483 v. Chr.
POLITIK – Themistokles lässt eine Flotte bauen, wodurch Athen zur Vormacht im Ägäischen Meer aufsteigt; er modernisiert und befestigt den Hafen von Piräus. Sein politischer Gegner Aristeides wird 480 v. Chr. verbannt.

480 v. Chr.
MILITÄR – Zweiter Perserkrieg. Xerxes I. dringt mit 300 000 Mann und einer Flotte von 4200 Schiffen von Norden in Griechenland ein. Die Perser töten die „Heilige Schar" des Leonidas bei den Thermopylen, nehmen Athen ein und zerstören seine Bauwerke. Am 28. Sept. schlägt Themistokles die persische Flotte vor Salamis, doch der Krieg dauert noch ca. 2 Jahre.
KUNST/SKULPTUR – Ende der archaischen Zeit. „Strenger Stil" der klassischen Epoche bis ca. 450 v. Chr. Sog. Kritios-Knabe (Akropolis-Museum, Athen).
LITERATUR/TRAGÖDIE – Geburt des Euripides († 406 v. Chr., 74-jährig).

479 v. Chr.
MILITÄR – Griechische Siege über die Perser: zu Lande bei Platää, zur See am Mykale-Gebirge bei Milet.

478 v. Chr.
POLITIK – „Perikleisches Zeitalter" bis ca. 432 v. Chr. Diese Ära dauerte etwas weniger als 50 Jahre, doch der Aufschwung, den die griechische Kultur Perikles verdankt, hielt länger an.
KUNST/BILDHAUEREI – Delphi. Der „Wagenlenker", eine von vier erhaltenen Bronzestatuen aus klassischer Zeit.

477 v. Chr.
DIPLOMATIE – Gründung des Delischen Bundes unter Führung Athens zur Abwehr der Perser. Vorherrschende Rolle von Kimon und Aristeides, zweier athenischer Feldherren und Politiker.
KUNST/BILDHAUEREI – Bronzegruppe der Tyrannenmörder von Kritos und Nesitotes zu Ehren Harmodios und Aristogeiton, den Mördern des athenischen Tyrannen Hipparchos, Sohn des Peisistratos, 527 und 514 v. Chr. (Kopie im Museo Nazionale in Neapel).

472 v. Chr.
POLITIK – Athen. Ostrakismos des Themistokles, der gegenüber den Spartanern als zu feindlich gesinnt galt. Politische Macht des Kimon, Sohn des Miltiades, des Siegers bei Marathon.
LITERATUR/TRAGÖDIE – Aischylos verfasst die *Perser.*

470 v. Chr.
PHILOSOPHIE – Geburt des Sokrates in Athen (399 v. Chr., im Alter von 71 Jahren zum Tode verurteilt).
KUNST/ARCHITEKTUR – Bau des Zeustempels in Olympia.

um 470 v. Chr.
KUNST/SKULPTUR – Erstlingswerke des Phidias, ca. 490 v. Chr. geboren, und des Myron, geboren ca. 495 v. Chr.
MALEREI – Erstlingswerke des Polygnotos.

469 v. Chr.
MILITÄR – Dritter Krieg der Spartaner gegen ihre messinischen Nachbarn 460 v. Chr.

467 v. Chr.
MILITÄR – Der Athener Kimon besiegt am Eurymedon an der kleinasiatischen Küste die Flotte und das Heer der Perser.

465 v. Chr.
POLITIK – Athen unterdrückt den Aufstand auf Thasos, Ende ca. 462 v. Chr.

464 v. Chr.
POLITIK – Sparta in der Krise, Erdbeben, Revolte der Heloten (Sklaven), Aufstand der Messenier. Trotz des Einspruchs von Ephialtes, des Führers der demokratischen Partei Athens, eilt Kimon Sparta zu Hilfe, versagt und wird 461 v. Chr. verbannt.

461 v. Chr.
POLITIK – Athen. Ephialtes vermindert die Macht des Aeropags, doch er wird ermordet. Perikles beherrscht nun als Führer der demokratischen Partei das politische Leben Athens († ca. 429 v. Chr., vermutlich 32-jährig).

um 460 v. Chr.
GESUNDHEIT – Geburt des Hippokrates († 377 v. Chr., 83-jährig), Begründer der antiken Heilkunst und Autor zahlreicher Abhandlungen.
LITERATUR/GESCHICHTE – Geburt des Thukydides († 395 v. Chr., ca. 76-jährig).

457 v. Chr.
MILITÄR – Sieg Athens über Aigina.

456 v. Chr.
MILITÄR – Athen von Aigina besiegt, Bündnis von Korinth und Theben in Tanagra.

455 v. Chr.
LITERATUR – Erste Tragödien des Euripides.

450 v. Chr.
KUNST – Ende des „Strengen Stils". Blütezeit der Klassik bis ca. 420 v. Chr. – Schlüsselwerke der Bildhauerei: Polyklet verfasst den *Kanon*, schafft den Doryphoros (Speerträger) [Kopie im Museo Nazionale in Neapel]; Phidias schafft die Athena Lemnia [Kopie des Körpers in der Staatl. Skulpturensamml. in Dresden, Kopie des Kopfes im Museo Civico in Bologna] und Myron den Diskobolos (Diskuswerfer) aus Bronze [u. a. Kopie im Museo Nazionale in Rom].

um 450 v. Chr.
PHILOSOPHIE – Zenon aus Elea, Philosoph und Erfinder der Dialektik, *Aporien.*

449 v. Chr.
MILITÄR – Zweiter Heiliger Krieg, hervorgerufen durch den Streit um den Besitz des Heiligtums von Delphi. Athen hält Sparta in Schach.

448 v. Chr.
DIPLOMATIE – Frieden zwischen Persien und Athen (Kallias-Friede): Unabhängigkeit der ionischen Städte; die Ägäis wird „athenischer See" genannt; Ende der 50 Jahre währenden Perserkriege.

447 v. Chr.
MILITÄR – Vergeltung Spartas, das die Phoker straft, während Theben sich durch den Sieg bei Koroneia von der Vormundschaft Athens befreit.
KUNST – Athen. ARCHITEKTUR – Bau des Parthenons bis ca. 438 v. Chr. Dieses Meisterwerk dorischen Stils erschufen der Bildhauer Phidias und die beiden Architekten Kallikrates und Iktinos.

446 v. Chr.
DIPLOMATIE – Athen und Sparta schließen den sog. Dreißigjährigen Frieden, der jedoch nur 14 Jahre anhält.

um 445 v. Chr.
LITERATUR/THEATER – Komödie. Geburt des Aristophanes († 380 v. Chr., ca. 65-jährig).

443 v. Chr.
POLITIK – Athen. Perikles, der „Olympier", wird bis 429 v. Chr. jährlich zum Strategen wiedergewählt. Dieser Aufstieg zum höchsten Staatsamt besiegelt die Niederlage der Konservativen.

441 v. Chr.
LITERATUR – Sophokles: *Antigone*, Tragödie.

440 v. Chr.
KUNST/ARCHITEKTUR – Kap Sounion. Poseidontempel.
WISSENSCHAFT – Leukippos, Begründer der Atomistik.

um 440 v. Chr.
KUNST/MALEREI – Dekor der Lekythen, kleiner, weißgrundiger Grabgefäße für Salben.

um 438 v. Chr.
LITERATUR – Euripides: *Alkestis*, Tragödie.
KUNST – Athen. Phidias: Statue aus Gold und Elfenbein der Athena Parthenos, großer Fries der Panathenäen und Giebel des Parthenons bis ca. 432 v. Chr.

437 v. Chr.
KUNST/ARCHITEKTUR – Athen. Propyläen (monumentale Eingangshalle) der Akropolis bis ca. 432 v. Chr.

436 v. Chr.
MILITÄR – Athen. Perikles führt persönlich eine Expedition ans Schwarze Meer an, um die Versorgung mit Weizen zu sichern. Gründung der Kolonie Amphipolis (Thrakien).

435 v. Chr.
KUNST/MALEREI – Athen. Polygnotos: Fresken der Pinakothek der Propyläen (verloren).

432 v. Chr.
MILITÄR – Korinth und Megara verbünden sich, beunruhigt durch die Politik Athens im Norden der Ägäis und auf Sizilien, mit Sparta gegen Athen.
POLITIK – Perikles blockiert das mit Sparta verbündete Megara wirtschaftlich.
MILITÄR – Erste Phase des Peloponnesischen Krieges zwischen Athen und Sparta bis ca. 421 v. Chr., in den fast alle griechischen Städte verwickelt werden. Athen ist unterlegen, weshalb alle Bewohner Attikas in die Festung evakuiert werden. Diese Taktik des Perikles' wird durch eine Pestepedimie vereitelt, der bis ca. 430 v. Chr. ein Drittel der Bevölkerung zum Opfer fällt. Perikles wird zu einer hohen Geldstrafe verurteilt, dann feigesprochen und stirbt 429 v. Chr., vermutlich 32-jährig, an der Pest.

430 v. Chr.
KUNST/BILDHAUEREI – Polyklet: Statue des Diadoumenos.
MALEREI – Karriere der großen Meister Apollodoros und Zeuxis bis ca. 400 v. Chr.

um 430 v. Chr.
LITERATUR – Geburt Xenophons († 355 v. Chr., 75-jährig), Verfasser historischer Werke, staatspolitischer Schriften, Lehrschriften, Memoiren und Philosophien.

428 v. Chr.
PHILOSOPHIE – Geburt Platons († 347 v. Chr., 81-jährig).
KUNST/BILDHAUEREI – Kresilas: Portraitstatue des Perikles (Kopie im British Museum).

427 v. Chr.
POLITIK – Athen. Kleon, Führer der demokratischen Imperialisten, und Nikias, Führer der pazifistischen Konservativen, geraten bezüglich des Krieges mit Sparta aneinander.

425 v. Chr.
MILITÄR – Einnahme der Insel Sphakteria durch die athenische Flotte:

Hauptereignis dieser ersten Phase des Peloponnesischen Krieges.

um 425 v. Chr.
KUNST – Athen. MALEREI – Apollodoros, der Skiagraph (wörtl. „Schattenmaler"), nutzt als Erster den Kontrast zwischen Licht und Schatten für seine Gemälde.

421 v. Chr.
MILITÄR – Der Tod der Gegner Kleon und Brasidas begünstigt den Abschluss des „Nikias-Friedens" zwischen Athen und Sparta. Die Verbündeten Spartas erkennen den Frieden jedoch nicht an, und der Krieg entbrennt erneut.

420 v. Chr.
KUNST – Ende der „Hochklassik", Beginn des „Reichen Stils" ca. 370 v. Chr.

um 420 v. Chr.
KUNST/ARCHITEKTUR – Athen. Bau des Erechtheions bis ca. 406 v. Chr. auf der Akropolis, zu Ehren der Götter und Heroen, Gründer der Stadt, Meisterwerk des ionischen Stils.

418 v. Chr.
MILITÄR – Wiederaufnahme des Peloponnesischen Krieges, Niederlage Athens bei Matineia.
KUNST/ARCHITEKTUR – Athen. Niketempel der Athener Akropolis von Kallikrates. Ionische Säulenordnung.

415 v. Chr.
MILITÄR – Athen. Scheitern der Sizilischen Expedition gegen Syrakus ca. 413 v. Chr.

414 v. Chr.
POLITIK – Athen. Der Stratege Alkibiades wird wegen Religionsfrevels angeklagt und flieht nach Sparta.

413 v. Chr.
MILITÄR – Dekeleischer Krieg (Zweite Phase des Peleponnesischen Krieges) bis ca. 402 v. Chr. Die Spartaner besetzen die Festung Dekeleia nördlich von Athen und verwüsten von hier aus Attika.

411 v. Chr.
POLITIK – Athen. Zwischenregierung der Oligarchie des „Rates der 400", die durch einen Staatsstreich an die Macht kommen, Wiedereinführung der Demokratie.
KUNST/ BILDHAUEREI – Sehr qualitätsvoller sog. Jünglingskopf von Benevent (Louvre) ca. 50 v. Chr.

408 v. Chr.
PHILOSOPHIE – Treffen von Sokrates und Platon.

406 v. Chr.
MILITÄR – Die athenische Flotte schlägt die Spartaner bei den Arginusen.
LITERATUR – Tod des Euripides und des Sophokles.

405 v. Chr.
MILITÄR – Lysander, der Befehlshaber der spartanischen Flotte, besiegt die athenische Flotte an der Küste von Chersonesos an der Mündung des Aigospotamos.

404 v. Chr.
MILITÄR – Lysander belagert Athen, und die Stadt kapituliert, sie verliert ihre Festungen, ihre Flotte und ihre Unabhängigkeit. Verfolgung der Demokraten, Einführung der Oligarchie der „Dreißig Tyrannen" unter spartanischem Schutz.

401 v. Chr.
MILITÄR – Sparta entsendet 10 000 Söldner, um Kyros d. J. zu unterstützen, der sich gegen seinen Bruder Artaxerxes II. erhebt, doch der rebellische Fürst wird in der Schlacht von Kunaxa getötet. Das Expeditionskorps muss den langen Rückmarsch quer durch Kleinasien antreten, den Xenophon, der das Herr anführt, in seiner *Anabasis* beschreibt.

um 400 v. Chr.
POLITIK – Hegemonie Spartas in der griechischen Welt. Zahlreiche Kriege gegen die Städte, die sich Sparta widersetzen: Elis bis ca. 400 v. Chr., Theben bis ca. 395 v. Chr., Korinth 393 v. Chr. bis ca. 386 v. Chr., Olynth 382 v. Chr. bis ca. 379 v. Chr.

399 v. Chr.
POLITIK – Athen. Verurteilung und Tod des Sokrates.

um 396 v. Chr.
PHILOSOPHIE – Erste Dialoge Platons.

um 390 v. Chr.
KUNST/SKULPTUR – Geburt des Praxiteles († 335 v. Chr., ca. 55-jährig), des Skopas († 320 v. Chr., ca. 70-jährig), des Lysippos († 320 v. Chr., ca. 70-jährig), der Hofbildhauer Alexanders war.

388 v. Chr.
WISSENSCHAFT – Geburt des Herakleides Pontikos († 313 v. Chr., 75-jährig), der die Drehung der Erde um ihre eigene Achse entdeckt und lehrt.

387 v. Chr.
PHILOSOPHIE – Platon gründet die Akademie (Hain des Akademos): „Niemand tritt hier ein, der kein Geometer ist."

384 v. Chr.
LITERATUR – Geburt des Aristoteles in Makedonien († 322 v. Chr., 62-jährig), Philosoph und Enzyklopädist. Geburt des Demosthenes in Athen († 322 v. Chr., 62-jährig), der sich als großer Redner vehement der imperialistischen Politik Philipps von Makedonien widersetzt.

Bibliografie

Geschichte

Blank, H., *Einführung in das Privatleben der Griechen und Römer*, Darmstadt 1996.

Bleicken, J., *Die athenische Demokratie*, Paderborn 1995.

Borbein, A. H. (Hrsg.), *Das alte Griechenland. Kunst und Geschichte der Hellenen*, München 1998.

Bremmer, J. N., *Götter, Mythen und Heiligtümer im antiken Griechenland*, Darmstadt 1996.

Bruit Zaidman, L.; Schmitt Pantel, P., *Die Religion der Griechen. Kult und Mythos*, München 1994.

Buxton, R., *Das große Buch der griechischen Mythologie*, Theiss Verlag, Stuttgart 2005.

Camp, J. M.; Fisher, E., *Götter, Helden, Philosophen. Geschichte und Kultur der alten Griechen*, Stuttgart 2003.

Cartledge, P. (Hrsg.), *Kulturgeschichte Griechenlands in der Antike*, Stuttgart 2000.

Dalby, A., *Essen und Trinken im alten Griechenland*, Stuttgart 1998.

Decker, W., *Sport in der griechischen Antike. Vom minoischen Wettkampf bis zu den Olympischen Spielen*, München 1995.

Dihle, A., *Griechische Literaturgeschichte. Von Homer bis zum Hellenismus*, München 1998.

Fittà, M., *Spiele und Spielzeug in der Antike. Unterhaltung und Vergnügen im Altertum*, Stuttgart 1998.

Gehrke, H.-J.; Schneider, H. (Hrsg.), *Geschichte der Antike. Ein Studienbuch*, Stuttgart, Weimar 2000.

Hölscher, T., *Klassische Archäologie. Grundwissen*, Darmstadt 2002.

Krug, A., *Heilkunst und Heilkult. Medizin in der Antike*, München 1993.

Lotze, D., *Griechische Geschichte. Von den Anfängen bis zum Hellenismus*, München 2004.

Mannack, Th., *Griechische Vasenmalerei. Eine Einführung*, Darmstadt 2002.

Pekridou-Gorecki, A., *Mode im antiken Griechenland. Textile Fertigung und Kleidung*, München 1989.

Schubert, Ch., *Athen und Sparta in klassischer Zeit. Ein Studienbuch*, Stuttgart 2003.

Schuller, W., *Frauen in der griechischen und römischen Geschichte*, Konstanz 1995.

Schuller, W., *Griechische Geschichte*, München 2002.

Sinn, U., *Das antike Olympia. Götter, Spiele und Kunst*, München 2004.

Welwei, K.-W., *Die griechische Polis. Verfassung und Gesellschaft in archaischer und klassischer Zeit*, Stuttgart 1998.

Quellen

Herodot, *Geschichten und Geschichte*, 2 Bde. Übers. v. W. Marg, München 1983.

Thukydides, *Geschichte des Peloponnesischen Krieges*. Übers. v. G. P. Landmann, München 1991.

Aristophanes, *Komödien*. Hrsg. H.-J. Newiger, Neubearb. d. Übers. v. L. Seeger, München 1990.

Aristoteles, *Politik*. Hrsg. u. übers. v. O. Gigon, München 1973.

Platon, *Werke in acht Bänden*. Griech. u. dt., hrsg. v. G. Eigler, übers. v. F. Schleiermacher, Darmstadt 2001.

Hesiod, *Werke in einem Band*. Hrsg. u. übers. v. L. u. K. Hallof, Berlin, Weimar 1994.

Xenophon, *Erinnerungen an Sokrates*. Griech. u. dt., hrsg. v. P. Jaerisch, München 1987.

Xenophon, *Das Gastmahl – Symposion*. Griech. u. dt., übers. u. hrsg. v. E. Stärk, Stuttgart 1998.

Xenophon, *Ökonomische Schriften*. Griech. u. dt., übers. v. G. Audring, Berlin 1992.

Diogenes Laertius, *Leben und Lehre der Philosophen – Vitae philosophorum*. Übers. u. hrsg. v. F. Jürß, Stuttgart 1998.

Plutarch, *Große Griechen und Römer – Vitae parallelae*. Übers. v. K. Ziegler, 6 Bde., Zürich, Stuttgart 1954–1965.

Filmografie

1909 Ernesto Maria Pasquali
La Morte di Socrate (Italien)

Raleigh & Robert
Damon and Pythias (GB)

1910 Louis Feuillade
Lysistrata ou la grève des baisers (Frankreich)
nach einer Komödie von Aristophanes

1914 Otis Turner
Damon and Pythias (USA)

1915 George A. Lessey
The Marble Heart (USA)
über Phidias

1916 Léonce Perret
L'Esclave de Phidias (Frankreich)

1926 Dimitri Fexis und Georges Pallu
Phi-Phi (Frankreich)
nach einer Operette über Phidias

1938 John Ruffin
Crown Trial (Kurzfilm, GB)
über Demosthenes

1940 Corrado d'Errico
Processo e morte di Socrate (Italien)

1953 Christian Jaque
Lysistrata (Frankreich)
mit Martine Carol

Sidney Lumet
The Death of Socrates (Fernsehfilm, USA)

1959 Mario Bonnard und Sergio Leone
Gli ultimi Giorni di Pompei/ Die letzten Tage von Pompeji (Italien/Spanien/BRD)

1961 Rudolph Maté
The 300 Spartans/ Der Löwe von Sparta (USA)

1963 Curtis Bernhardt und Alberto Cardone
Il Tyranno di Siracusa (Italien/USA)

1966 Georg Schäffer
Barefoot in Athens (Fernsehfilm, USA)
Peter Ustinov ist Sokrates.

1970 Roberto Rossellini
Sokrates (Fernsehfilm, Italien)

1971 Jonathan Miller
Sokrates (Fernsehfilm, GB)

1972 Dimis Dadiras
Ippocratis è Dimokratia (Griechenland)

1977 Michel Subiela
Vaincre à Olympie (Fernsehfilm, Frankreich)

1987 Jean-Marie Straub und Danièle Huillet
La Mort d'Empédocle/ Der Tod des Empedokles (Frankreich)

1988 Marco Ferreri
Le Banquet de Platon (Fernsehfilm, Frankreich)
Philippe Léotard ist Sokrates.

2004 Oliver Stone
Alexander (GB)
mit Colin Farrell und Sir Anthony Hopkins

2004 Wolfgang Petersen
Troy/Troja (USA)
nach der Ilias; mit Brad Pitt und Orlando Bloom

Register

Aberglaube S. 81, 126–127
Abtreibung S. 13
Adoption S. 12
Agora S. 39, 80
Akropolis S. 38, 175
Alphabet S. 98
Altar S. 118, 120–121
Amme S. 18
Arbeit S. 79, 132–143
Arbeiter S. 140, 142–143
Arbeitslosigkeit S. 133
Armee S. 166–173
Ausrüstung, s. Bewaffnung

Bäder S. 36, 50, 54
Bankette S. 25, 34, 61, 69, 74–75, 105, 115, 133
Bauern S. 30–31, 136–139
Beamte S. 86
Beleuchtung S. 37
Betten S. 34, 71, 74–75
Bewaffnung S. 166, 168, 172–173, 178
Boule, s. Rat
Brot S. 63
Bürger S. 10, 78–79, 82–87, 111, 168–169

Chirurgie S. 59

Demokratie S. 81–87, 96, 98
diaita, s. gesunde Lebensführung

Ehe S. 10, 14–15
Ehelosigkeit S. 12
ekklesia, s. Volksversammlung
Epheben S. 84, 168–171
Ephebie S. 20, 170–171
Epidemie S. 56
Erziehung S. 19–21, 23, 25, 96, 105–106, 168–171

Feste S. 118, 120–121, 124–125, 134–135, 138
Fisch S. 66–67
Fischerei S. 66–67
Fleisch S. 68
Flotte S. 154–155, 180–181
Frauen S. 10, 12–16, 24–25, 36, 48, 51, 74, 78, 110, 146
Frisuren S. 51
Früchte S. 65

Geburt S. 16
Gemüse S. 64–65
Gerechtigkeit S. 90–93
Gesang S. 105
Gesunde Lebensführung S. 58–59, 61, 75
Getränke S. 70–71
Getreide S. 62–63, 139
Götter S. 56, 79, 102, 105, 110, 114–125, 144, 174–175

Handel S. 146–147
Handwerker S. 79, 132, 140–141
Haus S. 28–31
Heiligtum S. 56, 110, 118–119, 122, 157, 158, 175
Heizung S. 36
heliaia, s. Richter
Heloten S. 79
Hemd S. 44–47
Heroen S. 115
Homosexualität S. 22–23, 170–171
Honig S. 65, 71
Hopliten S. 166, 172–173, 176–178
Hygiene S. 36, 50, 54–55

Jagd S. 69

Kavallerie S. 167, 178
Kind S. 12–13, 16–21, 24, 25, 74, 106, 143
Kindesaussetzung S.13
Kleidung S. 44–49
Kolonien S. 147, 160–161
Körper S. 50–51, 54–55, 138
Krieg S. 174–179, 182–183
Küche S. 63–66, 69, 72–73

Libation, s. Trankopfer
Liebe S. 14–15, 22–25

Mädchen S. 12, 14–15, 19–21
Magie S. 126–127
Malerei S. 100–101
Männer S. 10, 12, 61 ,74–75, 133
Marine, s. Flotte
Medizin S. 56–59
Meer S. 150, 154–155, 162
Metöken S. 78–79, 83, 131
Mobiliar S. 32–34
Monarchie S. 81
Mosaik S. 33
Münzen, s. Silber
Musik S. 75, 104–105
Mutterschaft S. 16–17
Mysterien S. 125
Mythen S. 114–115

Nacktheit S. 44
Naturkatastrophen S. 151

Oligarchie S. 81
Oliven S. 64, 138
Olympische Spiele S. 110–111, 157
Opfer S. 69, 116–118, 120–121, 124–125, 175
Opfergabe S. 122
Orakel S. 122–123, 174
Ostrakismus S. 85

Päderastie S. 23, 62, 171
Parfüm S. 52–53
Philosophie S. 61, 75, 96–97, 117, 133
Polis, s. Stadtstaat
Priester S. 56–57, 116, 120–123
Prostituierte S. 24–25
Prozessionen S. 121, 124–125

Rat S. 85, 89
Redekunst, s. Rhetorik
Redner S. 86, 96
Reisen S. 156–157
Reiterei, s. Kavallerie
Rhetorik S. 75, 96–97
Richter S. 90, 92–93

Scheidung S. 12
Schminken S. 53
Schmuck S. 53
Schönheit S. 50–53
Schrift S. 98–99
Schuhe S. 47
Schule S. 19
Schwangerschaft S. 16–17
Sexualität S. 15, 22–25, 171
Silber S. 144–145
Sklaven S. 75, 78–79, 83, 132, 142–145, 160, 169, 183
Skulptur S. 100–101, 119
Sohn S. 19–21, 170–171
Spiele S. 106–107
Spielzeug S. 106–107
Sport S. 54–55, 108–111
Stadt S. 38–41
Stadtstaat S. 38, 80–81
Steuern S. 88, 92–93
Straßen S. 156–157

Tanz S. 105
Tempel S. 116, 118–119, 122
Theater S. 102–103
Tiere S. 68–69, 107, 120, 123, 139, 153
Tod S. 128–129, 182
Trankopfer S. 74–75, 122
Transportmittel S. 154–155, 159
Triere S. 180–181
Tyrannei S. 81

Umhang S. 44–45
Untreue S. 12

Volksversammlung S. 84–85, 89

Waffen S. 166, 168, 172–173, 178
Wahrsagerei S. 127
Waise S. 13
Wasser S. 36–37, 41, 71
Weihegabe, s. Opfergabe
Wein S. 61, 70–71, 74–75, 138

Zauberei, s. Magie

Abbildungsnachweis

S. 8 und 9 Museum Canellopoulos, Athen. Ph. © G. Dagli Orti S. **11** Musée du Louvre, Paris. Ph. © H. Lewandowski/RMN S. **12 und 13** Nationalmuseum, Athen. Ph. © Nimatallah/AKG, Paris S. **13 re.** Musée du Louvre, Paris. Ph. © H. Lewandowski/RMN S. **14** Musée du Louvre, Paris. Ph. © Erich Lessing/AKG, Paris S. **15** The Metropolitan Museum of Art, New York (purchase, Walter C. Baker Gift, 1956). (56. 11. 11). Ph. © 1992 The Metropolitan Museum of Art S. **16** Musée du Louvre, Paris. Ph. © H. Lewandowski/RMN S. **17 o.** Musée des Beaux-Arts, Lille. Ph. © H. Bréjat/RMN S. **17 u.** Musée du Cinquantenaire, Brüssel. Ph. © R. Percheron/Artephot S. **18** Musée du Louvre, Paris. Ph. © H. Lewandowski/RMN S. **19** Musée du Louvre, Paris. Ph. © H. Lewandowski/RMN S. **20 und 21** Staatliche Museen zu Berlin, Antikensammlung. Ph. © J. Laurentius/Bildarchiv Preussischer Kulturbesitz, Berlin S. **21 o.** British Museum, London. Ph. Samml. Archives Larbor S. **22** Nationalmuseum, Athen. Ph. © Nimatallah/AKG, Paris S. **23** Musée du Louvre, Paris. Ph. © H. Lewandowski/RMN S. **24** Musée du Louvre, Paris. Ph. © RMN S. **25** Museo di Tarquinia. Ph. © G. Dagli Orti S. **26 und 27** The Metropolitan Museum of Art, New York (purchase, Walter C. Baker Gift, 1956. (56. 11. 1). Ph. © 1992 The Metropolitan Museum of Art S. **28** Architekt: T. Kozely. Ph. © Ph. Collet/EFA S. **29** Ph. © G. Dagli Orti S. **30** Museo Archeologico, Ferrara. Ph. © A. Held/Artephot S. **30 und 31** Ph. © Prof. Dr. W. Hoepfner S. **31 u.** Ph. © M. Brunet/EFA S. **32 o.** Detail der S. **44–45 u.** S. **32 u.** Musée du Louvre, Paris. Ph. © H. Lewandowski/RMN S. **33** Ph. © Ph. Collet/EFA S. **34** Ashmolean Museum, Oxford. Ph. © Bridgeman – Giraudon S. **35** Museo Nazionale, Tarent. Ph. © G. Dagli Orti S. **36 o.** Musée du Louvre, Paris. Ph. © Ch. Larrieu/RMN S. **36 und 37** Musée du Louvre, Paris. Ph. H. Lewandowski/RMN S. **37 o.** Musée du Louvre, Paris. Ph. © Erich Lessing/AKG, Paris S. **38 und 39** Ph. © C. Caroly/ANA S. **39** Bibliothèque nationale de France, Paris. Ph. © BNF, Paris S. **40** Ph. © R. Mattes/Explorer S. **41** Musée du Louvre, Paris. Ph. © H. Lewandowski/RMN S. **41 re.** Ph. © Archivi Alinari, Florenz S. **42 und 43** Musée du Louvre, Paris. Ph. © Archives Larbor S. **44 o.** Museo Archeologico Nazionale, Melfi. Ph. © A. Baguzzi/AKG, Paris S. **44 und 45** Nationalmuseum, Athen. Ph. © Nimatallah/AKG, Paris S. **46** Nationalmuseum, Athen. Ph. © Nimatallah/AKG, Paris S. **47** Musée du Louvre, Paris. Ph. © H. Lewandowski/RMN S. **48 und 49** Musée du Louvre, Paris. Ph. © H. Lewandowski/RMN S. **49 u.** © Archive Larousse S. **49 re.** Musée du Louvre, Paris. Ph. © H. Lewandowski/RMN S. **50** Musée du Louvre, Paris. Ph. H. Josse © Archives Larbor S. **51 o.** Ph. © Athenian Agora Excavations/American School of Classical Studies, Athen S. **51 u.** Museum of Fine Arts, Boston. Ph. Samml. Archives Larbor S. **52 und 53** Musée du Louvre, Paris. Ph. © RMN S. **53 o.** Museo Archeologico, Salerno. Ph. © A. Baguzzi/AKG, Paris S. **53 M.** British Museum, London. Ph. © Bridgeman – Giraudon S. **54 und 55** Nationalmuseum, Athen. Ph. © Nimatallah/AKG, Paris S. **55 u.** Museo Etrusco di Villa Giulia, Rom. Ph. © Scala S. **56 und 57** Nationalmuseum, Kopenhagen. Ph. © A. Held/Artephot S. **57 li.** Ph. © H. Lewandowski/RMN S. **58** Nationalmuseum, Athen. Ph. © G. Dagli Orti S. **59** Staatliche Museen zu Berlin, Antikensammlung. Ph. © J. Laurentius/Bildarchiv Preussischer Kulturbesitz, Berlin S. **60 und 61** Museo Archeologico Paestum. Ph. © G. Dagli Orti S. **62 o.** Ph. Samml. Archives Larbor S. **62 u.** Château-Musée, Boulogne-sur-Mer. Ph. © Erich Lessing/AKG, Paris S. **63** Musée du Louvre, Paris. Ph. © G. Blot/RMN S. **64 und 65** British Museum, London. Ph. © Nimatallah/AKG, Paris S. **64 u.** Musée du Louvre, Paris. Ph. © H. Lewandowski/RMN S. **65 u.** Musée Vivenel, Compiègne. Ph. © AKG, Paris S. **66 und 67** Musée du Louvre, Paris. Ph. © H. Lewandowski/RMN S. **67** Kunsthistorisches Museum, Wien. Ph. © Erich Lessing/AKG, Paris S. **68** Musée du Louvre, Paris. Ph. © RMN S. **69** British Museum, London. Ph. © Bridgeman – Giraudon S. **70** Musée du Louvre, Paris. Ph. © H. Lewandowski/RMN S. **71** Musée du Louvre, Paris. Ph. © H. Lewandowski/RMN S. **72 o. li. und 73 o. li.** Ph. © Athenian Agora Excavations/American School of Classical Studies, Athen S. **72 o. re. und 73 o. re.** Ph. © Athenian Agora Excavations/American School of Classical Studies, Athen S. **72 u. li.** Ph. © Athenian Agora Excavations/American School of Classical Studies, Athen S. **72 und 73** Musée du Louvre, Paris. Ph. © H. Lewandowski/RMN S. **74 und 75** Ph. © H. Lewandowski/RMN S. **76 und 77** Musée du Louvre, Paris. Ph. © H. Lewandowski/RMN S. **78 und 79** Privatsammlung, Genf. Ph. © A. Held/Artephot S. **79** Musée du Louvre, Paris. Ph. © H. Lewandowski/RMN S. **80** Agoramuseum, Athen Ph. © Nimatallah/AKG, Paris S. **80 und 81** Ph. © A. Garozzo/Rapho S. **82** Ph. © Nimatallah/AKG, Paris S. **83** Museo Archeologico, Florenz. Ph. © Archivi Alinari, Florenz S. **84 und 85** Ph. © Vanni Archive/Corbis S. **85 u.** Ph. © H. Lewandowski/RMN S. **86** British Museum, London. Ph. © Archives Nathan S. **87** Agoramuseum, Athen. Ph. © John Hios/AKG, Paris S. **88 und 89** Musée du Louvre, Paris. Ph. © Erich Lessing/AKG, Paris S. **89** Musée du Louvre, Paris. Ph. © H. Lewandowski/RMN S. **90** Musée des Beaux-Arts, Dijon. Ph. © des Museums/François Jay S. **91** Agoramuseum, Athen. Ph. © American School of Classical Studies – Samml. Archives Larbor S. **92** Musée du Louvre, Paris. Ph. © Chuzeville/RMN S. **93** Musée du Louvre, Paris. Ph. © H. Lewandowski/RMN S. **94** British Museum, London. Ph. © W. Forman/AKG, Paris S. **96** Musée du Louvre, Paris. Ph. © H. Lewandowski/RMN S. **97** Kunst- und Geschichtsmuseum, Genf. Ph. © A. Held/Artephot S. **98** Musée du Louvre, Paris. Ph. © R. Percheron/Artephot S. **99 li.** Musée du Louvre, Paris. Ph. © H. Lewandowski/RMN S. **99 re.** Musée du Louvre, Paris. Ph. © H. Lewandowski/RMN S. **100** Nationalmuseum, Athen. Ph. © Archives Larbor S. **101** Musée du Louvre, Paris. Ph. © H. Lewandowski/RMN S. **102** Museo Archeologico Nazionale, Neapel. Ph. © A. Baguzzi/AKG, Paris S. **103 o.** Museo Nazionale, Tarent. Ph. Samml. Archives Larbor S. **103** British Museum, London. Ph. Samml. Archives Larbor S. **104 und 105** Museo Provinciale, Lecce. Ph. © G. Dagli Orti S. **105** Ph. © Archives Larbor S. **106** Nationalmuseum, Athen. Ph. © Nimatallah/AKG, Paris S. **107 u.** Musée du Louvre, Paris. Ph. © A. Held/Artephot S. **108 o.** Ph. © G. Dagli Orti S. **108 u.** Musée du Louvre, Paris. Ph. © Chuzeville/RMN S. **109** Museo Archeologico Nazionale, Neapel. Ph. Pedicini © Archives Larbor S. **110 und 111** Musée du Louvre, Paris. Ph. H. Josse © Archives Larbor S. **111 u.** Privatsammlung, Genf. Ph. © A. Held/Artephot S. **112 und 113** Kunsthistorisches Museum, Antikensammlung, Wien. Ph. © Erich Lessing/AKG, Paris S. **114** Musée du Louvre, Paris. Ph. H. Josse © Archives Larbor S. **115 o.** Musée du Louvre, Paris. Ph. © RMN S. **115 u.** Henry Lillie Fund, Museum of Fine Arts, Boston. Ph. © des Museums/T S. **116** Nationalmuseum, Athen. Ph. © Bridgeman – Giraudon S. **117** Musée du Louvre, Paris. Ph. © H. Lewandowski/RMN S. **118** Musée du Louvre, Paris. Ph. © H. Lewandowski/RMN S. **119** Ph. © Archives Nathan S. **120 und 121** Nationalmuseum, Athen. Ph. © Scala S. **120 u.** Musée du Louvre, Paris. Ph. © Archives Larbor S. **122** Museo Provinciale, Lecce. Ph. © G. Dagli Orti S. **123** Nationalmuseum, Athen. Ph. © Nimatallah/AKG, Paris S. **125** Museo Archeologico, Florenz. Ph. © Scala S. **126** Martin von Wagner Museum. Ph © Archiv Nathan S. **127** Musée du Louvre, Paris. Ph. © H. Lewandowski/RMN S. **128** Musée du Louvre, Paris. Ph. © H. Lewandowski/RMN S. **129 o.** Museo Archeologico, Neapel. Ph. © Nimatallah/AKG, Paris S. **129 u.** Bibliothèque nationale de France, Paris. Ph. © BNF, Paris S. **130 und 131** Museo di Cefalù. Ph. © Scala S. **132** Ashmolean Museum, Oxford. Ph. © Bridgeman – Giraudon S. **133** Musée du Louvre, Paris. Ph. © H. Lewandowski/RMN S. **134** Agoramuseum, Athen Ph. © Athenian Agora Excavations/American School of Classical Studies, Athen S. **135** Museo Archeologico Nazionale, Neapel. Ph. Rocco Pedicini © Archives Larbor S. **136 und 137** Musée du Louvre, Paris. Ph. © Archives Larbor S. **138** British Museum, London. Ph. © Bridgeman – Giraudon S. **139 o.** Musée du Louvre, Paris. Ph. © Erich Lessing/AKG, Paris S. **139 u.** Musée du Louvre, Paris. Ph. © H. Lewandowski/RMN S. **140 und 141** Ashmolean Museum, Oxford. Ph. © Bridgeman – Giraudon S. **141 u.** Musée du Louvre, Paris. Ph. © RMN S. **142 o.** Ph. Samml. Archives Larbor S. **142 u. und 143** Musée des Beaux-Arts, Brüssel. Ph. © R. Percheron/Artephot S. **143** Staatliche Museen zu Berlin, Antikensammlung. Ph. © J. Liepe/Artephot S. **144 o.** Ph. Samml. Archives Larbor S. **144 u. li.** Ph. Samml. Archives Larbor S. **144 und 145** Musée du Louvre, Paris. Ph. © Chuzeville/RMN S. **146 und 147** Kunsthistorisches Museum, Antikensammlung, Wien. Ph. © AKG, Paris S. **147** Ph. © Athenian Agora Excavations/American School of Classical Studies, Athen S. **148 und 149** British Museum, London. Ph. © Bridgeman – Giraudon S. **150 o.** Akropolismuseum, Athen. Ph. © Nimatallah/AKG, Paris S. **150 und 151** Ph. © James Davis/Eye Ubiquitous/Corbis S. **152 o.** Musée du Louvre, Paris. Ph. © H. Lewandowski/RMN S. **152 u.** Musée du Louvre, Paris. Ph. © H. Lewandowski/RMN S. **153** Musée du Louvre, Paris. Ph. © H. Lewandowski/RMN S. **154 und 155** British Museum, London. Ph. Samml. Archives Larbor S. **154 u.** British Museum, London. Ph. © Erich Lessing/AKG, Paris S. **156 o.** Musée du Louvre, Paris. Ph. © Erich Lessing/AKG, Paris S. **156 u.** Ph. © Ph. Collet/EFA S. **157** Musée du Louvre, Paris. Ph. © H. Lewandowski/RMN S. **158** Musée du Louvre, Paris. Ph. © H. Lewandowski/RMN S. **159 o.** Musée du Louvre, Paris. Ph. © H. Lewandowski/RMN S. **159 u.** Museo Archeologico Nazionale, Metapont. Ph. © AKG, Paris S. **160 o.** Ph. © Cabinet des Monnaies et Médailles, Stadtarchiv, Marseille S. **160** Ph. © H. Champollion/Agence Top S. **160 M. li.** Ph. © Cabinet des Monnaies et Médailles, Stadtarchiv, Marseille S. **161 re.** Bibliothèque nationale de France, Paris. Ph. © BNF, Paris S. **162 und 163** Museo Archeologico, Florenz. Ph. © A. Held/Artephot S. **163 u.** Musée du Louvre, Paris. Ph. © G. Dagli Orti S. **164 und 165** Musée du Louvre, Paris. Ph. © H. Lewandowski/RMN S. **166** Musée du Louvre, Paris. Ph. © H. Lewandowski/RMN S. **167** Akropolismuseum, Athen. Ph. © Bridgeman – Giraudon S. **168** Glyptothek, München Ph. Samml. Archives Larbor – DR S. **169** Musée du Louvre, Paris. Ph. © Erich Lessing/AKG, Paris S. **170 o.** Musée Vivenel, Compiègne. Ph. © Erich Lessing/AKG, Paris S. **170 u.** Musée du Louvre, Paris. Ph. © H. Lewandowski/RMN S. **171** Musée de Châtillon sur Seine. Ph. © G. Dagli Orti S. **172** Musée du Louvre, Paris. Ph. © Archives Larbor S. **173 o. li.** Bibliothèque nationale de France, Paris. Ph. © BNF, Paris S. **173 M.** Museum Olympia. Ph. © Nimatallah/AKG, Paris S. **174** Musée du Louvre, Paris. Ph. © H. Lewandowski/RMN S. **175** Musée du Louvre, Paris. Ph. © H. Lewandowski/RMN S. **176** Kerameikosmuseum, Athen. Ph. © Nimatallah/AKG, Paris S. **177** Museo Archeologico, Neapel. Ph. © G. Dagli Orti S. **178 und 179** Kunsthistorisches Museum, Antikensammlung, Wien. Ph. © Erich Lessing/AKG, Paris S. **179 u.** Musée du Louvre, Paris. Ph. © Chuzeville/RMN S. **180 und 181** Haifa Maritime Museum. Ph. © Erich Lessing/AKG, Paris S. **181** Nationalmuseum, Athen. Ph. © Nimatallah/AKG, Paris S. **182** Nationalmuseum, Athen. Ph. © G. Dagli Orti S. **183** Musée Vivenel, Compiègne. Ph. © AKG, Paris